U0504350

项目资助

2019 年国家社科基金年度项目"新生代乡村教师的乡村社会融入问题研究"（19BSH052）的阶段性成果

"坚守"还是"离开"

——新生代特岗教师职业认同的叙事研究

蹇世琼　著

中国社会科学出版社

图书在版编目（CIP）数据

"坚守"还是"离开"：新生代特岗教师职业认同的叙事研究／蹇世琼著.
—北京：中国社会科学出版社，2023.9
ISBN 978 - 7 - 5227 - 1908 - 5

Ⅰ.①坚…　Ⅱ.①蹇…　Ⅲ.①农村学校—师资培养—研究—中国　Ⅳ.①G451.2

中国国家版本馆 CIP 数据核字（2023）第 085451 号

出 版 人	赵剑英
责任编辑	赵　丽
责任校对	赵雪姣
责任印制	王　超

出　　　版	中国社会科学出版社
社　　　址	北京鼓楼西大街甲 158 号
邮　　　编	100720
网　　　址	http://www.csspw.cn
发 行 部	010 - 84083685
门 市 部	010 - 84029450
经　　　销	新华书店及其他书店

印　　　刷	北京明恒达印务有限公司
装　　　订	廊坊市广阳区广增装订厂
版　　　次	2023 年 9 月第 1 版
印　　　次	2023 年 9 月第 1 次印刷

开　　　本	710×1000　1/16
印　　　张	14.25
插　　　页	2
字　　　数	220 千字
定　　　价	78.00 元

凡购买中国社会科学出版社图书,如有质量问题请与本社营销中心联系调换
电话:010 - 84083683
版权所有　侵权必究

序

  "教师作为教育的第一资源"决定了教师队伍高质量是教育高质量的关键因素。2018 年 1 月，《中共中央 国务院关于全面深化新时代教师队伍建设改革的意见》明确指出要逐步扩大农村教师特岗计划实施规模，适时提高特岗教师工资性补助标准。新时代背景下，"特岗教师计划"招聘规模的不断扩大，彰显出中央对全面推进实施乡村振兴战略的决心和力度。"特岗教师计划"作为乡村教师队伍建设的国家建制性政策，亟须对其开展综合性的实施质效评估。

  西南大学蹇世琼博士、教授所著的《"坚守"还是"离开"——新生代特岗教师职业认同的叙事研究》一书，遵循"特岗教师计划"政策实施的末端执行者（即特岗教师）视角，将特岗教师职业认同作为研究的切入点，基于特岗教师工作场域的特定性以及特岗教师群体人口学变量的特殊性，选择叙事研究作为本书的基本研究范式，以引导我们更多地关注像特岗教师这样的普通人，并由此提升教师教育政策执行路径中的教师参与度。另外，世琼博士、教授选取了"80 后"的新生代特岗教师作为研究对象，从时间框架下开展了为期 2 年的追踪研究，这是她一直致力于探索不同代际教师在社会变革、文化变迁等背景下如何散发普通人光环的进一步尝试，全书散发着较为浓郁的教师人本主义和生命整全性关怀，我相信这是她系统性地建构我国不同代际教师专业发展研究体系的又一次进步。

  该书是世琼博士、教授对新生代教师群体研究的一项阶段性研究成果，其中既有较为详细的追踪调研开展过程呈现，也有基于实地调研的教育学、社会学、人类学等跨学科性理论洞见，理实共生性在本书中得到了较好体现。该书研究过程完整、案例丰富、材料翔实，很有实践意义和价值，值得读者认真学习和参考借鉴。

　　2021 年 9 月 26 日，我参加长江师范学院原党委书记彭寿清教授的一位博士后出站答辩时，见到世琼博士、教授，她给我留下了很深、很好的印象。应世琼教授一再邀请，略述几句，是为序。

宋乃庆*

2022 年 8 月 10 日

　　* 宋乃庆，西南大学二级教授，博士生导师，教育部西南基础教育课程研究中心主任，国家级智库"瞭望智库专家库"首批入驻专家，国家级教学名师，当代教育名家。

前　　言

在中国社会结构快速变迁中的城镇化发展模式下，规模宏大的单向度流动成为城乡人口变化的常态。20 世纪 90 年代中末期以来，教育系统运行中出现了明显的城乡不均衡发展现象，突出表现为乡村学校中的学生数量锐减和教师数量奇缺。进入 21 世纪后，这一严峻问题并未得以有效遏制，反而愈演愈烈。乡村学校空心化发展、乡村教育质量低下导致的乡村文化消弭、乡村社会解构等问题逐渐引起了各级政府的高度重视，为乡村学校补充大量教师成为各级政府教师教育体系建制的重要目标。教师是教育的第一资源，乡村教师亦是乡村教育振兴的第一资源，乡村教师队伍建设也逐渐成为进入 21 世纪之后中国乡村教育振兴政策体系建构的重要方面。由于城乡社会结构在交通、教育、物质等资源方面存在着较为严重的不均衡发展现状，中国的乡村教师队伍建设政策只能通过"政策诱导"的方式"反向"引导年轻人到乡村学校任教。其中，最有代表性的就是 2006 年开始正式实施的"特岗教师计划"政策和部属师范院校的"免费师范生"政策。由于"特岗教师计划"政策（简称"特岗教师计划"）的准入标准低于"免费师范生"政策，加上前者着力点主要在于短期内补给乡村教师队伍数量的严重不足，遂逐渐成为中国乡村地区、民族地区等区域乡村教师队伍的主要补给渠道。"特岗教师计划"的基本出发点是为了解决中国农村地区的教师招聘困难、教师队伍数量严重缺乏等问题。该政策实施后，在一定程度上明显缓解了农村地区师资数量奇缺的现状，为乡村学校注入了新鲜血液，乡村教育质量有了明显改观。但受乡村学校一般较为偏远，交通、就医等不便的客观因素影响，广大特岗教师在乡村学校是否能安心从教成为乡村教师队伍稳定的关键。2006 年至 2022 年，"特岗教师计划"已实施 15 年以上，其政策实施质效到底如何？其实施过程有什么问题？等在党的十九大提出的乡村振兴战略大时代背景之下显得迫切且重要。乡村振兴的基础在于乡村教育振兴，这一点决定了乡村教育振兴的根本目的应落脚在乡村振兴人才队伍建设上，这个过程中乡村教师队伍稳定是培养乡村振兴人才的基本前提和根本保障。从世界范围来看，2000年之后，随着职业种类的增加及职业准入的开放性日趋明显，各国年轻人就业渠道和就业方式已经变得日益多元。在此背景下，不管是中国还是其他国家，都出现了比较明显的教师留任问题。"自2000年起，越来越明显的一个趋势是学校不能再像从前一样能留住教师。当前教师留任已经取代教师招聘成为许多州和学区关心的首要问题，与此同时，教师高流失率也带来了史无前例的巨大成本开支——财政成本、教学成本和组织成本。"[①]

教育与社会结构变迁、社会经济发展之间的密切关系毋庸置疑。教育容易受不同的社会结构和经济发展模式制约，相反教育对社会结构和经济发展模式的制约力却非常有限。教育很多时候容易成为经济发展的附庸，"事实上我们看到，在所涉及的这一时期内（20世纪90年代前后），由于技术进步和现代化的压力，在大多数国家中，为了经济目的而对教育提出的需求不断增多。"[②] 这样的共识也使世界各国的教育必然伴随社会结构变迁和经济发展转型等出现相应的变化。一旦某种社会结构出现变迁、经济发展出现转型，教育结构（特别是教育政策和制度体系）必然会出现相应的变化。自改革开放以来，中国社会结构的变迁和社会经济的繁荣发展有目共睹，但在单向度的、以城市为中心的发展模式下，也出现了显性的城乡社会之间、发达地区与欠发达地区之间的严重不平衡、不均衡发展的问题。各种科技进步极大地促进了知识量在短期内的极度膨胀，由此产生的资源集中优势在城市社会中体现明显并强化了城市社会的资源吸引力，但同时也反噬了乡村社会的发展基础。中国乡村社会结构中各种要素发展所根植的土壤在这个过程中逐渐失去了源自农

---

① ［美］玛丽莲·科克伦-史密斯：《教师教育研究手册——变革世界中的永恒话题》，范国睿译，华东师范大学出版社2017年版，第454页。

② 联合国教科文组织国际教育委员会：《教育——财富蕴藏其中》，联合国教科文组织总部中文科译，教育科学出版社1996年版，第56页。

村经济与乡村文化等所能给予的涵养，这两大要素正伴随大量农村人口——特别是农村青壮年人口的城市化迁移而逐渐消失。

单一的城市发展模式给乡村社会的健康有序发展带来了极大挑战，我国乡村社会的传统结构，包括乡村经济、乡土文化、乡村教育等已经在城市社会的快速扩张中逐渐走向不可逆转的消弭和被动式解构中。在乡村社会的大量劳动力涌入城市社会，城乡之间的不均衡发展愈演愈烈。在快速的社会结构变迁与经济发展中出现这样的问题具有历史必然性，这也是人类社会发展中的共性问题。"城市与乡村之间的差距，农业劳动与非农业劳动之间的差距，越来越显著了。工业和服务性行业的发展有助于增加国家收入，但是试图最高额地增加国民生产总值，也产生了经济上的不平衡，加深了社会上的不平等。在这个过程中，那些过着最低生活水平的，乃至生活在低于最低生活水平之中的农业劳动者，是属于条件最差的阶层，他们像那些受过教育或未受教育的青年正在徒劳地寻找工作一样，要求国家在政治上、社会上和教育上采取措施。如果发展中国家实行一些必要的政策，它们充裕的劳动力是拥有大量财富的，这一点正在变得越来越清楚了。"① 中国经济社会文化等领域在不同区域之间的发展差距与世界上其他国家特别是其他发展中国家的表现是一致的，这是各国教育问题具有同质性的根源。

教育问题的同质性一方面决定了教育在国别之间、区域之间的可交流性，另一方面也确证了教育系统与社会系统之间的有机联系性。此时，如果要改善教育问题，也必然需要从与国家发展战略及其发展方向保持一致的视角分析教育问题。受到生产力发展水平制约的教育系统由于对外部性资源的高度依赖，其自身的变革动力并不及经济、政治等体系。同时，教育系统自身又往往与文化系统之间有着相互渗透、共同促进等密切的逻辑联系，文化在各国历史上均具有不可抗力的绵续性，这些都使各国教育系统特别容易出现保守性。这种囿于传统与稳定状态的保守性使教育系统很难及时对社会变迁或者环境变化等进行回应，其变革速度总是容易滞后于经济、政治等系统。同时，社会结构变迁对社会各系

---

① 联合国教科文组织国际教育委员会：《学会生存——教育世界的今天和明天》，华东师范大学比较教育研究所译，教育科学出版社 1996 年版，第 128 页。

统均具有较强的渗透性，这个过程中教育系统同样面临着内外环境变革的压力。在资源有限性前提之下，因教育系统自身并不能产生开展教育教学活动时所需的资源，教育系统容易对资源整合、资源支持以及各种资源平台等府际治理过程与环节产生极大依赖性。此时，教育系统如果能做出的实质性改变则往往来自外部社会、经济、政策等背景变革所带来的刺激，因此可以说教育系统变化的社会事实是社会结构变迁的教育表征。变迁是人类社会存续的永恒主题，变迁既引发人类持续的思索，也触动研究者绵延的争论。在这样的前提之下，乡村教师队伍建设议题的探讨也必然离不开对乡村社会自身结构变迁的分析。自21世纪以来，乡村教师队伍领域的相关研究逐渐突破了传统的教育学视角和框架，社会学视角下有关乡村教师队伍建设的研究日渐丰富。当然，每个国家社会变迁的背后动因很复杂，但源于国家层面诸多治理政策的实施也会是重要动因之一。中国教育领域内对乡村教育问题或乡村教师队伍建设情况的重视也与进入21世纪后中国对乡村社会三农问题的重视以及党的十九大明确提出的乡村振兴战略等密切相关。

乡村振兴的关键途径是乡村教育振兴，同时，乡村教育也是乡村地区孩子实现阶层上移的主要通道。受到城镇化单向度进程的挤压中，传统乡村社会的政治、经济、文化等结构系统正逐渐出现松散性的解构趋势，乡村社会中的各种非制度化教育形式也越来越式微，传统乡土社会中那些能够在某种程度上引领乡村教育自身变革或影响乡村地区孩子成长的乡绅、乡贤阶层也在这种变化过程中出现断层式群体性发展特征。此时，现代教育体制下的乡村学校对乡村地区孩子的成长、对乡村地区人才队伍建设的良性循环建构具有非常重要的作用，乡村教育承担着乡村振兴的历史责任与使命。"学校即向年轻一代有条不紊地施行教育所设计的机关，在培养对社会发展有贡献并在生活中起着积极主动作用的人方面以及在训练人们适当地准备从事工作等方面，现在是，将来仍然是具有决定性的因素。"①学校教育在人才培养上的公共性职能并不以学校所处区域的差异而有所改变。特岗教师是目前乡村教师队伍的重要构成部

---

① 联合国教科文组织国际教育委员会：《学会生存——教育世界的今天和明天》，华东师范大学比较教育研究所译，教育科学出版社1996年版，第15页。

分，他们也是新时代背景下乡村学校人才培养的公共性职能得以实现的重要人力资源。与其他教师群体相比较，特岗教师群体的特殊性体现在他们源自教育领域适应乡村社会变迁中的制度性安排，他们工作的乡村学校场域所根植的乡村社会在城镇化进程中具有明显弱势性。此时，研究特岗教师的职业认同，一方面需要更为宏远一些的世界眼光并观照时代背景，另一方面更需要真正地走进他们的生活世界。特岗教师群体的职业认同是他们在乡村学校场域中的群体性职业理念，也是一种职业思想，这种思想是社会性的，这种社会性根植于特岗教师在乡村学校的生活世界中。就像格尔茨在《文化的解释》中所认为的："人类思想完全是社会性的：起源是社会的，功能是社会的，形式是社会的，应用是社会的。从根本上，思维是一种公众活动——它的自然栖息地是院子、市场和市镇广场。"①

---

① ［美］克利福德·格尔茨：《文化的解释》，韩莉译，译林出版社 2014 年版，第 424 页。

目　　录

第 一 章

绪　　论

第一节　新时代背景之下的"特岗教师计划"政策

中小学教育是为学生未来发展奠定基础的重要阶段，也是中国教育事业的根基。提高中小学教育质量，对促进中小学生的健康发展和提升整个中华民族的综合素质具有重要意义。进入 21 世纪以来，随着改革开放的进一步深化以及城镇化建设的快速发展，中国的中小学教育发展在城乡社会之间出现了比较明显的资源分布不均、发展水平不齐等现状。农村中小学教育系统中的学生规模日益减少，农村生源质量逐步降低、农村学校规模逐渐变小，更为明显与严重的是农村学校教师的数量也极速减少，质量更是堪忧。这些现实变化促使中国教师教育体系亟须做出相应的政策回应，应运而生的"特岗教师计划"正是为了解决农村教师紧缺问题、农村教师质量低下问题的特定性教师教育政策。

一　为什么要研究"特岗教师计划"？

"特岗教师计划"自 2006 年正式实施以来，已连续实施 15 年以上。特岗教师在该项政策中具有双重身份，特岗教师既是"特岗教师计划"的直接受益者或利益相关方，也是该项政策的末端实施者。2018 年 1 月 20 日发布并实施的《中共中央 国务院关于全面深化新时代教师队伍建设改革的意见》中明确指出"逐步扩大农村教师特岗计划实施规模，适时提高特岗教师工资性补助标准。"同时，在各地（特别是西部地区）有关本轮《教师队伍建设改革意见》的《实施意见》中也明确了要进一步扩大特岗教师规模、推进"特岗教师计划"的改革路径。在此背景下，通过对特岗教师群体教师认同现状的理性观照，反观"特岗教师计划"政策执行过程，探寻完善"特岗教师计划"的政策空间，具有重要的意义与价值。

（一）"特岗教师计划"的酝酿与出台背景

一项教育政策的产生往往源于两方面的原因，一是外部的社会结构变迁，二是内部体系各要素之间的失灵与矛盾。一方面，在社会结构的变迁过程中，教育体系不可能置身事外；另一方面，随着世界各国公认的学习型社会到来以及科技信息技术的日益发达，教育体系在每个国家的社会结构变迁中也将发挥日益重要的作用。资源分配与分布的不均衡状态影响着各地之间的教育发展水平，中国一直以来的城乡二元结构发展模式以及各个区域之间客观存在的由地理、人文等决定的经济发展水平差异，特别是伴随城乡之间以及东西部地区之间的差距日益扩大，带来了一系列的教育社会学问题，比如城市学校的规模过大、班额过多；农村学校留守儿童的成长安全、身心健康安全等问题都日益突出且严峻。农村社会的传统结构逐渐瓦解和农村教育质量日益低下的问题逐渐引发政策层面的高度重视，逐步振兴乡村教育、提高乡村教育质量成为教师教育政策和教师教育研究领域的焦点。

"特岗教师计划"的政策初衷是为了提升农村基础教育质量，因为教育质量提升的关键在于教师质量。2005 年，中国在党的十六届五中全会上专门提出了"切实提高师资特别是农村师资水平"的重要任务。2006年《中共中央 国务院关于推进社会主义新农村建设的若干意见》提出，"加强农村教师队伍建设，加大城镇教师支援农村教育的力度，促进城乡义务教育均衡发展。"从这点来说，"特岗教师计划"政策的初衷首先是与我国"三农"建设目标保持一致的，当然这里面也体现了任何区域的社会发展都离不开教育发展这一点，农村教育质量的提升在当时的"三农"建设中获得了政策制度保障的正当性与合法性。

（二）"特岗教师计划"的正式出台与实施要求

"2006 年 5 月 18 日，教育部、财政部、人事部、中编办联合颁发了关于启动教师'特岗教师计划'的文件。文件规定：2006 年后将持续 5 年，每年将招收 2 万到 3 万名高校毕业生到西部'两基'攻坚县的县以下农村义务教育阶段学校任教，工作年限最低为三年。"① "特岗教师计划"的全称为"农村义务教育阶段学校教师特设岗位计划"。"最低服务年限为三年"是该计划在招聘中对应聘对象的最低时间要求。当然除此之外，还有关于学历、教师资格证书等资质性要求。在该计划实施的最初几年，为在短期内满足农村学校教师队伍数量的严重不足，对应聘对象基本资格的相对要求较低。教育部有关负责人曾指出，一些农村学校特别是西部边远贫困地区农村学校教师匮乏，这些地区经济状况、生活条件待遇等因素影响了毕业生去该地区任教的积极性。实施"特岗教师计划"的目的就是引导和鼓励高校毕业生从事农村教育工作。从政府治理乡村教师队伍的角度理解，则是要借助该政策，逐步建立和完善农村教师队伍建设的稳定机制和体制："教育部还要求各地积极探索，努力创新，逐步形成农村教师补充保障长效机制。"②

随着"特岗教师计划"政策的逐步推进，特岗教师队伍建设也逐步从粗放式发展时首先满足数量的需求走向内涵式提升中对质量的规定，特岗教师招聘要求对应聘对象的资格要求开始逐年拔高。比如，2019年贵州省的特岗教师招聘方案实施要求中有如下规定："以取得相应学科类别教师资格（即报考小学岗位须取得小学及以上与报考学科一致的教师资格；报考初中岗位须取得初中及以上与报考学科一致的教师资格。下同）的普通高校本科应往届毕业生为主，特殊情况可适当招聘取得相应学科类别教师资格的普通高等师范院校专科应往届毕业生。"同时，从准入学历看，已经开始逐步引进硕士研究生进入特岗教师队伍。"对已取得2019年'硕师计划'研究生免推资格的30名贵州大学、贵州师范大学应届本科毕业生，由省教育厅统筹考虑，根据研究生入学面试成绩、本人自愿及生源地等因素，推荐到今年实施'特岗计划'的国贫县，'硕师计划'指标包含在实施县的国家'特岗计划'初中岗位指标中。"

（三）"特岗教师计划"解决了什么问题？

"特岗教师计划"自2006年正式实施以来，迄今已经持续实施了15

① 刘琬、王德清：《浅论贫困地区教育人才的"开源"与"节流"——由四部委启动教师"特岗计划"引出的思考》，《当代教育论坛》2006年第21期。

② 中小学教师培训：《今年农村教师特岗计划开始实施》，《中小学教师培训》2007年第2期。

年以上。那么"特岗教师计划"到底给我国农村地区的基础教育带来了哪些变化，解决了什么问题呢？

首先，解决了农村基础教育中的师资匮乏现状，为农村基础教育质量保障奠定了基本的人力资源基础。截至 2017 年，中国已经累计招聘特岗教师 60 万人次以上，至今已有 60 万名特岗教师分赴中国西部地区 1000 多个县，为 3 万所农村学校注入新鲜血液和青春活力。① 由于社会结构变迁方向并不利于乡村学校发展，使得乡村地区、乡村学校很难吸引高校毕业生，即使是出生、成长于农村地区的高校毕业生也以"跳出农门"作为他们的人生目标。这使得乡村教师队伍建设很难通过自然筛选机制或者劳动力市场分配机制形成良性循环，对政策的依赖成为必然，"特岗教师计划"无疑是强有力的、规模最大的，当然也可以说是对乡村教师队伍建设影响最大的一项教师教育政策。

其次，提升了高校毕业生就业率。1998 年之后，中国高等教育每年的高校招生与毕业人数都在逐渐增加，而与此同时，就业市场的压力也在逐渐上升。不少高校毕业生都担心自己毕业即失业。人力资源与社会保障部发布的数据显示，2014 年全国高校毕业生规模达到 727 万人，相比被称为"史上最难就业季"的 2013 年 699 万毕业生多出 28 万人，创下历史新高，被冠称为"更难就业季"。2015 年，这一数字再次被刷新至 749 万人。2017 年 12 月 6 日，"2018 届全国普通高校毕业生就业创业工作网络视频会议"在京召开，此次会议上就明确指出要继续组织实施"特岗教师计划"等中央基层项目，推动毕业生服务乡村振兴战略。由此可知，"特岗教师计划"不仅服务于乡村教师队伍建设，也被定位于提高高校毕业生就业率的重要举措之一。自党的十九大报告中明确提出乡村振兴战略以来，"特岗教师计划"还被赋予了新的时代使命与责任。2018 年 1 月 31 日，《中共中央 国务院关于全面深化新时代教师队伍建设改革的意见》中也明确指出为了更好地服务乡村振兴，要进一步推动与实施"特岗教师计划"。

在"特岗教师计划"出台时，教育部就明确提出将使"特岗教师计

---

① 张丹：《中国 10 年招 60 万特岗教师　成为乡村教师换血一代》，2016 年 9 月 8 日，中国教育新闻网（http://www.jyb.cn/china/gnxw/201609/t20160908_672123.html）。

划"成为农村教师补充的创新机制和长效机制。在历经15年以上的政策实施体系的持续探索中,"特岗教师计划"基本实现了政策初衷,有效解决了乡村学校师资队伍数量不足难题,同时还实现了该政策的重要附加价值,既拓宽了大学生的就业渠道、缓解了大学生的就业难问题,也为乡村振兴提供了持续的人力资源保障。正如石华富所认为的:"特岗教师计划"对拓宽大学生的就业渠道、缓解大学生的就业难问题具有重要作用。①

虽然"特岗教师计划"已经基本实现了政策初衷,但是该政策从出台时的初衷到实施中的附加价值,均具有明显的时代背景回应性以及社会变迁适应性。该政策既是实现城乡教育公平的重要性措施,也是提升乡村教育质量的可持续性路径。在新的时代背景之下,特别是在乡村振兴战略逐步落实落地的进程中,"特岗教师计划"如何在15年既有实施经验的基础上进一步推进与深化?在其实施过程中还存在什么样的问题需要解决?这是关注"特岗教师计划"这样一项公共性政策,并促进实现其程序完整性、过程完善性的应有之义。

二 为什么要研究"特岗教师"?

在特岗教师队伍数量基数不断增加的同时,特岗教师作为"特岗教师计划"实施的末端承载者,既是该项政策的直接利益相关方,也是该项政策得以进一步推进与实施的关键践行者。特岗教师在准入条件、发展路径等方面与其他教师群体之间存在明显差异性,但在基本职能、时代责任与使命上又与其他教师群体之间并无二样,在"特岗教师计划"的推进实施中,特岗教师群体已经逐渐成为既具特殊性,又有一般性的双重属性社会群体。当然,特岗教师的特殊性是客观存在的,主要由"特岗教师计划"具体的各项制度性规定所决定,这时特岗教师是该项政策实施的客体性对象。特岗教师的一般性则体现了特岗教师践行"特岗教师计划"时的主观能动性,主要服务于该项政策的公共性,这时特岗教师是该项政策的主体性对象。

---

① 石华富:《提高认识,加强"特岗计划"的实施》,《中国大学生就业》2006年第16期。

"特岗教师"之称谓源于他们的教师身份是通过"特岗教师计划"招聘实现。相较其他教师招聘,"特岗教师计划"招聘因为首要任务是满足乡村地区教师队伍数量的明显不足,在准入标准与专业要求上都具有自身的独特性和政策受众的广泛性。作为面向乡村教师队伍建设的特定性政策,"特岗教师"目前的准入路径有两种,一是中央"特岗教师计划"招聘,二是地方"特岗教师计划"招聘。两种路径的最大差异在于特岗教师准入后的待遇保障主体不同,前者的保障主体是国务院及其相应的教育行政部门,后者的保障主体则是县级以上的地方政府及其相应的教育行政部门。这两种准入路径都基本固定在大学生毕业前夕的每年4—5月通过专门的特岗教师招聘渠道入职。特岗教师正式入职之前要与县级以上教育行政部门签订基本的服务年限契约,具体的服务时间是3年。如果特岗教师到服务学校的工作持续时间没有超过3年,那么会被要求根据他们入职时与当地教育行政部门所签协议做出相应的赔偿,即特岗教师的3年基本服务期限受到现代性管理模式下的时间契约规制。时间契约方式是这项公共性政策能够实现政策初衷的根本保障。时间对特岗教师来说可被理解为他们接受"特岗教师计划"政策以行政力量调整并配置城乡教师资源的一种技术性路径。哈格里夫斯认为在变革的背景下"时间"也会成为某种社会现象起源,并需要社会视角理解。[1] 教师在变革中具有自己的主观时间,这种主观时间被哈格里夫斯理解为"时间的现象逻辑",他认为现象逻辑维度下的时间对教师来说是主观的,也是存在的,更是因人而异的。[2] 这一点在"特岗教师计划"的实施中也能明显窥见。

特岗教师在3年基本服务期间的工资与福利待遇与当地在编教师差异不大,但可能在个人公积金水平上会低于当地在编教师。特岗教师工作的学校都定位在乡村中小学,包括不少西部偏远地区的村小、点校等。特岗教师对他们入职后岗位并没有太多的自主性或更多的选择权。与其

---

[1] Andy Hargreaves, Changing Teachers, Changing Times—Teachers' Work and Culture in the Postmodern Age, CASSELL, 1994, p.100.

[2] Andy Hargreaves, Changing Teachers, Changing Times—Teachers' Work and Culture in the Postmodern Age, CASSELL, 1994, p.100.

他教师招聘时先选定工作地后参加考试的方式不一样，特岗教师一般是先考试进入该计划，然后根据综合成绩排名被分到不同的服务学校。当特岗教师通过考试、签订服务契约、进入服务学校之后，他们就真正成为影响乡村教育质量的重要群体，他们身上承担着促进乡村学校学生全面发展的时代责任与使命，更联结着各级政府促进并提升乡村教育质量、实现教育公平的公共利益目标。

特岗教师是影响"特岗教师计划"成功与否的攸关群体。关注与研究特岗教师群体，既是通过观照特岗教师在乡村振兴战略实施中的时空存在身份判断"特岗教师计划"实施质效，也是通过深描特岗教师的群体性特质理解"特岗教师计划"政策持续性路径。"特岗教师计划"作为一项公共性政策，在政策决策以及实施中主要遵循一种由上至下的设定性议程进行，这个过程中容易导致处于政策末端的特岗教师失语。但事实上一项公共性政策的成功与否，关键就要看核心利益者的身份认知、参与度、积极性等如何。"职业性的以及个人的动机共同促成了官僚追逐他们所在部门的权力与职能，以及增加机构的预算，尤其追求能够自由支配的资金。"① 特岗教师自己的职业身份认知、职业参与度、职业投入等都有可能影响"特岗教师计划"政策执行中的政府投入。这是本书通过特岗教师评价判断"特岗教师计划"实施质效的基本逻辑起点。如果只是从政策实施的环节出发完善"特岗教师计划"政策，则只是观照到了作为一项具有明显公共性特质政策的程序完整性以及实施合法性，容易使其在实施中过度地转向对工具理性的关注，而忽视其惠及民生、着眼于教育公平与质量的价值理性，后者不仅具有更加重要的公共利益目标，更具有契合时代背景的实质性目标。

特岗教师作为这项公共政策的直接实施者和利益相关方，在他们生活世界的感受是"特岗教师计划"政策保持公益性、持续合法性的关键。政策是人类社会维持秩序的一种临时形态，每一项政策都涉及对某些利益的关注，在这个过程中，政策发挥对人类权力的限制与约束作用。比如"特岗教师计划"让特岗教师让渡自己"自愿"到乡村学校服务 3 年

---

① ［美］托马斯·R. 戴伊：《理解公共政策》，谢明译，中国人民大学出版社 2011 年版，第 51 页。

的规定，就是对特岗教师在城市社会生活中的典型约束。"当权力意志在社会上表现出来时，它总是会同一个在重要性和力量上与其相当甚至超过它的组织原则——法律意志（the will to law）——相碰撞并受到这种原则的反击和限制。权力意志根植于支配他人并使他人受其影响和控制的欲望之中，而法律意志则源于人类反对权力冲动的倾向之中，即要求摆脱他人专断统治的欲望。法律制度最重要的意义之一，就是它可以被视为是一种限制和约束人们的权力欲的一个工具。"① 显然，对特岗教师来说，虽然他们的让渡是"自愿"的，但也是一种权力意志对他们限制和控制的体现。这个过程中，"特岗教师计划"政策既会观照到特岗教师的个体利益，但同时也要实现公共政策对乡村教育公共利益的重视。"当政策作为具有普遍性的规范出现时，也就意味着实现了对个体利益的普遍关注，这也就等同于其对公共利益的关注。因此，现代社会中的公共政策往往因为其普适性而被认为获得了公共性。"② 但是现代社会也不可能让每项政策都在这个普适性的过程中代表每个人的利益，一般情况下各项政策主要通过代议制的方式观照个人利益。有关"特岗教师计划"的代议制建构中地方教育行政部门既代表公共政策供给方的利益，另外也是广大特岗教师的权利保障主体。某些时候对特岗教师来说，这个机构更多的是政府行使权力的部门，而不是他们权利保障的代议制机关。

三　为什么要研究职业认同？

（一）特岗教师职业生涯发展轨迹的研究需要重新建构

教师专业发展的研究是 20 世纪 80 年代之后逐渐兴起的研究领域，发展至今，主要形成了两种研究取向：一是从横向的视角研究教师专业发展的各个方面，比如研究教师专业知识、专业能力、专业信念等方面的特征等；二是从纵向的视角研究教师职业生涯发展阶段及各阶段具备的专业知识、专业能力特征等。③ 这两种研究取向皆遵循共同的研究理念，

---

① ［美］E. 博登海默：《法理学：法律哲学与法律方法》，邓正来译，中国政法大学出版社 2004 年版，第 377 页。

② 向玉琼：《论公共政策的"公共性"》，《浙江社会科学》2016 年第 2 期。

③ 朱旭东：《教师专业发展理论研究》，北京师范大学出版社 2013 年版，第 281 页。

即将教师专业发展理解为新知识的获得与新技能的发展。随着全球化经济和信息化社会的到来，新的研究视角与研究方法论等不断被引入教师教育研究领域中。教师职业生涯发展阶段的研究也经历了从理性范式到非理性范式的转变，理性范式下的教师职业生涯发展轨迹研究遵循一种线性模式，主要代表人物有瑞士的休伯曼、美国的费斯勒等，他们认为教师职业生涯发展轨迹是可预期的，教师的专业发展会按照一种比较固定的、线性方式或模式进行。非理性范式的教师职业生涯发展阶段研究致力于解决教师在新时代背景下的角色多元化问题，这个问题是由于特定国家的社会、经济、文化等方面的既有差异（本源性差异）或者在全球化背景下这些方面的发展（发展性差异）所带来的，并且是每个国家的教师教育体系、每个个体的教师专业发展都不可回避的。特岗教师群体服务于特定的中国农村社会和农村学校中，与其他教师工作学校所在地相比，具有特定的文化差异性。此时，他们的职业生涯发展轨迹必然也不同于其他教师，这种不同之处有何具体表现需在观照他们真实工作现状的基础上重新建构。

（二）特岗教师职业认同的研究是促进教师适应变迁的必然要求

21世纪是一个充满各种变化与危机的时代。教师职业群体工作环境也发生了变化，比如在教师工作的学校环境中，"信息社会""终身学习、终身发展""知识经济""不确定性"等词汇充斥在教师的各种活动场所与文化场域中。在这样的背景下，教师工作的对象—学生的变化—对教师职业工作理念、工作方式等也带来了深刻影响。学生的这种变化主要体现在他们所处的社会环境、家庭环境、家庭结构等变化所引起的学习方式、学生个性的变化。除此之外，世界各国基于提高教育质量的根本目的，都相应地提高了教师质量的标准和规格，比如建构各种教师专业标准和准入标准。教师职业不再是终身性职业，教师职业的风险性或者风险系数增加。家长与学生各种现代性意识的觉醒也让教师与家长之间的家校关系日益紧张。另外，快速变迁的社会结构又导致人类社会越来越关注公共生活领域中的行动边界或准则。"在我国，经济体制改革和社会结构的转型，使公共活动领域的结构发生了巨大的变化。密切关注和深入研究社会的公共性问题，也就显得十分重要而迫切。"① 这时，教师职业的公共服务性特质也使这个群体在工作中越来越受到大众舆论、各种公共媒介等的关注，甚至也可理解为教师日常工作明显受到了社会公共领域的监督。

制度层面对教师质量的重视，并未提高教师的身份地位，教师职业的身份危机依然明显。"身份危机之所以出现，是因为高额的当代资本已经成功地再生和重新定位了生产的社会关系……在身份危机中，没有坚定的立场，即使原地踏步，也面临着被改变的危险。"② 在 21 世纪的教师工作特质是变化与危机并存的，教师工作环境的持续变迁促使教师个体努力通过改变自己以成功地规避教师工作中可能的危机感或降低教师工作环境中可能存在的风险。

在社会结构变迁，教师素养要求不断提高的前提下，教师职业的理念体系已经不再可能保持一种相对的价值中立性，教师自己也感到不能将自己置身于周围环境之外，他们不断受到来自各方力量的不断牵引与拉扯，甚至教师职业的公共性特征也是各方力量利益博弈的结果与体现。此时的教师，亟待不断地澄清自己的身份，不断地在这种各方利益博弈场域中回应"教师是谁"。对教师的培养也开始由过去的"应该怎么样"的外铄性标准，转向注重"我是谁，我要成为什么样的教师？"的内在发展动机激发，教师职业认同的研究正是为了回答这样的问题。教师职业认同的研究主要通过这两个问题的持续追问和回答以实现一种对教师职业"发展性取向"的价值观转向，教师自己也在这个过程中实现对自身发展动机、发展能动性、发展自觉性的合理定位，其中最根本的就是要让教师意识到在他们自主性的职业生涯发展过程中他们到底是谁，"表面上我们是在传授我们知道的知识，实质上我们教的是我们自己是谁。"③

---

① 郭湛：《公共性哲学——人的共同体发展》，中国社会科学出版社 2019 年版，第 16 页。

② ［英］艾弗·F. 古德森：《专业知识与教师职业生涯》，刘丽丽译，北京师范大学出版社 2007 年版，第 111 页。

③ Hamachek, D., *Effective Teachers: What They do, How They Do It, and the Importance of Self—knowledge. In The Role of Self in Teacher Development*, R. P. Lipka, and T. M. Brinthaupt (eds.), Albany, NY: State University of New York Press, 1999, pp. 189 – 224.

这就是教师职业认同研究的根本问题。周淑卿认为教师认同的兴起正是由于在以往的教师专业发展研究中忽视了教师权力与声音的后果，"教师认同才是（教师专业发展）最根本的，当教师能追寻、建构自己的认同时，才可能有负责任的自主行动和不断成长的动力，这样的教师才能找到自己和学生的主体性。"[①]

那么，什么是主体性的教师专业发展呢？首先，这种主体性要落在教师行为上，即教师行为是承载教师主体性的外在和终端表现。其次，这种主体性专业发展要通过教师行为判断或者探寻引发这些行为的内在动机得以表征，即避免将主体性与教师行为之间进行二元割裂。"特岗教师计划"政策在与特岗教师之间达成并签订"3 年"的乡村学校基本服务年限的时间性契约时，事实上已经体现出特岗教师作为"特岗教师计划"政策末端利益个体在自主性、能动性专业发展上可能存在的孱弱或无力。探索和分析特岗教师职业认同有助于秉持持续的专业发展观分析他们在 3 年基本服务期间的专业发展样态，提升特岗教师群体在乡村学校的公共教育服务质量。

（三）"特岗教师"的职业认同研究是完善"特岗教师计划"政策的重要环节

"特岗教师计划"的公共性主要体现在国家改善并促进广大乡村地区教育质量目标上，这既是一项有明确针对性和方向性的教师队伍建设政策，也是中国特有的乡村地区教师补充创新机制，对实现城乡地区之间教师资源的合理配置具有重要的现实意义。而当我们在教师教育研究中转向"发展性"的价值取向时，对教师作为研究对象的主体性观照就成为重要的努力方向。"无论从什么样的视角研究教师主体性的职业生涯发展，都避不开一个重要的事实：即教师主体性任何时候都要外显于教师行为中，教师行为是承载教师主体性的终端。"[②] 根据科斯根著名的"洋葱头模型"，教师认同和教师使命才是影响教师教学行为的内在动力因

---

① 周淑卿：《课程发展与教师专业》，九州出版社 2006 年版，第 1—2 页。
② 塞世琼：《教师认同发展轨迹的代际研究》，中国社会科学出版社 2021 年版，第 7 页。

素。[1] 特岗教师的职业认同同样是影响特岗教师行为的核心动力因素之一。特岗教师的职业认同也必然与他们在乡村学校从教过程中的生存状态、他们在3年基本服务期间的职业投入情况、他们在基本服务期期满后的留职意愿等要素之间有着最为紧密的联系。

职业认同对实现教师主体性专业发展的重要性已不言而喻，特岗教师作为"特岗教师计划"政策的重要利益群体，他们的职业认同现状也就是该项政策执行情况的最直接表征。基于特岗教师作为"特岗教师计划"政策实施应然性主体的基本假设，研究特岗教师的职业认同，一是需要从政策相关利益主体层面回应该项政策在进一步的推进与深化中可能面临的挑战；二是需要在府际层面对乡村振兴空前重视的前提下理性观照该项政策进一步完善中可能还存在的治理空间。因为特岗教师群体任何时候都应是该项政策的关键性参与者，也只有充分认识到特岗教师职业认同对"特岗教师计划"政策完善的重要意义，才能真正实现该项政策重要的公共性理想。"20世纪六七十年代之后随着民主化浪潮的兴起，政策系统出现了开放与包容的趋势，将会出现的现象是，大众和精英都作为行动者参与到政策过程中来，在彼此平等和相互尊重的关系中建构公共政策，唯有如此方能使得公共政策获得实质意义上的'公共性'。"[2] "特岗教师计划"政策的完善同样也需要在观照特岗教师的"参与性"中才能实现。

四 为什么要研究特岗教师的离开与坚守问题？

教师职业的稳定往往会与社会经济发展水平之间产生某种逻辑联系，这种联系可能表现如下：在经济发展水平较高的社会结构背景下，教师在教师职业生涯轨迹中的连续性会更趋稳定；相反，在经济发展水平不高的社会结构背景下，教师在教师职业生涯轨迹中的连续性可能会出现中断或稳定性下降的现象。这其中非常关键的中介变量就是教师职业的待遇，包括经济待遇、政治待遇和社会地位等。在就业机会有限的前提

---

[1] Fred A. J. Korthagen, "In Search of the Essence of a Good Teacher: Towards a More Holistic Approach in Teacher Education", *Teaching and Teacher Education*, Vol. 20, No. 1, 2004.

[2] 向玉琼：《论公共政策的"公共性"》，《浙江社会科学》2016年第2期。

下，一般来说人们会更加倾向于选择教师职业。比如在 20 世纪 90 年代市场经济改革初期，各种传统型职业中（最为明显的就是教师和公务员两个群体）都出现过明显的"下海潮"，由于教师队伍数量的基数明显大于公务员，那一波"下海潮"中教师行业所受波及最大。丹·克莱门特·劳蒂认为教师职业属于"前载型"①的收入模式，即使教师刚进入教师职业，就大致能预算出他们到退休时的收入水平。教师职业收入具有可预期性与教师职业收入水平在教师职业生涯的时间框架中总是呈缓慢上升的特点相关，这一点成为社会大众选择或不选择教师职业的重要原因，因为教师职业收入不会出现明显的陡然上升或者骤然下降情况，对那些想要在职业生涯中获得稳定又有基本收入保障的人群来说，教师职业无疑是首选的理想性职业，但对那些希望在职业生涯中具有冒险精神、愿意持续挑战自己的人群来说，教师职业吸引力明显不足。

21 世纪以来，世界各国的教育均衡问题日益突出，但受不同国家经济、文化、政治等发展样态和水平等的影响，教育均衡问题在不同国家又有不同表征。比如，西方国家的教育均衡问题主要体现在不同阶层之间的教育资源分布、分配的不均衡和不平衡上，中国的教育资源均衡问题则主要表现为城市社会与乡村社会之间区域性教育资源分配的不均衡以及城乡社会在教育发展水平的不平衡上。当中国传统乡村社会结构的解构以及乡村乡土文化的消弭使乡村教育已经逐渐缺乏可以深植的土壤时，乡村教育质量也在不可逆转的资源日趋稀少中每况愈下，这时乡村教育中的关键人力资源——乡村教师队伍的稳定性就显得尤为重要。尽管 15 年以来，每年都在政策引导下向乡村教育补充特岗教师，但我国乡村教师队伍建设中依然存在明显的数量不足、质量不高的现象："我国乡村教师队伍建设陷入不断流失、持续补给的低级形式和无序治理循环中。"② 其中一个重要的根源在于虽然"特岗教师计划"通过编制性工作的迂回式获得置换了特岗教师在乡村学校的 3 年基本服务期，但在城镇

① ［美］丹·克莱门特·劳蒂：《学校教师的社会学研究》，饶从满、于兰等译，人民教育出版社 2011 年版，第 75 页。

② 蹇世琼、彭寿清、冉隆锋：《由"他者"走向"我者"——新生代乡村教师的乡村社会融入困境与破解路径》，《四川师范大学学报》（社会科学版）2021 年第 3 期。

化建设的不可逆路径下如何"留得住"特岗教师成为乡村教师队伍稳定的关键性难题。这一点，在西方社会的乡村教育中也明显存在，"自 2000 年起，越来越明显的一个趋势是学校不能再像从前一样能留住教师。当前教师队伍稳定已经取代教师招聘成为许多州和学区关心的首要问题，与此同时，教师高流失率也带来了史无前例的巨大成本开支——财政成本、教学成本和组织成本。"① 城镇化进程目标是鼓励农村人口进城，而"特岗教师计划"政策则通过政策优势反向吸引年轻教师到乡村中小学任教，这里就出现了当前的社会结构变迁方向与"特岗教师计划"政策在人才流动方向之间的背离现象。这种背离加剧了乡村地区教师队伍稳定建设的严峻性，也加重了乡村教师队伍建设政策持续性实施的困难性。

"那些有高教师流动率的学校，通常服务于低收入社区。英格索尔报告说，在 1990—1991 年的公立学校中，那些服务于极端贫困社区的学校，其教师平均流动率（15.2%）要比服务于那些不太贫困社区的学校的教师流动率（10.5%）高。同样的，招收更高比例少数族裔学生的学生拥有更高的教师流动率。……学校有越多成绩较差、来自低收入家庭和少数族裔，就越可能在每年拥有不同的职员，与那些学生成绩好、来自富裕家庭和白人占主导的学校相比，这些学校的学生更可能由大量经验不足的教师教授。"② "特岗教师计划"政策主要面向中国广大的西部乡村地区，具有明显的区域适用性特征。中国西部乡村地区除了地理、经济等发展水平相似之外，还有一个非常明显和突出的现象，即多是少数民族聚居地或者多民族杂居地与混居地。这一点与"英格索尔报告"中所提到教师流失率高的区域性特质很相似：一是少数族裔学生可能较多，与教师之间可能存在某些文化差异；二是大部分学生学习习惯并不太好，且学习成绩也不会有多好，因为一般成绩好的学生基本都跟随父母迁徙到了城市学校；三是低收入家庭较多，大部分孩子的父母或者监护人在社会结构中的位置都较低，家庭收入来源有限，很多孩子家庭困

---

① ［美］玛丽莲·科克伦－史密斯：《教师教育研究手册——变革世界中的永恒话题》，范国睿译，华东师范大学出版社 2017 年版，第 454 页。

② ［美］玛丽莲·科克伦－史密斯：《教师教育研究手册——变革世界中的永恒话题》，范国睿译，华东师范大学出版社 2017 年版，第 450 页。

难，且还有不少孩子是留守儿童，常年缺乏监护人的有效教育与发展引导。研究特岗教师的"坚守"与"离开"问题，主要是把特岗教师的职业认同置于他们的特定工作场域，在乡村社会结构背景与民族地区文化结构背景下，探索基于"离农"教育机制成长起来的特岗教师群体如何能够在"适农"政策导向下顺应政策要求实现主体性专业发展的问题。

第二节 "特岗教师计划"政策已研究了什么？

既有关于"特岗教师计划"的研究主要基于政策完善的视角开展了实施现状以及对策建议的研究，关注特岗教师群体职业认同研究的文献还较为匮乏。

一 "特岗教师计划"研究变量的知识图谱

（一）发文总量

"特岗教师计划"研究发端于2006年。2006年《人民日报》《光明日报》《中国教育报》等相继刊发文章，对"特岗教师计划"的正式实施进行报道，同时指出该计划实施的根本目的是解决长期以来农村学校尤其是西部农村学校教师紧缺、素质亟待提高的问题。十多年的发文量可视分析图（见图1-1）显示：2006年至2013年，"特岗教师计划"的文献数量逐步增加，且在2013年之后，发文量逐渐超过50篇每年，并在近几年持续稳定在每年60篇左右，说明学界对"特岗教师计划"的研究从未中断且投入了越来越多的学术关注。2016年正好是"特岗教师计划"正式实施10年的时间，按照一般的研究惯习，"10年"往往被认为是一个标志性的社会时间节点，这一年"特岗教师计划"文献数量达到峰值。2018年有关"特岗教师计划"的研究总量也较2017年增加不少，这可能与中国越来越重视乡村教师队伍建设以及2017年底党的十九大报告中明确提出乡村振兴战略密切相关。从发文总量的纵向分布情况来看，"特岗教师计划"目前已是较为独立的研究领域，且有一批较为固定的研究者一直在致力于该领域的研究。

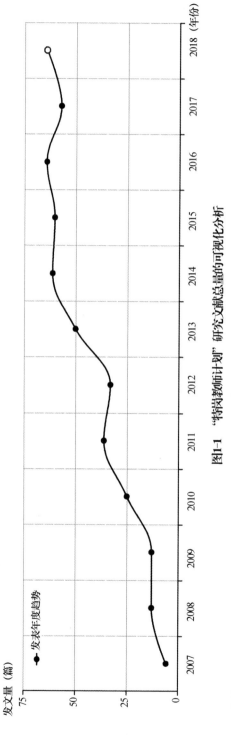

图1-1 "特岗教师计划"研究文献总量的可视化分析

资料来源：http://kns.cnki.net/kns/Visualization/VisualCenter.aspx，2018-08-17。

（二）关键词共线及次数分布

表1-1 "特岗教师计划"研究的关键词次数分布

关键词	特岗教师计划	特岗教师	对策	农村教育	问题	影响因素	现状
出现频数（次）	215	110	71	19	14	13	12

从关键词的共线网络分析图（见图1-2）可以看出，"特岗教师计划"研究的中心点主要围绕"特岗计划""对策"开展。与"特岗计划"中心点密切相关的共线关键词分别是"农村特岗教师""农村体育特岗教师""教师专业发展""农村教育"等。与"对策"中心点密切相关的共线关键词分别是"现状""问题""生存状态""专业发展"等。结合关键词出现的次数分析表（表1-1）可发现"特岗教师计划"出现的次数是215次、"特岗教师"出现的次数110次、"对策"出现的次数是71次、"农村教育"出现的次数是19次、"问题"出现的次数是14次、"影响因素"出现的次数是13次、"现状"出现的次数是12次等。关键词在某种程度上是该研究领域关注焦点与热点的体现，从"特岗教师计划"

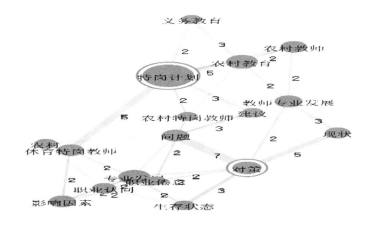

图1-2 "特岗教师计划"研究文献的关键词共线网络分布

资料来源：http://kns.cnki.net/kns/Visualization/VisualCenter.aspx 2018-08-17。

的关键词分布来看，目前该领域的热点依然是对政策本身的研究，其次是特岗教师群体的研究，紧随其后的则可能是该计划实施过程中的问题、影响因素等方面的研究。

（三）研究者及机构来源

图1-3显示，"特岗教师计划"的研究机构主要分布在师范院校。院校层次上，主要是部属师范院校与地方师范院校。部属师范院校中以东北师范大学、北京师范大学、西南大学、西北师范大学等院校为主。地方师范院校主要集中在"特岗教师计划"实施区域的院校及机构，主要是来自西部地区的院校，比如湖南师范大学、山西师范大学、重庆师范大学、云南师范大学等。图1-4显示，"特岗教师计划"的研究者身份呈多元分布的特点，既有传统师范院校的研究人员，也有地方教研室的研究人员，比如蒲大勇来自四川省南充市某县教研室、王丽君来自四川阆中市某县教研室。同时结合机构发文量分析可以发现发文量最多的机构主要集中在东北师范大学、北京师范大学、湖南师范大学以及西南大学等。研究者发文量由多到少依次分别是西北师范大学的蔺海洋、四川南充的蒲大勇、四川阆中的王丽君、东北师范大学的邬志辉等。

从纵向维度来看"特岗教师计划"的已有研究有如下发现：首先，"特岗教师计划"研究已成为一个较为专门且独立的研究领域，发文量随着时间的推移在逐年增加；其次，从关键词共线网络及关键词频数分布情况来看，"特岗教师计划"的研究热点主要集中在政策实施现状以及特岗教师群体等方面；最后，"特岗教师计划"的研究者身份较为多元，机构来源的分布较为广泛。既有来自部属师范院校的研究者，也有来自西部边远地区的教研室研究人员，当然大部分研究者均来自西部地方师范院校，这种分布的区域性特点与政策实施的区域性保持一致。

二　"特岗教师计划"的研究内容

（一）"特岗教师计划"的政策价值研究

"特岗教师计划"的重要目的之一是解决中国城乡教育发展水平极度不平衡、教育资源分配极度不均衡的问题。从该政策正式实施的2006年开始，就获得了较大的学术关注，最初有关"特岗教师计划"的研究主要探讨其社会价值、实施过程及制度保障等。文献来源集中在较为权威

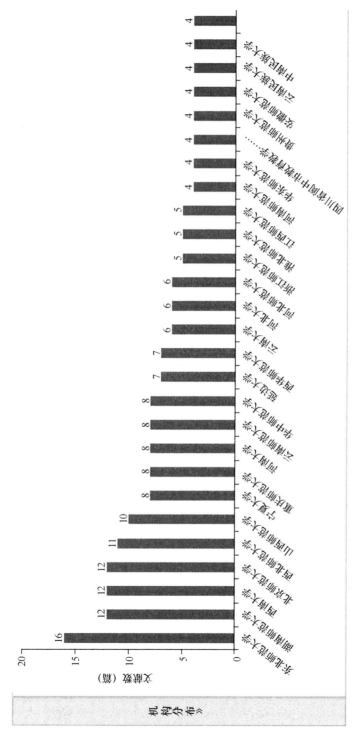

图 1-3 "特岗教师计划"研究的机构来源分布

资料来源：http://kns.cnki.net/kns/Visualization/VisualCenter.aspx2018-08-17。

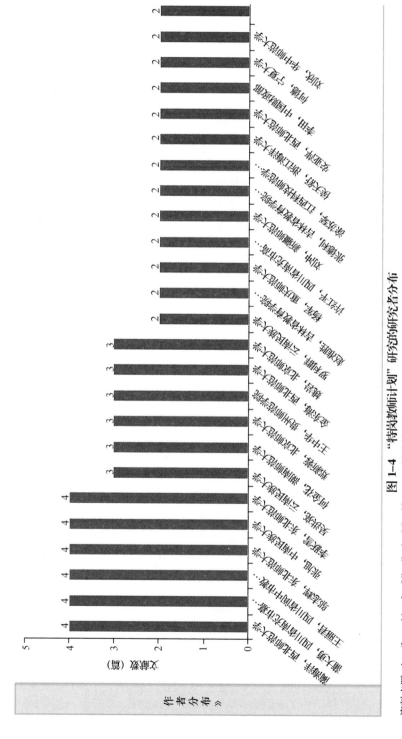

图 1-4 "特岗教师计划"研究的研究者分布

资料来源：http://kns.cnki.net/kns/Visualization/VisualCenter.aspx2018-08-17。

的报纸与期刊，比如《人民日报》《中国教育报》等在 2006 年对各地"特岗教师计划"的组织实施情况多次进行了报道。也有研究从学理上探讨"特岗教师计划"的政策价值，刘琬和王德清认为"特岗教师计划"对于贫困地区教育人才的流失现象起到了很好的开源与节流的作用，农村教师队伍师资力量薄弱、结构不合理等问题有望得到缓解。① 石华富认为"特岗教师计划"对拓宽大学生的就业渠道、缓解大学生的就业难问题具有重要作用。② 安雪慧和丁维莉认为"特岗教师计划"政策的作用和功能已远远超过预期目标，该政策缓解了农村教师短缺现象，提高了农村教师质量，成为替代代课教师的优化方式，在岗位上和学科上有效地补充了正式在编教师的结构性短缺，而且以教师储备库的方式优化了教师队伍建设、创新了教师选拔机制及聘任管理制度。③

（二）"特岗教师计划"的实施现状研究

随着"特岗教师计划"政策在各地的落地实施，有关该计划实施现状的研究逐步增多，大部分研究遵循"特岗教师计划"实施中存在的问题、产生的原因及完善建议的路径开展。庞晓丽针对"特岗教师计划"实施以来存在的工资定位较高、后续社会保障难以保证等问题提出应加大中央向地方的转移支付、尽快完善特岗教师的事业单位性质保障等建议。④ 贾涛认为"特岗教师计划"在推进的过程中产生了服役时间短、配套措施滞后等新问题，需从提高特岗教师待遇、缩小城乡教育差距、推进农村教育配套措施综合改革等方面完善。⑤ 李跃雪和邬志辉通过调查研究发现，"特岗教师计划"实施效果总体良好，特岗教师队伍相对稳定。但仍面临村屯学校、紧缺学科的特岗教师数量少；特岗教师的教学效能感低，缺乏跟踪指导；特岗教师稳定性存在隐忧等问题。并提出要修订政策设计，调整特岗教师分配制度；改进在岗培训，提高特岗教师教学

① 刘琬、王德清：《浅论贫困地区教育人才的"开源"与"节流"——由四部委启动教师"特岗计划"引出的思考》，《当代教育论坛》2006 年第 21 期。

② 石华富：《提高认识，加强"特岗计划"的实施》，《中国大学生就业》2006 年第 16 期。

③ 安雪慧、丁维莉：《"特岗教师计划"政策效果分析》，《中国教育学刊》2014 年第 11 期。

④ 庞晓丽：《中西部地区"特岗计划"亟待完善》，《人民政协报》2008 年 11 月 10 日 B03 版。

⑤ 贾涛：《农村特岗教师计划的实施：问题与对策》，《教育理论与实践》2010 年第 23 期。

效果；融入多方资源，提高特岗教师待遇等建议。①

（三）特岗教师群体的多层面研究

随着"特岗教师计划"的逐步深入与推进，特岗教师群体逐渐成为该计划研究的重要对象，研究内容主要从他们的去留问题、专业发展问题、心理健康问题等层面展开。

首先，特岗教师群体的去留问题研究。由于"特岗教师计划"是通过制度设计吸引年轻教师到乡村任教，其实现路径与城镇化发展方向相背离，使特岗教师群体容易产生去留的选择问题和职业认同不太高的问题。蒲大勇和王丽君等认为特岗教师"去职"的主要原因是条件艰苦以及对偏远乡村教育发展前景等失去信心。② 刘敏和石亚兵认为，"特岗教师计划"在实施中依然存在严重的教师流失现象，且特岗教师群体流失的重要原因在于他们没有具备乡土情怀。③ 通过问卷调查发现特岗教师群体职业认同水平较低，且存在任教学科差异以及对收入满意程度的差异，他们在 3 年服务期间或期满后倾向于离开服务学校。④

其次，特岗教师群体的专业发展问题研究。不少研究通过调查研究发现特岗教师群体在专业发展上存在实质性困难与制度性桎梏。杨廷树和杨颖秀调查发现特岗教师群体在专业发展上存在职称评定难、工作成就感低、再就业政策不清晰、考核制度不健全及深造学习机会少等一系列问题。⑤ 方卉和唐智松指出特岗教师已成为中国乡村小学临时教师队伍的主体，但他们的专业发展却处于边缘化的境地，究其原因有合同制身份、收入较低、生存艰难、前途渺茫等。需要通过关注特岗教师的专业发展问题，采取有效措施营造良好的专业发展外部环境、激发他们积极

① 李跃雪、邬志辉：《特岗教师视角下特岗计划实施效果的调查研究——以静乐县和东乡县为例》，《教师教育研究》2014 年第 4 期。

② 蒲大勇、王丽君、任兴灵：《农村特岗教师"去职"原因及其影响因素的实证研究——以四川省 N 市为例》，《教育测量与评价》（理论版）2016 年第 2 期。

③ 刘敏、石亚兵：《乡村教师流失的动力机制分析与乡土情怀教师的培养——基于 80 后"特岗教师"生活史的研究》，《当代教育科学》2016 年第 6 期。

④ 蹇世琼：《坚守还是离开？——特岗教师职业认同现状的调查研究》，《中小学教师培训》2017 年第 9 期。

⑤ 杨廷树、杨颖秀：《西部农村学校特岗教师现状调查与思考——基于贵州省 Z 中学的个案研究》，《教育理论与实践》2010 年第 23 期。

的专业发展内在动力。①

再次，特岗教师群体的心理健康问题研究。杨震和张杰等通过量表调查新聘特岗教师的自我和谐状况，结果显示新聘特岗教师的自我和谐情况高于在校大学生。② 谢国秀、傅丽萍采用人际关系综合诊断和 UCLA 孤独感问卷对 103 名特岗教师、107 名非特岗教师进行调查，发现特岗教师孤独感显著高于非特岗教师，特岗教师在人际关系与孤独感之间存在显著正相关关系。③

最后，特岗教师群体的社会问题研究。主要从教育社会学的视角对特岗教师群体的阶层特点、资本系统、身份认同、乡土情怀建构等问题进行探讨。随着乡村社会结构变迁对特岗教师群体的影响日益加深，越来越多的研究者开始关注特岗教师群体的社会问题。杜亮研究发现特岗教师主要来自农村的中下层家庭，并经历了特定的社会流动轨迹，这种与乡村地区特别是偏远艰苦乡村地区学生相似的社会阶层来源背景，使特岗教师群体在乡村地区学校中具有特殊的角色榜样作用。他们认为在制定下一步教育政策时，需考虑特岗教师的特殊地位与社会作用，改善特岗教师的现有地位。④ 刘敏和石亚兵通过生活的视角对特岗教师进行全景式考察发现，社会资本的缺失是"特岗教师"的入职动力；实践中遭遇的四种冲突是特岗教师流失的主要动力机制，解决乡村教育的师资问题关键在于培育具有乡土情怀的教师，不仅要丰富特岗教师的物质待遇与精神生活，还需要打破乡村教师向上流通的通道。⑤ 刘要悟、张莹等对特岗教师的家庭背景和教育背景进行调查发现：特岗教师主要由农村籍大学毕业生构成、主要来自社会中下阶层家庭、三分之二毕业于地方二

---

① 方卉、唐智松：《特岗教师专业发展的边缘化现象分析》，《教育科学研究》2014年第 4 期。

② 杨震、张杰、刘红艳：《新聘特岗教师自我和谐状况调查研究——以安徽阜阳 2009 年新聘特岗教师为例》，《当代教师教育》2010 年第 3 期。

③ 谢国秀、傅丽萍：《农村特岗教师人际关系与孤独感之相关研究》，《贵州师范大学学报》（自然科学版）2012 年第 1 期。

④ 杜亮：《教师分层、社会流动与教育政策的完善：以"特岗教师"为例》，《河北师范大学学报》（教育科学版）2014 年第 1 期。

⑤ 刘敏、石亚兵：《乡村教师流失的动力机制分析与乡土情怀教师的培养——基于 80 后"特岗教师"生活史的研究》，《当代教育科学》2016 年第 6 期。

本院校的文史类专业。①

（四）"特岗教师计划"的政策治理研究

作为一项旨在解决教育公平、提升教育质量的公共性教育政策，有研究从公共政策治理视角出发分析或评价"特岗教师计划"。张旭从共同权利与责任、公共政策本质、价值、主体、合法性等方面对"特岗教师计划"进行了评价研究，提出"特岗教师计划"需从明确责任机制、管理具体部门、转变政府职能、调整公共教育权力结构等方面进行完善。②宋立华基于多元主体利益诉求的视角分析了"特岗教师计划"的实施过程，并发现不管是国家、地方行政部门、特岗教师、学生等多重主体都有着不同的利益诉求。③范晓东从权威治理机制的视角探讨了"特岗教师计划"政策执行中府际间的"博弈"问题，并认为当前特岗教师"省考县用"的模式打破了"以县为主"的乡村教育治理模式，进一步加强了中央权威体制，解决了"以县为主"乡村教师招聘中的权力寻租、权力界限不清与错位、越位问题。在权威治理机制下，同时也存在中央权威体制与地方有效治理之间的矛盾，地方政府因"缺员"问题在执行中存在遵从中的"共谋"。④

（五）"特岗教师计划"的国际比较研究

基于他国经验与中国实践之间相互借鉴与参考的目的，有研究者通过介绍他国类似中国"特岗教师计划"的教育政策并进行比较研究。比如，李跃雪和邬志辉以招募条件作为切入口，将"特岗教师计划"与美国的"为美国而教（Teach for America）计划"和英国的"教育优先（Teach First）计划"的异同点进行了系统分析。⑤

---

① 刘要悟、张莹、缪大方：《特岗教师家庭背景和教育背景研究——来自湖南邵阳三县的调查》，《教师教育研究》2017年第2期。

② 张旭：《由公共政策视角评析"特岗教师计划"》，《现代中小学教育》2014年第9期。

③ 宋立华：《多元主体利益诉求视角下特岗政策实施分析》，《教育评论》2015年第8期。

④ 范晓东：《权威体制下的"特岗计划"府际间合作治理研究》，《教师发展研究》2017年第2期。

⑤ 李跃雪、邬志辉：《TFA、TF与特岗计划：招募条件的比较与反思》，《外国中小学教育》2014年第7期。

三 研究现状分析

（一）研究视角逐渐多元

源于不同研究者理论思辨或实践观察的差异，不同的研究采用了不一样的研究视角，以回答与"特岗教师计划"相关的不同研究问题。目前主要有教育政策学视角、教师教育学视角、教育社会学视角、比较教育学视角等。教育政策学视角的研究从"特岗教师计划"正式开始实施就有了，是"特岗教师计划"研究的本体性视角，主要遵循"特岗教师计划"实施过程、实施保障、实施问题及解决策略等路径开展。教师教育学视角是"特岗教师计划"研究的主体性视角，出现在 2009 年以后。在中国知网篇名中输入"特岗教师"所得到的文献数量能达到 900 多篇，在很大程度上超过输入"特岗教师计划"的文献总量，说明特岗教师群体的特殊性、差异性、时代性等特质已引发越来越多研究者的关注，并已成为"特岗教师计划"领域的关键性研究视角。教育社会学视角实际上是教师教育学视角的一种拓展，主要的研究对象也是特岗教师群体，只是主要关注特岗教师群体的阶层特质、身份特质以及资本问题等。比较教育学视角的"特岗教师计划"研究主要是以别国与中国"特岗教师计划"类似的相关政策为主要研究对象，分析其价值以及实施过程等，以对完善中国"特岗教师计划"发挥借鉴作用。

（二）研究过程逐成体系

"特岗教师计划"是加强乡村教师队伍建设力量的人力资源补充性政策，旨在缓解日趋严重的城乡教育发展差异问题。在"特岗教师计划"实施初期的 2006—2008 年这 3 年期间，相关研究主要通过思辨或实践观察的方式探讨"特岗教师计划"的政策价值或实施过程，存在研究问题意识不够强、收集研究资料方法不够科学等问题。但随着"特岗教师计划"的进一步实施以及各种配套政策的逐步完善，"特岗教师计划"的研究开展也渐趋科学、逐成体系。首先，研究问题意识逐渐增强。2009 年之后，"特岗教师计划"的相关研究有了明确的研究问题，涉及"特岗教师计划"实施中的利益博弈问题、"特岗教师计划"的政策实施问题、特岗教师群体的专业发展问题与身份特殊性问题等。其次，研究方法逐渐多元。"特岗教师计划"的常用资料收集方法有叙事研究法、问卷调查法、访谈调查法等，在一项研究中混合研究方法的使用越来越常见。最后，资料分析技术日趋成熟。常用 SPSS 统计定量分析调查问卷、用扎根理论分析访谈资料等，且也有更为系统和复杂的数据分析技术运用，比如面板数据分析技术等。

（三）研究内容日益丰盈

当前有关"特岗教师计划"的研究内容日益丰盈，涉及面也日益广泛，既有对"特岗教师计划"政策的本体研究，也有与该政策密切相关的特岗教师群体、学校管理者、乡村学校学生等相关利益者的研究。只要是"特岗教师计划"的利益相关者均已引起研究者的相应关注，产生了相关的研究成果。其中特岗教师群体已成为"特岗教师计划"研究的热点与焦点。大部分研究者在分析"特岗教师计划"政策本体时可能都会借助对特岗教师群体的研究为媒介。"特岗教师计划"的政策价值导向与中国城镇化发展方向之间的背离使中国教育政策与经济发展之间、乡村教育发展与城镇化建设之间产生了背反张力。"特岗教师计划"在实施过程中出现教师流失、教师队伍不稳定等问题具有必然性。有关"特岗教师计划"的研究内容中，研究重点依然是特岗教师群体，研究焦点集中在他们的生存现状、专业发展现状以及心理健康现状等。自 2014 年开始，不少研究开始探索特岗教师队伍建设的深层社会问题，结合特岗教师的身份认同、专业资本、个人资本等理论，从教育社会学的视角关注特岗教师的婚恋问题、特岗教师的乡情素养等问题。总之，不管是对政策本身的分析还是对特岗教师群体的探索都呈现多角度、多层面的特点。

第三节　进一步值得重点关注的问题

特岗教师的去留问题一直是"特岗教师计划"政策研究中的关注焦点，但既有研究主要将特岗教师理解为政策受众客体，忽视特岗教师作为关键性利益相关者在"特岗教师计划"政策实施中的主体性，采用远离特岗教师生活场域的问卷调查是常用的资料收集方式。目前，来自特岗教师群体的真实感受与真实发展现状的政策主体性研究较为匮乏。从政策实施的角度看，"特岗教师计划"作为一项观照城乡教育公平的公共性政策，需要在进一步的府际实施与执行中保护好最大多数乡村学校学生的利益，满足他们的发展需求。这是从政策实施质效上判断"特岗教师计划"政策良好利益的关键，因为作为一项公共政策的良好利益有时并不是自动地自发产生，"良好的利益不是自动地出现的。良好的利益需要得到保护。"① 当然，在保护"特岗教师计划"政策促进乡村教育质量提升的根本性利益同时，"特岗教师"在这项政策执行中的"利益感受"也将会影响这项政策的实施质效，也是该项政策能否真正实现其政策初衷的关键，即特岗教师群体是"特岗教师计划"政策是否实现其政策初衷的应然主体。探索特岗教师的存在状态，深描特岗教师在乡村学校 3年基本服务期间的职业认同现状，探讨特岗教师群体去留问题的关键机制与内在动机，是"特岗教师计划"政策进一步推进与实施的必要环节。

当前的乡村振兴战略实施中，乡村教育振兴是基础性环节。而乡村教师队伍建设作为乡村振兴战略要素之一，主要是通过数量补充、质量提升的战略性路径振兴乡村教育。"特岗教师计划"政策实施已超过 15年，该政策对缩小中国城乡教育差距、有效补充乡村教师队伍的数量等产生了较强的政策红利。但当前乡村教育中的突出问题依然严峻且对高质量教师队伍的需求更为迫切，比如乡村教育中存在明显的留守儿童过多问题、学困生数量过大等问题。提高特岗教师在 3 年基本服务期间的教育质量将成为解决乡村教育中突出问题的关键。在新时代背景下深刻观照特岗教师的生活与生存现状，通过叙事性研究洞察特岗教师的留任现状，助力"特岗教师计划"政策的进一步深化与完善，将使乡村教师队伍高质量建设更加契合当前的乡村振兴时代背景。"如果通过分享教育经验，使教师共有的知识表达方式得到认可，那么教师便找到了一条参与教育'研究'的合法途径。"② 教师叙事研究是一种以教师自身"经验"为中心的研究，这也是一种关注经验、关注现场、关注体验的研究。教师叙事研究不仅是一种主体性研究，更是教师与共同体成员之间通过经验共享实现专业发展的重要支点。"一篇好的教育叙事，不仅是教师自

---

① ［美］德博拉·斯通：《政策悖论：政治决策中的艺术》，顾建光译，中国人民大学出版社 2006 年版，第 223 页。

② 王枬：《教育叙事探究：教师专业发展的一个支点——对话陈向明教授》，《教师发展研究》2021 年第 4 期。

身心路历程的真实反映，同时也是其他教师借以反思自身的基础和对照学习的镜子。"① 通过对特岗教师的教育叙事，将来自特岗教师主体在"特岗教师计划"政策实施中的"内部"表述与来自研究者客体在政策路径中的"外部"分析结合起来，有助于打破特岗教师在"特岗教师计划"中的缄默性。叙事研究秉持让特岗教师参与"特岗教师计划"政策完善的研究理念，通过人与政策之间的协商对话，既能激发特岗教师的政策参与积极性，也能丰富教师教育政策领域研究中的来自"人"的立体性。就像陈向明所认为的"这种内部诉说与外部分析相结合的教育叙事，能够帮助教师打破沉默，参与对话，为教育研究提供新鲜的视角和丰沛的活力。"②

教师教育领域的既有研究中，主要沿着线性思维路径通过提高或更新教师的专业理念、专业知识、专业能力以实现提升教育质量、推动学生发展、推进教学管理等"外部"目的。对中小学教师自身的教育态度、教师认识、教师价值观等"内部"因素的研究则相对较少，但随着教师工作外部环境的日益复杂，这些"内部"因素往往是决定中小学教师教育态度、教学方式、职业发展等方面的主要原因。教师只有在接纳、认可教师职业，并对教师职业持积极投入态度的前提条件下，才能不断完善自我、超越自我，充分施展其职业抱负，积极引领学生成长。如果仅仅研究教师发展的"外部"要素，而忽略教师自身的内在职业认同，就是将教师这个整体的人进行了二元割裂，是不能准确揭示教师职业的特点与专业发展规律的，更不能真正促进教师专业发展和教师队伍专业化建设。

一 特岗教师如何建构他们的职业认同？

"认同首先是一个心理学名词，表示的是对他人或者团体的态度、行为等的体认与模仿，并使这样的态度、行为、成为个人人格一个部分的

---

① 王枬：《教育叙事探究：教师专业发展的一个支点——对话陈向明教授》，《教师发展研究》2021 年第 4 期。

② 王枬：《教育叙事探究：教师专业发展的一个支点——对话陈向明教授》，《教师发展研究》2021 年第 4 期。

心理历程。也可解释为表示认可与赞同。"① 同时，在讨论教师认同时需要注意以下关键点："教师认同的对象是教师职业；教师主体是教师认同的发生者；教师认同体现了教师主体对教师职业所需要的态度、行为的体认、模仿。"② 对特岗教师来说，探讨他们的职业认同也要明确这种职业认同的对象是特岗教师而非普通或泛在意义上的教师，特岗教师自己是这种认同建构的发生者，关于特岗教师的职业认同体现了特岗教师这样的政策实施主体对特岗教师所需要的职业态度、职业行为的体认、模仿。基于此，本书主要通过叙事研究的方式收集资料，并分析特岗教师是如何建构教师职业认同的？这是一种主动建构还是一种被动建构？主动建构指特岗教师在选择、认可、接受教师职业时没有任何犹豫，在 3 年基本服务期间一直坚定特岗教师选择，一直坚持特岗教师职业投入的职业认同建构状态。被动建构是指特岗教师选择特岗教师职业时有比较明显的犹豫过程，并且在 3 年基本服务期间经历过较长时间的挣扎、纠结、困惑等内心世界的波动。不管是主动建构还是被动建构，特岗教师在这个过程中是如何主体性地回答"我是谁？""我在干什么？"和"我要到哪里去？"这 3 大职业认同核心问题的？基于此探讨特岗教师在建构教师职业认同时如何处理来自个体专业发展中的各种内外矛盾？在这种矛盾心理下他们如何做出选择等？

二 "特岗教师计划"政策如何进一步完善？

"特岗教师计划"政策的进一步完善需要以特岗教师能够真正实现专业发展作为载体。根据教师专业发展等于反思加实践的公式，不管是特岗教师还是其他教师，具备反思性实践意识与能力才能实现持续的专业成长。其中，教师专业发展动力问题是促进特岗教师群体形成反思性思维习惯和思维能力的关键，因为反省思维培养"使行动具有自觉的目的，使教师从简单冲动和常规旧俗的行动中解放出来，将盲目的和冲动的行

---

① 塞世琼：《教师认同发展轨迹的代际研究》，中国社会科学出版社 2021 年版，第 12 页。
② 塞世琼：《教师认同发展轨迹的代际研究》，中国社会科学出版社 2021 年版，第 13 页。

为转变为理智的行为，使教师摆脱对经验、教条和习俗的奴性屈从。"①
特岗教师能将这种不管是坚守还是离开的犹豫与矛盾转换为一种反思性
实践的动力吗？"特岗教师计划"政策是乡村教育中乡村教师队伍建设特
有的教师补充制度之一，对实现教师资源的合理配置具有重要的意义。
在国家新闻办公室就"十一五"教育改革发展及"十二五"教育工作举
行的新闻发布会中，教育部新闻发言人续梅明确指出实施"特岗教师计
划"是缓解乡村教师不足的重要策略之一。本书通过叙事研究探索特岗
教师在偏远山区从事教师职业过程中如何进行"坚守"抑或"离开"的
抉择，特别分析与探讨他们如何在严峻的现实环境中主动建构教师职业
认同、如何坚守继续从教的信念和升华自身实践经验。

三　理实共生的研究价值

"特岗教师计划"自实施以来，在很大程度上缓解了中国偏远地区特
别是西部少数民族聚居地区长期存在的师资数量不足、质量低下、教育
质量堪忧等问题。通过对特岗教师职业认同的叙事研究，实地考察与分
析他们的生存现状、直面他们的现实问题，特别是专业发展问题，能够
为"特岗教师计划"政策的进一步完善提供建设性意见与建议，避免走
弯路。首先，叙事研究范式有利于促进特岗教师进行专业反思。在叙事
研究的过程中，通过研究者与特岗教师的近距离接触，通过研究者走进
特岗教师的生活场域，能够从实然中获得更为真实的研究资料。其次，
秉持并遵循一种从实的研究风格。特岗教师职业群体的产生，本就是为
了缩小中国在城镇化进程中城乡资源与教育等之间日益拉大的差距，各
级部门投入的成本均较大，该政策实施如何，是否能够形成一种乡村教
师队伍补充的长效机制，来自特岗教师的职业认同是关键。这需要一种
从实的研究范式来收集资料，在观照实际、立足实情的基础上对特岗教
师职业认同进行深描、发现、解释。教师教育领域不管是在政策研究还
是制度研究甚或制度体系建构上，理论与实践之间的脱节都一直为学界
所诟病。本书从实性的研究风格，也是想为教师教育青年研究者的学术

---

① 卢俊勇、陶青：《观察与思维：重新理解师范生的有效实习观察》，《中国教育学刊》
2018 年第 9 期。

态度立标，即多关注教师教育制度、教师教育政策、教师教育体系中的教师等实体对象，教师教育领域不能停留在那种纯粹思辨或关在办公室做学问的研究范式中，而应走进教师工作场域、生活场景。最后，改进"特岗教师计划"的政策价值，当然这也是本书最为直接的目标性价值或者现实性价值。通过本书真实展现特岗教师的实际工作与生活现状，探寻特岗教师的职业认同建构过程以及建构的具体场域特质与场域功能。回应"特岗教师计划"的政策初衷可能面临的关键问题，即教师流失问题，以进一步探索乡村教师流失问题的主体性原因、制度性原因、社会性原因。为"特岗教师计划"政策的完善与进一步推进提出具体的策略与改进建议。职业认同研究本就对促进教师在职业生涯中保持持续的发展动力具有重要的意义，而研究特岗教师的职业认同，能强化教师的专业发展动力、提高他们的教学能力、提升乡村教师队伍的整体素质。

本书在特岗教师职业认同研究中对认知主体性、主体情感性方面的关注，也是从特定文化场域与环境场域出发拓宽并延伸特岗教师职业认同的研究领域，提高特岗教师职业认同领域研究与"特岗教师计划"政策及其完善举措之间的相互联结性。本书将重点关注特岗教师在职业认同建构时的内心真实想法，同时将特岗教师职业认同的研究根植于"特岗教师计划"政策产生的社会结构变迁之中，拓展职业认同、特岗教师职业认同的研究视角，丰富特岗教师职业认同的研究观点。在遵循叙事研究范式的基础上，本书延续研究者的从实研究风格，更进一步以求知为目的，希冀从理论层面上在教师教育领域倡导一种从实求知的研究范式。既有职业认同的相关研究中，最常见的研究方法是以问卷或量表为研究工具探索特岗教师 3 年基本服务期间的留任情况。尽管本书中的叙事研究与以问卷或量表研究作为研究工具的研究都属实证研究范畴，但叙事研究能在某种意义上避免通过问卷或量表方式收集资料的职业认同研究可能存在的化约主义现象，以此探寻职业认同在特岗教师职业生涯经历中的重要影响，为特岗教师职业认同研究进行本土化视角的探索提供了很好的理论依据，延展了特岗教师职业认同的理论维度与研究方向。

职业认同是教师专业发展的重要表征，对特岗教师来说也是如此。从对既有研究的文献爬梳中可以看出，目前关注特岗教师职业认同现状的研究还不够丰富。职业认同在教师专业发展过程中是教师行为发生改变的核心力量之一，这是关注特岗教师职业认同的理论基础与逻辑前提。关注特岗教师的职业认同现状不仅基于对地处欠发达地区教师生存现状的关注，更重要的是要基于这样的现状为如何培养特岗教师具备持续的专业发展动力提出有效的对策建议。教师职业认同的不少实证研究都是通过问卷调查的方式收集资料，问卷的设计主要参考教师认同定义，基于相关解读设计教师对职业价值的认同、教师的职业态度等维度。既有研究一方面为教师职业认同的后续研究奠定了相关基础，另一方面也忽略了教师职业认同中要充分考虑教师主体在教师职业中获得的自尊、自我接纳以及教师在职业中的职业投入情况。本书在结合已有相关研究的理论基础之上，结合玛西亚和加藤厚的相关研究，设计了教师职业认同研究的叙事调研提纲，主要围绕特岗教师在具体工作场域中的生存状态（包括专业发展情况、居住情况、师生关系情况、教学情况等）资料的收集开展实地调研行动。旨在判断"特岗教师计划"政策作为一项特殊性、特定性的乡村教师队伍建设政策进一步完善的制度性空间。

第 二 章

研究开展与实施

第一节　概念界定

一　特岗教师

特岗教师是中国在解决乡村学校师资缺乏、特别是西部偏远地区乡村学校师资严重不足以及结构不合理等问题时的教师教育体系建制性过程中产生的一类特殊准入、服务特定区域的教师。杨廷树等指出，"特岗教师计划"政策的出台并不是横空出世的，是总结社会发展各方面因素的基础上，为解决农村学校师资问题而制定出来的，有其社会发展的背景。[①] 当然，除了社会发展背景的变化之外，在这之前围绕乡村地区的教育质量提升议题已经出台并实施了一系列有明显倾向性和倾斜性的基础性政策。比如"西部大开发战略""西部地区'两基'攻坚计划""西部支援计划"等。这样的政策基础既为"特岗教师计划"政策的出台和实施提供了前期引导性（这种引导性是充满激励的），也为"特岗教师计划"的明确针对性和路径倾斜性夯实了公共性目标。这些都是在确证特岗教师身份属性并对其进行概念界定时绕不开的连续性政策基础。基于此，本书中的特岗教师可被定义为"通过公开招聘高校毕业生到西部地区'两基'攻坚县及县以下农村学校任教的那部分教师。"根据"特岗教师计划"的相关政策，他们的聘期一般为 3 年。同时，教育部在 2006 年发布的《教育部 财政部 人事部 中央编办关于实施农村义务教育阶段学

---

① 杨廷树、杨颖秀：《西部农村学校特岗教师现状调查与思考——基于贵州省 Z 中学的个案研究》，《教育理论与实践》2010 年第 23 期。

校教师特设岗位计划的通知》（〔2006〕2 号）中要求，"鼓励特岗教师 3 年聘期结束后，继续扎根基层从事农村教育事业。对自愿留在本地学校的，要负责落实工作岗位，将其工资发放纳入当地财政统发范围，保证其享受当地教师同等待遇。"因为"特岗教师计划"政策已实施多年，对"特岗教师"的概念理解还可从广义的角度指所有通过"特岗教师计划"政策进入教师职业且目前依然还在特岗服务学校继续从教的教师。"特岗教师计划"实施以来，中国乡村地区的教师队伍数量补充基本通过该政策得以实现，因此，该政策的实施保证了乡村学校教师队伍数量的基本稳定。

二 认同

中国《教育大词典》定义认同为"把自己亲近的人或尊重的人作为行为榜样进行模仿或内投自身的过程。"[①] 但认同词源是一个典型的外来词。认同（identity），亦可称为"同一性""人格同一性"。心理学意义上的"认同"一词最早由精神分析学派大师西格蒙德·弗洛伊德提出。他将儿童把父母或教师的某些品质吸收成为自己人格一部分的行为称为"认同作用"，用以表述个人与他人、群体或模仿人物在感情上、心理上趋同的过程。[②] 埃里克森在"同一性渐成理论"中指出，认同是在过去、现在和将来这一时空中，"自己是谁""自己还是原来的自己""自己自身是同一实体的存在"等对自我同一性的主观感觉或意识。[③] 马西亚在埃里克森的理论基础上提出，认同是受两个变量"过去的危机（crisis）"和"现在的自我投入（commitment）"交互影响的自我同一性心理结果。[④] 加藤厚在马西亚所提的两个变量基础上增加了一个"将来自我投入的愿望"变量。[⑤]

---

① 顾明远：《教育大词典》，上海教育出版社 1990 年版，第 390 页。

② 车文博：《弗洛伊德主义原理选辑》，辽宁人民出版社 1988 年版，第 375 页。

③ E. H. Erikson, *Identity and Life Cycle*. International Universities Press，1959. 转引自张日昇《同一性与青年期同一性地位的研究——同一性地位的构成及其自我测定》，《心理科学》2000 年第 4 期。

④ Marcia, James E., *Ego—identity：The Handbook of Psychosocial Research*，Open University Press，1993，pp. 1–21.

⑤ 张日昇：《同一性与青年期同一性地位的研究——同一性地位的构成及其自我测定》，《心理科学》2000 年第 4 期。

　　总体上，有关认同的概念理解也伴随人类知识分类、专业分科的发展历程产生了多元的观念。认同最初是一个哲学概念，表示"变化中的同态或差别中的同一问题。"① 当弗洛伊德和埃里克森将认同引入心理学研究领域时，认同被赋予了人与人或人与物互动时的主观心理感知，此时心理学意义上的认同是指个人与他人、群体或模范人物在感情上、心理上趋同的过程。② 其后，关于认同的研究逐步拓展到社会科学领域，并与特定的国家、制度、社会身份等之间建立起学理认知联系，广泛应用于社会学、人类学、政治学等学科领域中。

　　以叙事的方式研究特岗教师已经跳出了纯粹地从教育学视角探索教育政策与人的关系思维框架。一个国家或一个社会、一种职业、一类群体，事实上都需要叙事。"社会需要叙事，需要叙事建立起码的对社会事实的共识。"③ 理解教师职业认同的实质是理解教师，理解教师的目的是理解教育事实，关于教师职业的研究需要一种跨学科的社会学或人类学分析视角和思维框架。目前所形成的共识是教师职业的公共性意蕴日趋明显，应该摒弃在 20 世纪 90 年代左右将教师职业隐喻为"燃烧自己，照亮别人"的非人本性观点，反对脱离社会事实观照教师职业的研究路径。教师，包括特岗教师首先是普通的社会个体，当以公共性职业身份去框定教师职业时，更应该观照到教师个体的"人"性特质。线性思维框架之下的教师发展、教师职业认同在面对教师作为个体的、主体的"人""世俗"地选择并从事教师职业时，人类学视角更能让我们体察到教师个体的丰富性和立体性，这是一种充满理性的视角。"世俗化的过程必然与祛魅相伴而行，而祛魅不过就是理性的张扬使笼罩着人们的神秘氛围日渐消散的过程。"④ 人类学中对认同的诸多研究主要围绕着三个问题展开：第一，认同是感性的结果还是理性的选择；第二，认同是原生

---

　　① 张海洋：《中国的多元文化与中国人的认同》，民族出版社 2006 年版，第 39 页。
　　② 陈国强：《简明文化人类学词典》，浙江人民出版社 1990 年版，第 68 页。
　　③ ［英］玛丽·道格拉斯：《洁净与危险——对污染和禁忌观念的分析》，黄建波、柳博赟等译，商务印书馆 2018 年版，总序第 3 页。
　　④ ［英］玛丽·道格拉斯：《洁净与危险——对污染和禁忌观念的分析》，黄建波、柳博赟等译，商务印书馆 2018 年版，代译序第 24 页。

的还是被建构的；第三，认同是固定不变的还是可延展的、可重叠的。①
人类学意义上的认同是联系自我和社会、文化的纽带，是个体在复杂社
会文化背景下自我概念的建构过程。马西亚和加藤厚以变量的方式解读
"认同"时，事实上也为本书中"认同"的可操作性定义提供了很好的借
鉴。特别是在"特岗教师计划"政策实质是用准入降低、间接给予编制
等换取特岗教师在乡村学校的 3 年基本服务年限时，从时间维度理解特
岗教师的"过去的危机""现在的自我投入""将来自我投入的意愿"的
职业认同就显得尤为重要。关于"认同"的概念定义，有三个关键点需
要注意，即认同的主体、客体和中介。认同的主体，也就是"我（教
师）"；客体是"我（教师）"所作用的对象，可以是个人，也可以是团
体，甚至是事物；认同中介是联结主客体之间的一座桥梁，是"我（教
师）"对客体产生的一系列心理机制和行为，表现为"我"对客体的认
可、吸收和模仿等。总之，认同就是主体"我"对他人或物的一种认识、
接纳、赞同进而吸收、模仿的心理变化过程。

三　教师职业认同

职业认同是一个心理学概念，是指个体对其所从事职业的肯定性评
价，它是职业人员发展的内在激励因素。② 职业认同是个体对其所从事职
业的目标、社会价值及其他因素的看法，与社会对该职业的评价及期望
一致，即个人对他人或群体的有关职业方面的看法、认识、完全赞同或
认可。③ 可见职业认同主要就是个人对某种职业的评价与判断，职业认同
的主体仍然是"我"，客体则是该主体所从事的职业，包括该职业的目
标、内容、价值等各个方面。因此，本书将职业认同定义为主体对其所
从事的职业的目标、内容、价值等各个方面所表现出的认识、赞赏，并
进一步吸收、同化的心理建构过程。

---

① ［美］N. Ken Shimahara、Ivan Z. Holowinsky、Saundra Tomlinson-Clarke：《全球视野：教育
领域中的族群性、种族和民族性》，腾星、马效义译，民族出版社 2010 年版，第 4 页。
② 曾丽红：《免费师范生职业认同现状调查与对策建议》，硕士学位论文，西南大学，2010
年，第 3 页。
③ 陈同军：《小学男教师职业认同调查与分析》，硕士学位论文，华东师范大学，2006 年，
第 2 页。

教师职业认同是一个复杂的过程，是人格自我形象和教师必须遵循的角色之间动力平衡的过程。[①] 教师职业认同是教师个体在与教师职业、学校工作环境的相互对话中建构、形成和发展的。[②] 本书将特岗教师职业认同操作定义为特岗教师在从事教师职业的过程中，对特岗教师职业的认可与接受情况，以及对特岗教师工作态度与工作投入的主观表达。特岗教师的身份属性决定了在观照他们的职业认同时需在时间性维度框架下探讨他们为什么会选择"特岗"，他们当前的职业投入以及未来的职业投入等。

教师职业认同是教师个体和职业两个方面持续综合与统一的过程。在这个过程中，特岗教师不断地审视自己"我是谁?""我是怎样的教师?""我要做怎样的教师?"，基于特岗教师个体对特岗教师职业目标、内容、价值等的逐步认可与理解、定位自己的特岗教师角色。特岗教师职业认同水平主要会通过特岗教师的职业投入来体现，一个人只有先有了认可和接受，才会有时间、精力、财力等的投入，因此特岗教师职业投入是判断特岗教师职业认同的外显性行为指标。本书中的特岗教师职业认同与普通教师职业认同没有概念理解上的差异，但特岗教师作为一种特定性身份的教师与其他教师作为一种普遍性身份之间是必然存在差异的。由于特岗教师岗位的特殊性和服务区域的特定性，在 3 年基本服务年限期满之后，他们会做出什么样的抉择，与他们的职业认同水平有着密切的关系。

四　坚守

特岗教师能够在 3 年基本服务期间坚守在服务学校是"特岗教师计划"的政策初衷，也是保证特岗教师队伍数量结构稳定以及"特岗教师计划"政策得以持续的基本前提。基于"特岗教师计划"政策的特定要求，坚守指的是特岗教师在 3 年基本服务期间或者 3 年基本服务期结束后，并未离开当前服务学校到其他学校继续从教或者从事其他职业，而

[①] 于慧慧:《中学青年教师职业认同现状研究》，硕士学位论文，湖南师范大学，2006 年，第 10—11 页。

[②] 魏淑华:《教师职业认同研究》，博士学位论文，西南大学，2008 年，第 4 页。

是在 3 年基本服务期间一直从事特岗教师职业或 3 年后转为服务学校的正式在编教师。坚守与留任不一样，留任是坚守的目的，而坚守是探讨留任的重要过程。特岗教师不断处于某种内外部力量的推拉中才会做出留任与否的决定。所以，坚守与留任的方向一致，但各自的出发点不一样，坚守主要从特岗教师是"特岗教师计划"政策实施的应然主体这个层面来看，而留任则主要从"特岗教师计划"政策初衷是否得以实现这个层面来说。

五 逃离

之所以要用"逃离"一词来表征特岗教师的离开，是因为特岗教师预料到在入职特岗教师可能会面临较为艰苦的环境条件与专业发展境遇，但又基于某种"不得不"的其他原因选择了特岗教师。一旦正式入职后的现实冲击过大时，即使 3 年基本服务期未满，特岗教师们也会产生离开的强烈想法。因此，逃离同样也是将特岗教师看成是政策实施的应然主体的分析概念。单从政策实施视角来看，"研究者们用'流失（attrition）'一词来描述教师从教学岗位离职，用'迁移（migration）'一词来描述教师从一个学区或学校调到另一个学区或学校。'流动（turnover）'是一个适用于二者的涵盖性术语。"[1] 但在将特岗教师理解为政策实施的应然主体时，"流失"与"迁移"只是"冷冰冰"管理术语，"逃离"则更多的是从特岗教师主体性层面探索他们的职业认同情况。由于我国城镇化路径的人口流动具有显著的单向度性，在探讨乡村教师队伍建设时，一旦要从主体性层面关注乡村教师的发展样态，"逃离"表征已逐渐成为乡村教师工作境遇分析时的常见语义。"当前工作境遇的一种存在状态，这是一种正在进行着的状态，这种状态可以形容当前教师的工作心态，即教师不在逃离，就在逃离的路上，总之，教师时刻是在为逃离当前的工作境遇做准备。"[2]

---

[1] ［美］玛丽莲·科克伦－史密斯：《教师教育研究手册——变革世界中的永恒话题》，范国睿译，华东师范大学出版社 2017 年版，第 454 页。

[2] 谢丽丽：《教师"逃离"：农村教育的困境——从 G 县乡村教师考警察说起》，《教师教育研究》2016 年第 4 期。

第二节　叙事研究

一　教师自己的叙事

教师教育领域的研究范式已实现了仅关注客观规律到对关注个体独特性的视角转变，采用叙事研究的根本目的在于秉持一种从实求新的研究思路，倾听教师教育政策实施中关键利益者的真实声音。所谓叙事，叙的是来自特岗教师真实生活世界的事实，这些事实非随意选择，是在尊重特岗教师职业认同现状的基础上，从事实出发去寻找与社会其他事实之间的关系。如何做到求实呢？对事实的分析需要理论为基础，但事实必定不是源于书斋里的想象，真正的事实强调在现实中的实际表象，"为什么必须要到现实生活中去调查呢？因为人类社会是复杂的、多样性的；又是多变的、富于创造性的，它决不是只有单一文化背景和有限知识或经验的研究者能够想象和包容得了的。所以研究者必须深入其所要了解的'他人'的生活中去观察、研究。"① 叙事研究一定是一种实证研究、实地研究，因为叙的是"他者"的事，但又来自教师"我者"的事；叙的是真实世界中的事，更是需要去"他人"世界观察与了解的事。关于特岗教师职业认同的叙事，当然叙的是特岗教师在教师职业生涯中对教师职业的价值观、目标等的真实感受，这些真实感受源自研究者在特岗教师真实世界中的观察与研究，并理性判断"特岗教师计划"政策的合理性、正当性及其中可能存在的不恰当性。更重要的是通过叙事，可促使教师实现自我革新式的持续性专业成长，更好地展现教师职业作为社会公共性职业的公共品质。"教师进行教育叙事探究，实际上就是在教育生活中，通过对教师经验的审视，提升或改变教师的认识，促成教师的自我革新，引发其教育行为的改变，最终实现教师的个人追求与社会的教育追求。"②

通过叙事研究以明彻特岗教师作为"特岗教师计划"的利益相关者

---

① 费孝通：《文化的生与死》，上海人民出版社 2013 年版，第 666 页。
② 王枬：《教育叙事探究：教师专业发展的一个支点——对话陈向明教授》，《教师发展研究》2021 年第 4 期。

在专业发展中的问题，反推"特岗教师计划"政策实施中可能存在的问题，特别是影响"特岗教师计划"进一步推进与深入的问题。因为这种问题不像一般的自然问题，与人与人构成的社会相比，自然世界具有更为明显的静态性，但人与人构成的问题多是社会问题，社会问题中的"人"往往是"动态"的，这就要求研究者也需从动态的视角、动态的方式观察研究对象。无论如何"社会大过我们。"[①] 从教师职业来说，当然也可以说社会大过教育、社会大过教师。

叙事研究能够让研究者走进特岗教师的工作与生活实际场域中。教育研究领域的惯用方法是运用数据统计的方式来说明或者描绘某一幅图景。但教育是有关人的一种社会体系，教育领域的活动主体是教师与学生要素，即是"人"。过于强调或者重视统计或者对待统计数据的分析结构必须要谨慎，因为很难用固定的、僵化的数据能够说明或者解释人的复杂性与整体性。这是叙事研究在教育领域应用或使用越来越广泛的根本原因。虽然叙事研究在如何选择那些有代表性的研究对象问题上有时备受争议，但事实上在叙事研究开展中如果秉持叙事不仅是研究范式，也是促使教师反思自我的有效途径时，在研究对象与研究者之间形成某种默契式的约定，叙事研究就会成为研究者与研究对象互生、共长的重要过程。

前已述及，教师的职业认同是指教师自己如何看待教师职业的相关态度、行为，并在追问"我是谁""我要成为什么样的教师？"等过程中如何认可与接受教师职业的心理过程。科瑟根在洋葱头模型中认为教师在课堂中的行为是由与教师情感、教师效能感、教师职业承诺等息息相关的"软"因素——教师认同和使命感——所决定的，即教师认同与使命是教师行为改变的最核心因素，也是最不容易发现的要素。[②] 可以看出，教师职业认同是教师内在的一种心理状态，教师认同是教师的主动建构。如果按照传统的量化研究范式，只能简单、化约地研究教师职业认同是如何"被动"建构的，容易忽略教师职业认同建构过程中的主动

---

① 梁漱溟：《乡村建设理论》，上海人民出版社 2011 年版，第 8 页。

② Fred A. J. Korthagen, "In Search of the Essence of a Good Teacher: Towards a More Holistic Approach in Teacher Education", *Teaching and Teacher Education*, Vol. 20, No. 1, 2004.

性与主体性。叙事研究能倾听特岗教师在主动、主体地建构职业认同时的真实声音，在观照特岗教师真实的生活场景中深刻体会特岗教师进行"坚守"与"离开"抉择时的"内外部"力量博弈过程。教师职业认同需要一种叙事的研究范式，教师叙事是教师职业认同特质的本质性要求，对于工作在偏远山区的特岗教师来说则更是如此。

本书采用叙事研究范式是本着"从实求知"的基本理念，希望通过对特岗教师实然生活的实在性、此在性的观察与了解，实际地判断"特岗教师计划"实施以来乡村教育和乡村教师队伍的变化，这种变化具体体现于每位在乡村学校工作的特岗教师身上，也发生在他们每天的工作日常与他们的所思所想中，这种所思所想可能是个人的、主观的，却是"特岗教师计划"政策实施中关键性行动者的真实态度，这种真实性是判断"特岗教师计划"是否实现其政策初衷的基本条件。因此，本书之所以要采用叙事的范式研究特岗教师，一是特岗教师之特殊性本质决定了通过叙事能更好探寻他们的生存与发展现状；二是叙事本身具有的反思性，使叙事可成为特岗教师生命成长的重要契机，促使特岗教师主动反思，因为"教育叙事研究还承担着生命关怀的责任。"[1]即叙事研究不仅具有研究和解释与研究对象相关的社会事实功能，还具有促使研究对象持续性反思与成长的附加性增值功能，这一点使叙事研究具有了人本性、人文性、人情性。

"20世纪80年代，加拿大学者康奈利、克兰迪宁等开始系统地使用叙事方法从事教师教育研究，标志着叙事方法开始引入教育研究领域。"[2]教育叙事研究在21世纪初开始逐渐被运用到教育研究领域。教育叙事研究兴起与人文学科领域研究逐渐从科学主义范式的"桎梏"中走出来有关，特别是在后现代主义思潮兴起的前提下，人文学科领域的研究范式开始转向基于人本、人文、人情等自身特质的探索。"从分析哲学的盛行，到后现代主义的兴起，当代西方理论界大抵经历了这样一种研究范

---

[1]　葛孝亿、石亚兵：《教育叙事研究十年：方法论的流变与自觉》，《教育学术月刊》2014年第10期。

[2]　葛孝亿、石亚兵：《教育叙事研究十年：方法论的流变与自觉》，《教育学术月刊》2014年第10期。

式的转换,即由寻求一种'真正科学'的研究方式,到承认、区分各种学术路向的解释功能。"① 这种转向的发生促使人文学科领域的研究逐渐走出科学主义范式下去追求客观、数据、物化、规律的藩篱,开始关注研究对象的日常生活、关注研究对象在真实世界中的独特性与丰富性。这种转向一方面受到教育学学科领域特别是教师教育研究领域彰显人文特质和观照个体生命整全的影响,另一方面也因这种人文性和生命整全性而使叙事研究在教师教育领域里独放异彩。叙事研究具有其自身的独特性:"在研究路径上,叙事研究实现了'从上到下'向'自下而上'的转变;在研究关系上,叙事研究强调由'被研究'向'参与研究'转变;从研究文本上,叙事研究实现了研究文本的创新,即作为叙事的理论。……教育叙事研究不是为叙事而叙事,它关注的应该是研究之于教育学科的意义,叙事之于个体生命成长的意义,这才是叙事研究的根本性追求,也是叙事作品优劣评判的根本标准。"②

本书的叙事研究通过倾听特岗教师的声音开展,这种声音载体既可能是语言,比如他们怎么说;也可能是实物,比如他们的照片、图片等。因为语言是一个人思想价值观的载体,因此特岗教师的语言也足以承载他们如何表达自己的职业认同,"语言在文化的各个方面都发挥了系统表达的作用,某些热情的语言学家声称语言支配着一切思想,支配着一切事物。"③ 本书叙事研究的根本目的是理解特岗教师的行动动机,并由此描述、推断他们在 3 年基本服务期间这个时间框架下持续性"坚守"行为的发生机制。这种理解是以解释特岗教师在实际生活中的主观感受为基础的,解释的对象来源于对特岗教师真实生活与真实世界的深描。所谓深描,就是通过分析特岗教师的职业认同情况,分析特岗教师的实际行动表征,继而探寻其入职动机或者在特岗教师职业生涯中坚守与离开的各种内部动机,以实现从主体性视角探讨特岗教师的职业认同状况。在对特岗教师个人行动的解释中,研究者往往是以一种局外人的身份进

---

① 丁钢:《教育研究的叙事转向》,《现代大学教育》2008 年第 1 期。

② 葛孝亿、石亚兵:《教育叙事研究十年:方法论的流变与自觉》,《教育学术月刊》2014年第 10 期。

③ [美]克拉克·威斯勒:《人与文化》,钱岗南、傅志强译. 商务印书馆 2004 年版,第86 页。

行参与和体验，这种局外人的身份使研究者能够在参与移情体验过程中不断地将自己从研究过程中抽离或者剥离出来，既回归研究的客观性，同时又理解研究对象作为"特岗教师计划"政策行动者的合理性，"用行动者的眼光衡量，他们的行动是合理的。"①

二　研究对象：来自贵州的特岗教师

研究者在贵州学习、工作、生活多年，不少同学在贵州从事教师职业，从研究便利的角度来说，更容易筛选到合适的研究对象。而研究者自己又不是贵州人，这一点让研究者既可收集到翔实和丰富的研究资料，也可以局外人的身份客观分析研究对象，与研究对象之间产生比较强烈的移情共鸣。当然选择来自贵州的特岗教师可能会面临如下的质疑：这些教师的代表性如何？就像费孝通选择江村、云南三村等地作为中国社区研究代表时面临的质疑一样。贵州的特岗教师到底能不能代表"特岗教师计划"实施 15 年以来的特岗教师群体样态？在贵州的研究发现是不是具有普适性？是不是真的能切中"特岗教师计划"政策存在的问题等？这些问题都有可能存在。

"特岗教师计划"政策在 2006 年出台实施时就已经明确指出主要面向农村区域，特别是西部农村学校补充教师队伍数量。不同区域之间的边界越小，其社会结构也越具有相似性。处于西南边陲的贵州是西部乡村社会的典型代表，其社会结构、经济发展水平、教育发展程度与我国其他西部地区之间相比具有同质性。贵州省乡村地区基础教育质量在"特岗教师计划"政策实施之后发生了翻天覆地的变化。贵州每年都是特岗教师计划招聘大省，截至 2017 年，贵州共招聘了 5.8 万余名特岗教师。② 而仅仅是 2016 年贵州省属于国家层面的"特岗计划"招聘指标就有 7050 名、属于县级层面的"特岗计划"招聘指标有 2323 名。③ 从贵州

① ［美］詹姆斯·S. 科尔曼：《社会理论的基础》，邓方译，社会科学文献出版社 1999 年版，第 23 页。

② 数据源于贵州省教育厅 2016 年发布的《省教育厅关于印发贵州省 2016 年农村义务教育阶段学校教师特设岗位计划招聘办法的通知》。

③ 数据源于贵州省教育厅 2016 年发布的《省教育厅关于印发贵州省 2016 年农村义务教育阶段学校教师特设岗位计划招聘办法的通知》。

每年"特岗教师计划"的招聘情况来看，如下两方面特征决定了本书选择贵州地区特岗教师作为研究对象的重要原因：第一，每年招聘人数相对来说比较固定，贵州平均每年招聘 8000—10000 名特岗教师。第二，招聘要求也在持续性提高，2006 年贵州"特岗教师"招聘要求是：专科毕业生均可报考。但到 2018 年，除非一些紧缺专业（如学前教育专业）可以是专科之外，其他专业基本都要求需本科以上学历且已获得教师资格证。"特岗教师计划"政策的实施已在一定程度上满足了贵州当地的基础教育发展对乡村教师队伍建设的数量需求，贵州省"特岗教师计划"招聘也逐渐由数量需求转向质量要求，即逐步转向特岗教师队伍建设的内涵式发展，而这也是目前全国各地乡村教师队伍建设的重要方向。

贵州省，简称"黔"或"贵"，地处中国西南腹地，与重庆、四川、湖南、云南、广西接壤，是西南交通枢纽。辖 6 个地级市、3 个自治州，2017 年常住人口 3580 万人。贵州地貌属于中国西南部高原山地，境内地势西高东低，自中部向北、东、南三面倾斜，平均海拔在 1100 米左右。贵州高原山地居多，素有"八山一水一分田"之说。由于贵州一直以来的经济文化发展水平都处于欠发达地区行列，其教育发展水平同样也不够发达，在西部地区比较具有代表性。"义务教育发展缓慢。由于基础脆弱，历史包袱沉重，一直到 21 世纪初，贵州义务教育水平在全国仍然处于挂末位置。2000 年，当全国基本实现普及九年义务教育时，贵州才基本普及六年义务教育，只有 35% 的地区基本普及九年义务教育。……贵州是一个多民族聚居省份，全省有 56 个民族成分，少数民族人口数居全国第三位。截止到 2005 年 11 月，全省民族自治地区面积占全省总面积的68.2%，民族自治地区人口占全省人口的 40.9%。民族地区大多地处高寒，土地贫瘠，交通不便，自然条件恶劣，经济水平落后，群众收入偏低。受自然条件和历史原因的影响，贵州文化教育基础薄弱，在'两基'攻坚取得巨大胜利的今天，一些贫困地区面临的，'办学难''师资困难''少数民族学生入学难'，仍然是教育发展中存在的突出问题。……特别是农村基础教育方面，存在着教师资源配置严重不合理现象。"[1] 与贵州

---

① 张羽琼：《论贵州教育发展面临的困难与问题》，《贵州师范大学学报》（社会科学版）2008 年第 2 期。

相邻的云南省也面临同样的难题，"一方面，贫困县十分缺乏教师，缺乏人才；另一方面，面对大量的高校毕业生，许多县却不愿意引进人才。"[①]此外，在中国广袤的西北地区同样在乡村教师队伍建设上存在不少一直未能有效解决的难题："编制奇缺、报酬低下、人心思走，青海、甘肃、陕西、宁夏等西部省区农村教师的状况令人担忧。"[②] 可见，在乡村教师队伍建设的区域差异性上，西部地区具有明显的同质性。其他地方与贵州一样，面临着诸多问题，其中最为关键的就是乡村教师队伍建设的稳定性问题以及如何在城镇化的进程中吸引优秀青年到乡村地区从教的问题。

三　资料收集方法

（一）访谈调查

研究者和团队成员分别于 2016 年 10 月、2017 年 2 月、2017 年 9 月三次深入贵州织金县、贵州三穗县、贵州赫章县三个地方开展实地调研，并于 2019 年 3 月进行回访研究，主要通过微信、录音、邮件等方式进行回访资料收集。三次实地调研中，与研究者深入访谈并建构起良好"叙事"关系的特岗教师总计 15 名。但基于资料的完整性，最后在本书中主要采用了 9 名特岗教师的相关资料。访谈提纲是本书在开展实地叙事研究时的主要研究工具，主要基于对教师职业认同的外在行为表现进行设计，同时，结合特岗教师群体在已有研究中表现出的可能性行为倾向进行特岗教师职业认同的操作性定义。本书中的特岗教师职业认同被操作化定义为：①行为倾向；②情感自尊；③自我接纳；④价值观与归属感；⑤离职意向；⑥专业水平自知等维度。

前三个维度从职业认同的核心是从获得自我同一性这个角度出发假设特岗教师个体只有达到了自我同一性的稳定与和谐，才能追求个人的教师职业认同，这是职业认同产生的关键条件。所以，特岗教师的行为倾向、情感自尊、自我接纳都与他们在教师职业中能否获得自我同一性

---

① 刘沧山：《对云南教育改革与发展中几个问题的思考》，《大理学院学报》（社会科学）2005 年第 6 期。

② 张目、顾玲、黄会清：《留不住师资的西部农村》，《瞭望新闻周刊》2005 年第 5 期。

相关，这种同一性外显性地表现了他们的工作投入情况，特别是以前、现在、未来的连续性时间框架下的投入现状；当前的具体行为表现；在教师职业中是否获得自我的尊重与自我的接纳等。

后三个维度则分别从特岗教师对教师职业价值的看法；是否在特岗教师工作中找到个人归属感；目前的离职意向；专业水平的自知与自我判断的维度界定特岗教师的职业认同，这里的假设是离职意向在很大程度上是特岗教师职业认同的具象行为表现。价值观与归属感体现了特岗教师在教师职业中所获得的情感与自尊上的统一和谐。离职意向则主要因为特岗教师群体容易出现流失问题而专门设置，同时亦是作为一种反向问题来印证特岗教师职业认同的其他维度。专业水平自知与自我判断体现的是特岗教师在3年基本服务期间是否获得自我效能感。

具体访谈提纲如下：

1. 特岗教师的行为倾向

（1）在特岗教师工作中投入了多少精力？

（2）以前的工作投入怎么样？现在的工作投入怎么样？未来打算如何投入特岗教师工作？

（3）在工作中为购买教学资料，比如教学参考书等花了多少费用？这些费用是自费还是可以找学校报销？

（4）对学校的工作要求和安排有什么看法？平时有哪些除了教学工作以外的工作事务需要完成？

（5）与学生之间的关系如何？怎样看待和对待自己的学生？是否了解农村学校学生的身心发展特质？

2. 特岗教师的情感自尊

（1）考上特岗教师有没有实现自我价值？

（2）在工作中是否开心？和同事之间的关系如何？

（3）你是否是一个感性的人？比如天气变化是否会影响你的心情？

（4）有时候一些不良的情绪是否会影响上课质量？

（5）在工作中，有没有想过换职业？内心有无徘徊的时候？这种情况多吗？对你的教学工作有没有什么影响？

（6）你的理想是什么？尝试过哪些方式去实现自己的理想？

（7）你和家长之间的关系如何？你都是如何与家长沟通的？

（8）你有经常思考教师这个职业的性质吗？

（9）你是否因为自己是一名教师而时常注重为人师表？

3. 特岗教师的自我接纳

（1）对现在的工作状态是否满意？

（2）外界对特岗教师这个职业的看法与你自己的看法一致吗？

（3）家人和朋友都支持你当特岗教师吗？

4. 特岗教师职业价值观

（1）你如何看待特岗教师这个职业？

（2）你认为特岗教师的作用是什么？

（3）是否在意别人如何看待特岗教师这个职业？

（4）作为特岗教师，是否受到别人的尊重？

（5）自己是否适合做特岗教师？

5. 特岗教师的职业归属感

（1）你认为考上特岗教师是否已经实现自己的理想？

（2）你是否为成为一名特岗教师而感到自豪？

（3）为了提高自身教师素养，做了哪些额外的学习？

（4）当得到别人的赞扬时，是否有欣慰之感？

（5）在学校里，有没有得到同事和学生的尊重？

（6）多久回一次家？

6. 特岗教师的离职意向

（1）服务期满后，是否会尽最大努力离开这个学校？为什么？

（2）有没有觉得其他岗位或者其他学校更适合你？

（3）离开特岗服务学校的想法强烈吗？这种想法对教学或其他工作有没有什么影响？

（4）如果有更好的机会，你会辞掉现在的工作吗？

7. 特岗教师的专业水平自我判断

（1）在教学中的最大困惑是什么？有哪些问题需要解决？

（2）对于现在的工作与生活状况，你认为改变现状需要做哪些努力？

（二）现场调研

现场调研主要是研究者到特岗教师工作的现场开展田野式考察，调研持续时间每次一周左右。现场调研的策略有二：一是研究者通过随同教育局工作人员到特岗教师服务学校视察工作或者检查工作时开展调研，调研对象选择是到了调研学校之后随机抽取的；二是研究者认识的熟人通过滚雪球的方式确定研究对象，逐渐扩大研究对象框的范围。第二种策略是本书开展调研时的主要方法，因为研究者发现一旦跟随教育局领导"下去"容易让特岗教师不能"真实"地面对研究者，甚至有研究对象会产生明显的抵触情绪。从这里可以看出，研究者一旦以"检查者"身份进入特岗教师群体中，特岗教师会明显地表现出与他们不是一类人的认知，特岗教师作为"特岗教师计划"政策实施的末端群体，他们并没有在政策执行逻辑上表现出明显的主观接受情绪。如果政策执行的"检查者"是为了维护政策秩序，从特岗教师的主观态度上可以看出他们并未发自内心地接受或实施这种秩序。中国是个熟人社会，采用第二种方式进入调研现场能够让特岗教师放下心中可能会产生的防范甚至抵触心理，以得到更为真实的研究资料。

现场调研一般先和特岗教师进行深度访谈，访谈是单独进行的，由特岗教师自己决定访谈的地方，有时在学校教室里、有时在办公室、有时也在特岗教师休息室，访谈持续时间一般在 2 小时左右。访谈结束后会听课，每名特岗教师至少听课一次，听课一般是随堂听课，即碰到特岗教师上什么课就听什么课，没有刻意准备，当然也会在听课前和特岗教师反复沟通，以打消他们的顾虑，同时避免他们在课堂中进行刻意包装。听课后研究者会与特岗教师去饭堂吃饭或者去他们的休息区域，主要是收集特岗教师的生活状态、生存状态的真实资料。有时甚至还会和特岗教师（女）一起住上一两晚，特别是在比较偏远的地方，一般到了特岗教师服务学校之后很难当天返回县城，所以会选择与特岗教师一起住上一两晚。之所以在访谈之后还会听课、与特岗教师同吃同住，一是为了验证与特岗教师在深度访谈时所收集资料的真实性，提升研究资料的可信度；二是为了进一步丰富研究资料，更为真实地展现特岗教师立体的生存状态和专业发展状态，以判断他们的职业认同情况，深入挖掘他们坚守还是离开的真实意愿，探索他们坚守还是离开的深层次原因。

现场调研有 3 个地方：分别是三穗县桐林镇中学、织金县大平乡中学、赫章县安乐溪乡中小学和平山乡小学。三所学校中，织金县大平乡小学、赫章县安乐溪乡中小学分别距离县城的直线距离在 40—60 公里，而三穗县桐林镇中学和赫章县平山乡小学距离县城的直线距离在 20—40 公里。空间地理逐渐成为人类现代化进程中分析影响人们所处场域整体发展水平的重要变量，空间地理决定了一个区域的交通出行是否便利、医疗保障是否健全等要素，当然这个变量也就成为影响当地教育发展水平的重要因素。李梦琢、刘善槐等在研究乡村教师交流机制时就认为应该根据县域地形的空间范围设计有关教师交流方案，"结合教师家庭住址与当前所在学校综合确定圆心，依据县域地形确定交流半径，以教师可达性为原则将教师流动地理范围划分为若干小圈，细化空间范围设计方案降低流动难度。"① 因为在城镇化发展路径影响下，我国教育发展水平的城乡差异逐渐成为显性问题，这一点在各个县城内部不同区域、不同教育学段的教师队伍建设中随着不同县（市）与其他城市之间的差距日趋缩小而更为凸显。也使特岗教师服务学校距离县城的距离以及县城与特岗教师服务学校所在的其他相关基础性资源差距成为影响特岗教师职业认同的前提条件。

1. 三穗县桐林镇

三穗县位于贵州省东部，黔东南苗族侗族自治州东北部，东北与湖南省新晃侗族自治县毗邻，东南、西南与天柱、剑河两县接壤，北与镇远县相连，为贵州省东出口之一，素有"黔东要塞"和"千里苗疆门户"之称。桐林镇位于三穗县东部，距县城 28 公里，位置优越，交通方便，310 省道穿境而过，东北与天柱县坪地镇相邻，东连款场乡，东南接剑河县南明镇，西南靠瓦寨镇，西北部毗邻雪洞，北依湖南省新晃县。全镇有中小学 12 所。其中中学 1 所——桐林中学，占地面积 15.4 亩，服务全镇，共有 14 个班，学生 732 人，教职员工 45 人，其中住校生 368 多人。镇级中心小学 3 所，村级完小 2 所，教学点 7 个。小学有教学班 46 个，小学生 1386 人，儿童入学率达 98.5%。全县有少数民族 13 个，其中以侗族、苗族为主，少数民族人口 15.8 万人，占总人口的 74.8%。

2. 织金县大平乡

织金县最低海拔 860 米，最高海拔 2262 米，县城海拔 1310 米，织金

① 李梦琢、刘善槐、房婷婷：《县域教师交流政策的场域脱嵌与优化路径——基于全国 13 省 50 县的政策文本计量分析》，《教师教育研究》2021 年第 3 期。

县境内山峦起伏，沟壑纵横，岩溶较多，地形地貌复杂多样。

大平苗族彝族乡（以下简称"大平乡"）位于织金县东北部，地处乌江上游主要源流六冲河和三岔河两条水系的分水岭上，北隔六冲河与黔西相望，西、南、东分别与本县的纳雍乡，化起镇、龙场镇相依。居住有汉、苗、彝、白、仡佬6个民族和穿青人、蔡家人等，是多民族聚居乡。在少数民族中，苗族和彝族人口较多，为建乡民族。地势中南部高、西部和东北部低，平均海拔1280米，其中六冲河和三岔河在本乡箐脚河尾汇合，海拔400米，为全县最低处，地貌以石灰岩中山型为主，山峦叠嶂，幽谷含青，峰山挺拔，秀水蜿蜒，景观秀美。乡党政机关驻地大平村（"大平"坐落在一个长约1.5公里，宽约0.5公里的平坦地而得名）距县城62公里。全乡共有9个教学点（每个教学点基本都有特岗教师），初中1个，民办教学点1个，适龄儿童入学率90%以上。

3. 赫章安乐溪乡和平山乡

赫章县，隶属贵州毕节市。赫章县境被舍虎梁子、结构梁子、三望坪、韭菜坪等大山分割，地势西北、西南和南部较高，东北部偏低。境内山高坡陡，峰峦重叠，沟壑纵横，河流深切。全县最高峰（也是贵州最高点）小韭菜坪海拔2900.6米，最低点刹界河海拔1230米，平均海拔1996米。

安乐溪乡位于赫章县城西北部，乡政府所在地距县城60公里。东接云南省以古镇，南接结构乡，西接可乐乡，北邻云南省镇雄县的花山乡，处于两省四乡交界处。少数民族人口占总人口的22%，居住着汉、彝、苗等民族。1992年建乡，乡名由彝语"啊纳溪"演变而来。乡内最高海拔2400米，最低海拔1640米。境内山高坡陡，沟壑纵横、土地破碎，形成了"三沟六面坡"的特殊地理状况。全乡共有中小学校点12所，在校生3462人，教师154人。全乡有贫困人口1492户5998人，其中，2014年已脱贫261户1146人，2015年脱贫146户720人；贫困户中有"五保户"75户94人，"低保户"262户525人，"扶贫低保户"408户1735人；"扶贫户"756户3561人；有"两因"户69户309人（因学、因病）；"两无"户337户619人（无力脱贫、无业可扶）；"两有"户849户3888人（有资源、有劳动能力但无门路）；"两缺"户329户1375人（缺基础设施、缺技术）。

　　平山乡为赫章县下辖的另一个乡，位于赫章县东部，距赫章县城 25 公里，距毕节市 70 公里（从赫章到毕节市必经平山乡）。326 国道和现正在建设的毕节至威宁高速公路贯穿全境，交通条件极为便利。乡境内电力、电信、公路等基础设施建设较为完善。全乡森林达到 4 万余亩，森林覆盖率达 52%。全乡属于典型的喀斯特地貌，被蚂蝗箐梁子、卢家梁子等山脉分割，乡境内峰峦重叠，沟壑纵横，河流深切。全乡最高峰蚂蝗箐梁子海拔 2114 米，最低点江南村海拔 1260 米，平均海拔 1595 米。全乡海拔落差较大。

四　具体研究对象：9 名特岗教师

　　尽管现场调研时与 15 名特岗教师有接触，但是最终和研究者配合良好（主要以访谈资料的真实性为基本标准）的特岗教师一共是 9 名，分别来自三个县不同的教学点，根据他们所来自的区域进行编码（见表 2 - 1）。

表 2 - 1　　　　　　　　　　受访对象基本信息

对象编码	性别	区域	任教学科	所学专业
A1	女	教学点（小学）	数学、思品	心理健康教育
A2	女	教学点（小学）	英语、思品	英语
B1	女	乡中学	生物、数学	生物
B2	男	乡中学	地理、思品	地理
B3	女	乡小学	数学、思品	数学
C1	女	乡中学	美术、语文	美术
C2	女	乡中学	语文、思品	中文
D1	女	镇中学	英语	英语
D2	男	镇中学	地理、出纳	地理

第三节 资料分析

叙事研究作为一种质化研究范式，研究资料收集的信效度是保障研究成果信效度的关键。本书的信效度主要从如下几个方面得以保证。

一 资料之间的三角互证

（一）研究资料收集时的验证

首先，向同一研究对象询问关键问题在不同人群之间的投射态度。比如，对同一个研究对象询问不同人群（受访特岗教师、其他特岗教师、其他在编教师等）在关键问题的态度（在 3 年服务期间或期满后是否会考虑离开?）上是否有差异。这个问题既是本书的关键研究问题，也是特岗教师队伍稳定的核心议题。通过问特岗教师自己以及其他特岗教师群体或其他在编教师的他人投射能得到更加准确且详细的研究资料。其次，收集多场域研究资料验证访谈资料。除了收集访谈资料之外，研究者还会继续走进特岗教师的寝室、教室、办公室等，实地感受他们在受访过程中所提到的生存条件、教学状况以及与同事关系等，实现访谈资料、现场不同场域资料之间的相互印证。再次，前后收集方式验证。比如关于教学中困惑等方面的问题，会在与受访老师交谈时，从不同层面、不同角度进行询问，比如从同事如何评价、学生上课的感受、学生的纪律等方面进行反复验证。最后，多元收集形式验证。除了访谈调查之外，研究者还给每位受访对象提供了一个材料清单，收集他们的教学设计样例、课堂反思样例、平时工作照片等，以实现材料之间的相互验证和印证。

（二）分析资料时的筛选过滤

在对收集到的资料进行分析时，会特别注意访谈资料的前后一致性，如果碰到有矛盾与冲突的地方，会及时与研究对象联系，以便及时确证。对调查资料所传递的信息前后差异较大的研究对象，就不再作为本书的研究对象纳入。

（三）研究者的本体性反思

陈向明曾经指出质化研究者的研究效度中与研究者自身的反思密切

相关，比如她提到如何处理局内人和局外人的观察，如何处理研究者效应等问题。[①] 首先，通过将研究问题悬置的方式避免并不带任何先入之见参与特岗教师的真实工作与生活过程中，比如一般来说，研究者进入研究对象所在学校的现场时都是先跟着研究对象一起比较随意、自然地融入研究对象的实际教育教学中，再就发现的或感兴趣的话题自然地聊天；其次，尽力做足前期准备工作，比如查询相关资料，了解研究对象所在地的地理、人文等特征，了解他们的专业发展需求等；再次，明确地跟研究对象交代只是了解他们的工作和生活现状，将关键性的研究问题（他们对特岗教师的职业认同）进行悬置，并将这个问题转换成为其他相关性问题或者聊天时追问某个行为原因的问题进行询问。最后，研究团队成员的身份重置。研究团队成员既有本课题主持人，也有教育学研究生，在收集资料时尽量先摒弃成员的前期身份，先以特岗教师"局内人"的身份不带任何先入之见地与特岗教师访谈，基于同理、移情之态度与特岗教师建立信任联系，甚至为特岗教师解惑答疑。同时，又以"局外人"的身份客观分析特岗教师所提供的访谈资料，避免出现研究者效应。在这个过程中，研究者事实上在不断地进行"局外人"和"局内人"的身份转换。

在叙事研究中，研究者与研究对象之间建立良好的沟通信任关系是研究得以顺利开展的重要基础与前提，研究者作为对中小学教育过程比较熟悉，同时也作为特岗教师工作场域的局外人，这种关系建构的具体策略有：首先，由受访对象来确定访谈的地方以及访谈的方式，既可是他们工作地所在学校的教室，也可是他们的寝室，还可是办公室等；其次，将正式的研究承诺书郑重交于研究对象，并同时进一步向研究对象承诺本书对他们相关信息的保护。这样的方式一是可体现本书的重要性，二是可让研究对象在打消顾虑前提下积极配合研究者。效度问题就是推广度问题，叙事研究作为一种质化研究，其根本目的并不在于要达到某种放之四海而皆准的规律或定论，而是希冀通过对特岗教师群体某些真实想法或者真实故事的呈现，分析并解释这些想法与故事如何受到社会、

---

① 陈向明：《旅居者和"外国人"：留美中国学生跨文化人际交往研究》，教育科学出版社2004年版，第81—86页。

时代、教师教育政策本身变迁的影响或规制等，以期为特岗教师群体的职业认同现状提供解释与经验分享，"我更关心的是我所揭示的社会现象是否能够为那些关心类似问题以及处于类似情形之下的人们提供一定的解释和经验共享。"① 本书通过这样的研究范式为关心特岗教师职业认同或者乡村教师队伍建设以及特岗教师自己提供一定的"解释和经验共享。"

二 扎根理论分析

通过实地调研方式开展的叙事研究所收集到的研究资料必然具有多元性、立体性、丰富性，而作为研究者在"局内人"与"局外人"之间的"徘徊"中必然也要回归到"局外人"的研究立场上，扎根理论分析为研究者这样的身份回转并从研究层面实现研究目的提供了非常好的路径。"扎根理论的主旨是生成理论，其要义可以被总结为：研究的目的是生成理论，而理论必须来自经验资料。"② 即本书主要通过来自特岗教师真实世界的丰富资料中的经验资料深描，探寻特岗教师群体职业认同的理论建构。在资料分析时，首先通过泛读的方式以主观理解、大致感受来判断特岗教师的职业认同情况，此时缺乏连续且深入的思考，并没有进入他们的内心世界。接下来以此为基础回答本书的关键问题时，则通过深入分析研究对象的所思所想所行，得出他们的职业认同现状及其背后的深层归因。通过对访谈资料的扎根理论分析逐渐找到特岗教师们用什么样的概念、语词和对世界分类的方式；他们具体是如何行动的？他们的行动与思维、语言之间是什么关系？借助深描对如上问题进行探索与回答，在政策制度与特岗教师个人理解之间架起桥梁，以实现"将个人困扰与社会结构和历史背景结合起来分析。"③

本书主要紧扣特岗教师职业认同现状的整体性和关键性问题，即主

① 陈向明：《旅居者和"外国人"：留美中国学生跨文化人际交往研究》，教育科学出版社2004年版，第78页。
② 陈向明：《扎根理论在中国教育研究中的运用探索》，《北京大学教育评论》2015年第1期。
③ 陈向明：《质性研究的新发展及其对社会科学研究的意义》，《教育研究与实验》2008年第2期。

要基于特岗教师在特设岗位的限定条件与政策要求规制下分析他们在 3 年基本服务期中或期满后会有什么样的选择，由于这种选择的大时代背景与我国城镇化背景进程密切相关，确切地说与城镇化进程中的人才流动方向之间存在方向背反，使特岗教师在做出职业坚持或者选择离开时的职业认同状态受到社会大时代背景的不断牵拉与影响。这种职业认同选择与文化、社会背景是什么关系？追问这个问题的过程是找到每名特岗教师在表达是否会坚守在乡村学校场域时所表达出来的整体印象，具有独特性、个体性。在此基础上，对每名特岗教师的访谈资料继续进行详细的分析。① 总体来说，资料的分析过程是以对所有调研资料的统整感知为前提，在特岗教师职业认同的逻辑建构基础（我是谁？我要成为什么样的教师？我要离开吗？）上进行，探究特岗教师群体的职业认同表现，以及他们在此基础上如何开展"坚守还是离开？"的职业抉择及他们最后决定的影响机制。

---

① 陈向明：《扎根理论在中国教育研究中的运用探索》，《北京大学教育评论》2015年第 1 期。

第三章

我是谁？——基于特岗教师家庭背景的分析

第一节 特岗教师父母的社会位置结构

特岗教师首先是一个活生生的社会人，职业认同是特岗教师在对自我身份主观判断基础上产生的。认同的核心问题关系自我身份的认可与确定，教师职业认同的关键是教师个体对与教师职业有关的自我身份的认可与确定。如果个体对自我身份认同度不高，则很难产生高水平的职业认同状态。反之，如果一个人的职业认同水平较高，则对自我的身份认同水平也肯定较高，二者之间呈现较强的正相关关系。职业认同程度高的教师，必定具有较高的自我同一性并在教师职业中更容易获得职业归属感，二者相互深刻影响并产生紧密联系。教师自我身份认同与教师职业认同之间是在持续地对话过程中逐渐和谐统一的。特岗教师职业认同是特岗教师自己在不断地进行"我是谁？""我要成为什么样教师？"等的自我对话与反思中建构的，这是教师对教师职业的认可、接受或者抗拒的自我调节过程。特岗教师是如何在这个过程中定位我是谁的呢？入职前的社会身份是特岗教师进行这种自我定位时的重要决定因素。在社会位置结构中确定一个人的社会身份通常会依据性别、婚恋情况、收入等要素。特岗教师多处于大学刚毕业或者毕业不久的社会年龄阶段，其入职前的社会身份确定主要根据其性别、父母身份、婚恋情况（从原始资料来看，有特岗教师已婚）、居住情况等指标来判定。父母身份是个人社会位置结构决定的关键性条件，特别是对刚完成大学教育的社会个体来说更是如此，因为此时的个人还未进行自我的"资本积累"。另外，由于特岗教师服务的学校位置往往较为偏僻，他们的居住情况也成为影响其职业归属感的重要因素。

表3-1显示，9名特岗教师的父母社会阶层身份在社会位置结构中总体偏低，其中有5名特岗教师的父母是农民阶层，只有B3老师的父母属于双职工家庭，还有2名特岗教师的父母中只有父亲有工作，有1名特岗教师的父母经商。通过特岗教师父母的居住情况可进一步管窥他们的社会身份在社会结构中的位置，特岗教师父母的社会身份决定了他们居住地环境的差异，特岗教师群体内部的阶层分化也有可能由此产生。比如A2教师可以每天开车上下班，对特岗教师到底能挣多少工资并不太在意，且也不用担心自己结婚成家后住在什么地方等问题。但其他特岗教师在3年基本服务期间却有非常明显的担忧。"我们年轻人一个重要的问题就是买房，如果不买房估计女朋友都找不到。县城的房价也不是我们能负担的，但农村基本没有什么房子可卖。（D2教师）"传统价值观认为，中国人结婚成家肯定首先要有房子住，女特岗教师选择对象时即使不是为自己也要为今后下一代的教育，首先考虑在县城有房的男士。

表3-1　　　　　　调查对象"社会身份"基本情况

来源	性别	父母身份	居住情况	婚恋情况	父母家庭所在地
A1	女	城郊农民，可时常打零工	租房在县城，每天坐车往返学校	有男友	贵州另一市
A2	女	县城经商	住父母家，每天自驾往返学校	有男友	同一市区
B1	女	父亲工人，母亲无业	租住乡里，每天步行往返学校	单身	东北城郊
B2	男	乡村农民	租住乡里，每天步行往返学校	有女友	邻省农村
B3	女	父亲公务员，母亲退休	租住乡里，每天步行往返学校，周末回县城父母家	单身	同一县城
C1	女	乡村农民	住学校公租房，长假回父母家	单身	邻省农村
C2	女	乡村农民	住学校公租房，周末回邻乡父母家	单身	学校附近农村
D1	女	父亲教师，母亲经商	住学生宿舍，周末回父母家	单身	同一县城
D2	男	乡村农民	住学生宿舍，周末回父母家	单身	同一县城

虽然"特岗教师计划"对学历有基本要求，但从准入要求上判断，其入职门槛相对来说依然低于其他类型的教师，这种差异主要体现在特岗教师所毕业的高等教育学校层次上。杜亮指出"特岗教师主要来自农村，其次他们多毕业于二本三本乃至大专院校，属于农村大学生的主力群体，最后他们成为偏远贫穷的农村地区学校的教师。"① 二本三本乃至大专院校事实上在高等教育学校类型的分层中同样处于较低位置。特岗教师毕业院校的高等教育层次当然也源自他们的家庭资本弱势性。1978年恢复高考以后，我国高等教育主要实现的是为经济增长培养人才功能。家庭经济水平和整体受教育水平逐渐成为影响社会个体受教育程度的重要因素，甚至是关键因素。李春玲认为，"在意识形态及教育功能发生转变的大趋势之下，1978 年以来实施的教育改革可以概括为两个方面的转变。一是大众化教育模式向精英化教育模式的转变。这种转变对于农村和贫困地区以及城市贫困家庭和父母文化水平较低家庭的子女产生了不利的影响，他们往往成为被淘汰的对象，辍学率的上升就是这种状况的反映。教育改革的第二个方面是由计划体制向市场体制转变（教育的产业化）。教育的市场化导致了地区之间和不同家庭经济背景的学生之间教育机会分配的不平等。"② 在这样的变化趋势之下，大部分特岗教师的家庭资本具有明显的弱势性，"特岗教师主体来自农村的中下层家庭。"③ 父母阶层特质成了特岗教师群体选择特岗教师的重要原因，也是特岗教师群体想要进一步实现社会流动的重要动力因素。那么这里就需要回答另一个关键问题，即对特岗教师来说，他们选择特岗教师有没有改变他们的社会位置结构呢？住房情况可以作为一个衡量标准判断特岗教师住所条件的变量指标，他们从小的成长经历也是体现特岗教师家庭资本的有力证据。

---

① 杜亮：《教师分层、社会流动与教育政策的完善：以"特岗教师"为例》，《河北师范大学学报》（教育科学版）2014 年第 1 期。

② 李春玲：《社会政治变迁与教育机会不平等——家庭背景及制度因素对教育获得的影响（1940—2001）》，《中国社会科学》2003 年第 3 期。

③ 杜亮：《教师分层、社会流动与教育政策的完善：以"特岗教师"为例》，《河北师范大学学报》（教育科学版）2014 年第 1 期。

一 特岗教师家庭居住条件的有限性

对中国人来说，居住情况的变化是反映他们经济水平、生活水平变化的重要指标之一，总体来说参与本书的 9 名特岗教师中，女性特岗教师的居住情况并未在她们入职特岗教师后出现明显改善。B3 老师和 A2 老师随父母居住在条件相对优越的县城，入职特岗教师后，他们会比较在意居住在服务学校所在地的条件。比如 D1 老师在学校住在学生宿舍，与学生住在一起，每天晚上非常吵闹，且只有公共的卫生间和洗漱间，没有厨房，只能自己在宿舍用电煮东西吃。"每天晚上睡觉前我都不敢多喝水，因为水喝多了担心自己起夜，卫生间要去另外一层楼，并且还特别不安全，有些老师洗漱完之后地面上到处都是水，稍有不慎就会滑倒。(D1 老师)"但男特岗教师在入职特岗教师后的居住情况有明显改善。这些变化可以从居住外环境的交通情况、居住内环境的设备设施情况等要素进行判断。比如 B1 老师入职特岗前与父母居住在农村，没有铺地砖、墙面不平整、家具简陋，入职后租住的房子有整洁的地砖、平整的墙面，配置了现代化家具。

不同性别特岗教师在居住环境变化的差异的可能原因在于：第一，女性的就业压力大于男性，在就业结构中女性往往会处于被挤压的一方，不少家庭条件相对较好的女性依然受到挤压，并选择了特岗教师；第二，女性在面临社会性别角色期待时被赋予适合当教师的标签，因为女性具有更多的耐心、亲和力等社会角色符号。所以，女性对特岗教师的认同度会明显高于男性教师，他们往往认为自己是适合当教师或者特岗教师的。即使原生家庭条件比较好，不少女性也愿意选择教师职业。但因为获得公共性职业机会日趋困难，一旦女性在教育资本上竞争力有限，她们想要直接获得在编教师职业比较困难，所以通过特岗教师的方式进入教师职业成为不少女性教师的首选。特岗教师入职后的居住环境与他们入职前与父母的居住环境变化体现的是他们源自特岗教师职业所带来的个人资本配置结构的变化，这是在中国乡村教师制度变革背景下对个人资本配置结构带来的合法性变化。"没什么比某种配置、某种才能，以及更罕见地，某种能力，能更严格地区分不同的阶级了，这种配置是合法消费合法作品客观地要求的。"① 总体上，参与本书调研的男性特岗教师的前置性家庭情况配置明显要弱于女特岗教师群体。如果从性别维度下理解居住情况这类资本配置结构的意义，特岗教师职业可能更容易给男老师带来社会位置结构的变化，这一点也决定了男性可能会更多地基于这种显性的个人资本配置结构变化选择特岗教师职业，而非出于对教师职业的真正喜爱而选择特岗教师职业。选择特岗教师是特岗教师实现社会流动的某种途径，由于其准入的容易性，使这种选择产生了迂回性和曲线性，这种现象可能在那些原生家庭条件较好的特岗教师的职业生涯轨迹中更容易出现。

二 特岗教师成长经历中的资本有限性

家庭资本是社会个体成长所需资本要素的重要决定性资本，具体表现为来自父母所提供的为其个人独立发展所奠定的各种资源和条件，其中一个非常重要的资源就是父母陪伴其成长的心理安全资本。受访特岗教师都是"90后"的新生代乡村教师，正好出生于 20 世纪 90 年代后市场经济改革深化的社会历史时期，此时也是城镇化浪潮开始逐渐兴起的时期。从特岗教师自身的成长过程来看，他们的父母在这个阶段能够提供给他们的资源和条件是有限的。9 名特岗教师的成长经历有三种情况：

一是父母在身边，但缺乏时间陪伴其成长。这种情况下，特岗教师在成长过程中的物质条件尚可，但缺乏陪伴的成长经历可能会让他们缺乏安全感，这会在某种程度上促使他们选择较为安全的教师职业。

> 我是和我奶奶一起长大的，虽然我父母是双职工，受传统思想影响，他们还想再要一个男孩，所以我从出生开始就一直寄养在农村奶奶家。（B3 老师）
> 小时候父母一直忙于做生意，很少有时间陪我。（A2 老师）

二是父母不在身边陪伴的早期留守儿童。

---

① ［法］皮埃尔·布尔迪厄：《区分：判断力的社会批判》，刘晖译，商务印书馆 2015 年版，第 65 页。

从小父母不在我身边，他们也像现在很多留守儿童的父母一样，要去外面打工。（C2 老师）

三是父母在身边但是条件艰苦且家中孩子众多。

从小家里条件比较艰苦，孩子多，父母经常顾及不到我们。我记得小时候特别喜欢下雪，一下雪就特别好玩，但一下雪也很痛苦，因为家里实在太冷了。（D2 老师）

根据 9 名特岗教师成长经历可以发现，作为新生代乡村教师的他（她）们与我国当前乡村社会中学生人口结构特征具有明显的同质性，即他（她）们要不经历过教育资源、生活资源等的匮乏，要不经历过情感安全资源的匮乏，比如 B3 老师和 A2 老师的家庭物质资本比较富足，但明显缺少来自父母的情感安全资源。特岗教师成长过程中至少需要如下三种资本，一是他们的受教育资本，即父母给他们提供了什么样的受教育环境与受教育条件；二是来自父母在亲情与心理上的陪伴性资本，即从小是否是留守儿童、成长过程中的家庭教育是否充足、父母陪伴是否整全等；三是他们的生活资本，即从小获得了什么样的物质或精神成长资源（除教育资源之外），包括吃、穿、住、行等用度性资源。这三种资本体现了特岗教师自己在成长过程中所拥有的家庭资本量与教育资本量等。从特岗教师的自我描述来看，女性特岗教师的成长资本总体来说要优于男性特岗教师，男性特岗教师从小的家庭成长资本都比较缺乏或者非常有限。对一个人的成长资本来说，最理想的状态当然是这三方面的资本同时都比较丰富，以满足他们成长过程中不同层次的需要。而对家庭经济资本较差的特岗教师来说，最在意的是他们是否有足够的家庭经济资本供其接受更好的教育，而对于家庭经济资本已基本满足其生存需要的特岗教师来说，他们则更为看重父母情感投入的陪伴性资本，所以他们往往在访谈中更容易提到"陪伴"二字。

从小我父母忙于经营自己的生意，也无暇顾及我学习，更别提陪伴我怎么样了，但也使我比同龄孩子更为坚强和勇敢。（A2 老师）

从小我主要跟奶奶一起生活，因为父母要带弟弟，这让我对安全感的环境非常在意。（B3 老师）

C2 老师、A2 老师和 B3 老师三位女老师的家庭条件相对比较优越，但父母从小的陪伴并不太多，并且 A2 老师和 D1 老师一样都是因为父母忙于经营自己的生意而无暇顾及陪伴他们成长。进一步分析她们的特岗教师职业认同水平会发现，尽管这三位女老师在特岗教师阶段的客观物质环境并不好，但她们依然表现出了相似的上进、坚强和勇敢，对她们来说，希望通过自己不懈努力以离开条件艰苦的特岗教师工作环境的动力更强。特岗教师的家庭背景对他们入职后的发展动力具有较强影响作用，特岗教师是他们实现阶层回归的路径。

第二节　难以成家的特岗教师

情感归属是个体改变自身阶层身份的一种重要途径，婚恋也是个体代际社会流动的重要判断指标，对特岗教师来说依然如此。特岗教师总体的家庭资本和个人资本都具有有限性，他们就会寄希望于通过婚恋逐步改变自身的阶层身份，这时一旦特岗教师的社会身份给其婚恋这样的重大生命事件增加了资源时，也会明显提升他们的职业认同水平。但事实上对大部分特岗教师来说，以特岗教师职业作为中介要素提升其在婚恋中的资本显得比较困难，主要有以下两个原因：一是大部分特岗教师工作学校所在地相对来说都比较偏僻，各类现代化物质资源匮乏的同时还伴随着明显的精神资源匮乏现状；二是随着"特岗教师计划"政策逐渐成为中国乡村地区中小学教师队伍建设的主要补充性政策，各种具体的运行机制也逐渐完善，乡村教师队伍的数量结构已基本保持稳定。特岗教师服务学校的乡村社会中人力资源的有限性大大减少了特岗教师群体的交友空间，他们能够接触到的同龄异性主要限于同事或者数量更少的当地政府公务员或基层医疗单位人员。这无疑会在某种程度上降低特岗教师能够通过婚恋的方式改变自身阶层身份的可能性。即使是在乡村振兴战略背景下，乡村社会依然面临严峻的人力资源不足问题，但事实上乡村社会要振兴的话，人力资源的积极供应是基本的人才保障机制，更是乡村社会振兴的根本性路径。"乡村振兴战略的实现离不开农村人力资源开发，只有合理开发乡村人力资源，才可以满足当前乡村振兴战略的基础发展条件。"① 乡村社会与乡村学校人力资源的不足成为特岗教师在乡村社会场域难以成家继而立业的重要影响因素，也成为影响特岗教师职业认同水平变化的重要社会性因素。在特岗教师们看来，一同在一个学校工作的特岗教师之间容易建立起比较良好的同事关系，但在个人感情上，特岗教师又不那么愿意在同事之间发展个人感情，这让大部分特岗教师都面临同样的问题：婚恋困难问题。对那些不是来自本地的特岗教师来说，这种婚恋困难问题尤为突出。

一　与恋人一起共同进入特岗教师队伍且双方感情深厚

A2 老师与男朋友在同一年通过特岗教师招考进入特岗教师队伍，对他们来说入职特岗教师加深和巩固了他们的感情基础。

> 我男朋友是高中同学，毕业于云南一所师范学院。两个人已有9年感情，我们约好一起考特岗教师，毕竟这个考试的起点要稍微低点，在一起的可能性就很高。特岗教师是按照入职考试成绩的名次来选岗，幸运的是我们都考了第一，然后就一起选了这里。我男朋友的专业是社会体育，刚大学毕业时他特别想创业。为了让父母放心还是想找个稳定的工作，我们考了特岗教师之后，双方的父母都特别高兴也觉得我们很幸运，我们现在的工资也不低，完全可解决自己的生活。（A2 老师）

二　来自文化差异较大的外地且入职特岗后婚恋更加困难

由于特岗教师服务学校所在地一般都是交通不便、信息相对闭塞的少数民族地区，特定性的文化标签也比较明显。外地特岗教师，特别是来自与贵州地方性文化差异较大区域的特岗教师在入职后婚恋困难反而增加了不少。不同区域间的文化差异成为外地特岗教师婚恋困难以及很

① 姚晓玲：《乡村振兴背景下，如何有效开发农村人力资源》，《人力资源》2021年第16期。

难留在当地继续工作的重要原因。B1 老师来自内蒙古,虽然毕业于贵州师范大学,但由于毕业时就业压力较大,选择留在贵州并入职特岗教师,在研究者调研时她已入职 1 年。因为南北文化差异较为明显,她很难接受在服务学校所在地找本地人为男朋友。婚恋中的文化差异问题主要产生在东西方不同国家之间的文化差异框架下,事实上婚恋中的文化差异问题可能在只要有区域差异、身份差异、地位差异时都会存在,比如中国古代不少文学作品中都会有这样的思想体现。到了当代社会依然如此,作为典型的多民族且地域辽阔的国家,不同民族、不同区域的个体在语言方式、饮食习惯等方面依然存在较大差异。这一点在从外地到贵州工作的特岗教师婚恋价值观中体现得较为明显。

我没有谈恋爱,在这边也基本碰不到合适的,南北方差距非常大,这些差距体现在说话、做事等细节中。比如有时候他们即使说普通话我都听不懂,还别说谈恋爱了。做事风格上,北方人干净利索很多,说话很直,容易得罪人,感觉很不一样。基于如此大的文化差异,如果找一个这边的男朋友我感觉肯定跟他那些非常亲近的父母、爷爷奶奶等亲属都不知道怎么相处。(B1 老师)

三 来自文化相近区域但入职特岗后与恋人分手

大部分受访特岗教师都没有恋爱对象,有不少特岗教师甚至在考上特岗教师之后就"不得不"与恋人分道扬镳。入职特岗教师与恋人选择都是个人生命历程中的重要生命事件,但明显入职特岗教师的这种职业归属对这部分教师来说要比他们的个人感情归属更为重要。这部分特岗教师首先会倾向于选择更容易准入的区域报考,继而根据应考情况接受教育行政部门对他们的任教岗位和任教学科的统筹安排。宋婷娜、郑新蓉认为相较传统教师招聘方式,"特岗教师计划"的招聘过程更具专业性和开放性,传统教师招聘主要由县级人社部门主导开展,招聘对象主要来自本县返乡学生。而"特岗教师计划"在贵州已经形成国家—省级—地级—县级分层联动招聘方式,招聘过程由县级部教育行政部门主导,招聘对象主体源自省域内学生，也有部分跨省学生。[①] 因为"特岗教师计划"的招聘要求与招聘过程对招聘对象更具包容性，比如在贵州威宁会将部分代课教师、中师生、往届师范毕业生均纳入招聘对象范围内，这样的招聘模式增加了特岗教师入职的便利性和容易性。这种容易性也吸引了邻近省份的年轻人报考贵州的特岗教师，调研中发现三所学校中分别有来自云南、湖南等邻省区域的特岗教师。

> 总体上学校条件也不算差。在特岗服务期间还是有犹豫的，特别是当时男朋友（在贵州另一个县）和我分手时。本来我们俩感情还可以，但我刚考到这里（织金）时，他可能认为我工作太远了，两个人慢慢就分手了。（C1 老师）
>
> 我前男友在贵阳，而我考特岗又考到这边（赫章）来了，因为距离的原因我们最后还是分手了。（A1 老师）

"特岗教师计划"政策自 2006 年实施以来，目前已经形成"国标—省考—县聘校用"的执行机制。[②] 因为"特岗教师计划"一般是县级教育行政部门主导招聘，导致不同区域考试难度上也存在县际差异。特岗教师在报考特岗教师时，首先考虑的是如何能顺利入职特岗，为了这个核心目标，他们可能会选择离自己情感归属所在地（主要是来自父母或来自恋人的情感归属）较远的地方作为报考目标。即他们会暂时牺牲自己的情感归属而换取特岗教师职业的准入顺利。

教师群体中的女性越来越多，这已是一个不争的事实。这种现象在特岗教师群体中也日益凸显，"前几年来的特岗教师中会看到男教师可能比女教师多的现象，至少不会明显少于女教师，特岗教师之间还会谈恋爱甚至结婚，可近几年基本都是女特岗教师明显多于男特岗教师。（D 校校长）"对特岗教师自己来说，这种性别比例的严重失调当然也增加了他

① 宋婷娜、郑新蓉：《从"补工资"到"补机制"："特岗教师"工资性补助政策的实施效果》，《北京大学教育评论》2017 年第 2 期。

② 宋婷娜、郑新蓉：《从"补工资"到"补机制"："特岗教师"工资性补助政策的实施效果》，《北京大学教育评论》2017 年第 2 期。

们的婚恋困难程度。

> 我们那一年一起来了 8 名特岗教师，只有 2 名男教师，你想和他
> 们谈恋爱会觉得粥多僧少，也不好主动去追求。但在这种地方，你
> 要谈恋爱，接触最多的就是同事，其他可选范围中适合的人很少，
> 毕竟政府和医院每年新进的人会明显少于教师。（B3 教师）

本书的受访对象来自贵州不同区域的三所不同中小学，9 名受访的特
岗教师中只有 2 名男性，特岗教师队伍中出现的性别比例失调现象可见
一斑。2010 年的《中国特岗教师蓝皮书》的大规模调查显示，女性特岗
教师所占比例接近 60%。[1] 但从本书的调研情况来看，随着"特岗教师
计划"政策的持续推进与深化，教师职业中的稳定性、时间便利性等特
质已吸引越来越多的女性选择特岗教师，特岗教师队伍结构中的男女教
师比例失调现象也越来越普遍。在特岗教师的性别比例结构中，出现了
明显的性别构成偏差。郑新蓉、林玲认为在性别偏好的影响下，那些原
本女性比例较高的专业中女性比例更高，比如师范类专业、护理类专业，
这些专业的女性主义色彩浓厚，性别比例结构严重失衡，又进一步强化
了专业的性别特征，并造成行业的性别区隔。[2] 本书受访特岗教师的家庭
资本显示，女性特岗教师的家庭资本要明显优于男性特岗教师，这一点
可能使特岗教师在准入环节筛选时就受到了家庭资本的影响，当特岗教
师的准入条件越来越高时，家庭资本越好的女性特岗教师也会逐渐对男
性入职特岗教师的入职机会产生显性挤压。

特岗教师队伍中的性别比例结构特质与其他在编教师队伍相比较并
无多大差异，甚至这种社会性别分布特点在其他教师群体中表现更为明
显。中小学教师队伍中的女教师越来越多，已经逐渐成为中国基础教育
教师队伍建设中的突出问题。女性教师比例过高对教师队伍建设并不利，
一种心理学视角下的观点认为中小学教师队伍中的比例失调问题日益凸

---

[1]　郑新蓉、杜亮等：《中国特岗教师蓝皮书》，教育科学出版社 2012 年版，第 18 页。

[2]　郑新蓉、林玲：《女性教育与社会发展空间》，《山西师大学报》（社会科学版）2020 年
第 5 期。

显，不仅会对教师队伍性别比例结构不利，更不利于学生身心健康发展，并最终可能会阻碍基础教育质量提升。但在社会学视角下，更多地从教师职业的社会地位出发认为女性教师比例越来越高，必然不利于教师队伍的专业化建设，教师职业的社会地位势必会越来越低。"更为严峻的是教师职业性别化，即逐渐被固化为'女性职业'，教师的社会地位将进一步下滑，不利于吸引优秀的男性进入教师队伍。可见，女性通过平等的教育机会和努力走上教师岗位，但是女性在教师职业领域的高聚集，又弱化了这一职业的社会地位，女教师甚至成为社会问题的替罪羊。"① 那么这种性别比例失调问题对特岗教师职业认同带来的影响可能会是什么呢？从特岗教师队伍的身份结构来看，总体来说女性特岗教师的家庭阶层结构可能会明显好于男性特岗教师。虽然女性特岗教师的比例越来越大，但因大部分男性特岗教师家庭背景处于更加末端的社会位置结中，使得女特岗教师很难将男性特岗教师作为他们适合的婚恋对象，这样至少会带来如下两个问题：一是男女性特岗教师可能都很难找到合适的对象。

> 我现在最大的期望是能尽快安定下来，成个家，但很难。（D2教师）
>
> 一般来说，我们都不太愿意找男教师，更别说特岗教师了，不可预见的东西太多，至少都要找个在县城上班的人。（B3教师）

二是不断强化并加剧特岗教师的群体性婚恋困难现象。如果此问题未引起重视或者未能得到很好解决，很有可能会成为乡村教师队伍结构良序发展的关键性问题，还有可能会逐渐成为乡村振兴中教育振兴是否成功的关键性难题。就像个体的生涯发展轨迹必然会受到其婚恋情况影响一样，特岗教师群体的婚恋困难问题不仅是一个教育现象，更是一个社会问题，对于乡村教师队伍的稳定具有重要影响作用。总之，特岗教师群体的婚姻挤压问题越来越严重，特别是男性特岗教师更是面临着更

---

① 郑新蓉、林玲：《女性教育与社会发展空间》，《山西师大学报》（社会科学版）2020年第5期。

大的压力。

　　我们学校的男教师要不就是一直单着，要不就是想办法和毕业的女学生联系，或者最后只能找当地的农村女孩。（B校校长）。

当然，感情归属又会成为特岗教师之所以选择特岗教师或继续从事教师的重要原因（就像前面提及的A2老师以及D2老师），这一点的基本前提是特岗教师在入职之前与恋人之间的感情较为稳定且深厚。

　　当时我和我女朋友都一起约定两个人一起当老师，既兼顾感情，又能有一份稳定工作。我们家也在这附近。（D2老师）
　　我服务期满后唯一的愿望就是考回我先生工作所在地。（A2老师）

特岗教师婚恋困难虽然表面上是特岗教师群体中明显的性别比例失调所致，但实质上背后的深层次原因很多，比如本来在农村地区就存在明显的男多女少的性别比例分布情况。张翔、邓廷云在对一名乡村小学男性特岗教师的口述史中发现"为了找到对象多次降低择偶标准"[1] 除了这种"婚姻挤压"现象在农村地区特别突出之外，可能还涉及有关特岗教师群体本身的社会学特征。对出生且成长在当地的特岗教师来说，貌似他们的职业认同水平与婚恋情况之间联系并不是那么大。当然，因为特岗教师服务学校基本都处于比较偏远的乡村社会结构中，本地特岗教师在特岗教师的适应性上明显会强于外地老师。

　　我以前中小学都是在这里读，很多同事以前还教过我，回来这里上班没有什么不适应，离父母近，有什么事可以照应一下。（D2老师）

---

[1]　张翔、邓廷云：《乡村小学男性教师婚恋困境探究——基于一位乡村小学男性特岗教师的口述史》，《教师发展研究》2018年第2期。

　　从特岗教师的家庭资本以及成长背景看，大部分特岗教师成长于相对来说较为传统和保守的乡土社会中，但同时他们从小接受的又是现代化特质明显的学校教育。相较城市社会结构的快速变迁，乡土社会结构变迁速度具有保守性与缓慢性，这一点可能会让特岗教师认为自己选择特岗教师是合适的。特别是对出生成长于本地的特岗教师来说，这种感受会比较强烈。但是，是不是就可以说出生且成长于当地的特岗教师在职业认同水平上高于外地的特岗教师呢？尽管乡村社会结构变化速度慢，但依然是在变化的，这种变化速度往往容易湮没在更为快速的城市化进程中，因此即使是本地的特岗教师依然不愿意"坚守"在乡村社会中，他们潜意识中还是认为乡村社会的结构秩序将逐渐消弭。"静止是乡土社会的特点，但是事实上完全静止的社会是不存在的，乡土社会不过比现代社会变得慢而已。说变得慢，主要的意思自是指变动的速率，但是不同的速率也引起了变动方式上的殊异。"① 可见，这个问题的答案并不是那么肯定。比如，D2 老师依然有比较强烈的离开意愿，在他结婚成家时，仍然将房子购置在了县城，他自己认为主要基于孩子今后能有更好教育的原因而将家安在县城。

　　"谁做了特岗教师？"实质上体现了特岗教师队伍的基本人口统计学特征，这种特征描述了特岗教师队伍的人口结构状况或者在某种程度上决定了特岗教师群体的质量指标，这里主要指专业素养质量。通过主要描述特岗教师在入职前成长经历中的家庭资本会发现社会发展与进步带来的阶层固化与代际遗传或者再生产现象在特岗教师群体中比较常见。受访的 9 名特岗教师中，有 2 名毕业于省属师范大学，其余 7 名均毕业于地方普通师范院校，如果将大学期间的学习成绩作为他们专业素养的判断标准，他们并不能算优秀的大学生或者准教师。从这个层面来说，尽管"特岗教师计划"对应聘者的专业素养要求有越来越高的趋势，但至少目前还并没有吸引在师范生社会结构层级中处于中高端的优秀人才进入特岗教师队伍。

　　"家长和学生从个体层面知道教师确实会带来不同——谁教他们确实很重要。政客和公众普遍认同教师是影响学生学习的一个重要因素。然

---

① 费孝通：《乡土中国》，北京大学出版社 2012 年版，第 125 页。

而，仍没有充分的研究证据表明教师的人口统计特征和此处论述的大部分质量指标会对学生学习产生影响。……首先，仅仅因为没有或很少有研究证明联系并不意味着联系就不存在。……对于不同群体学生和个体学生而言，教师人口背景特征和质量特征的交互差异在这些群体内部产生了不可思议的变化。"① 所以，对特岗教师来说，分析这种人口统计学变量特征同样具有比较重要的意义。我们很难将特岗教师的人口统计学变量与学生的学业成绩联系起来，一是因为二者数据结构的差异；二是因为学业成就短期内很难进行客观判断；三是不管是不是特岗教师，教师的教学过程都非常复杂，人口统计学变量到底起了多大的作用不好进行量化判断与分析。但我们可以从社会学结构中逐渐分析出这种影响作用发挥的社会学特质，比如至少从阶层结构来说，从事特岗教师的阶层并非那些外在标准能判断的精英阶层或者优秀群体。当然，尽管不能确定特岗教师自身的这种阶层特质是不是就会影响乡村教育的质量，但也有不少观点认为教师至少具有某些特殊的品质，这些特定的品质，比如女性气质在他们人口统计学变量中已经有明显体现，且这一点对学生身心发展产生的不利影响或者对高质量教师队伍专业化建设的阻滞作用不言而喻。尽管如此，特岗教师群体对乡村教育振兴的贡献也是有目共睹的，不管特岗教师群体在专业智能上显得多么的不尽如人意。"教师的智能尽管没有与教师实践和学生学习结果明确关联起来，但他长期主导着有关质量状况的讨论。……因为公众对师范学校和教师的认知已经被塑造为'由于治理限制，女性通常被认为是天生从事教师职业的人选'。尽管教师的智能遭到质疑，但他们被认为具备'丰富的利他主义和理想主义'等个性品质。"②

从特岗教师的居住情况、成长经历以及婚恋现状三个维度分析特岗教师的家庭资本情况事实上就是从客观性的现实经验视角探寻特岗教师职业认同建构时可能受到的家庭资本影响。分析显示，尽管制度在完善

---

① ［美］玛丽莲·科克伦－史密斯：《教师教育研究手册——变革世界中的永恒话题》，范国睿译，华东师范大学出版社 2017 年版，第 416 页。

② ［美］玛丽莲·科克伦－史密斯：《教师教育研究手册——变革世界中的永恒话题》，范国睿译，华东师范大学出版社 2017 年版，第 416 页。

中一直在追求民主主义，我们也尽力在追求学校教育系统的毕业生都能有公平、公正的就业机制，但事实上每一个社会都有一套大家在一种"无知之幕"影响下共同认可的社会等级分割机制。从特岗教师的家庭背景来说我们可以发现这套机制在"特岗教师计划"这个教育政策中表现得淋漓尽致，至少大部分特岗教师家庭背景或者专业背景具有同质性。这一点也许与教师职业性质所需要的那些品质相关，所以总体来说，教师这个职业吸引的往往并不是那些特别优秀的高中毕业生，这个不光是在中国如此，在国外依然是如此。"从历史角度看，教师这一职业吸引了各种社会经济背景的人群，但是，作为一个中产阶级职业，它已经成为工人和下层阶级向上流动的选择。大部分教师的父母仍没有高等教育或大学文凭……尽管越来越多的教师拥有较好的社会经济背景，但当前出现了一个反向的趋势，即社会经济背景较好的女性和少数族裔现在有了广泛的职业选择，因此大部分人就不再选择教师这个职业。"[①] 参与本书的受访对象出现了同样类似的人口结构禀赋，并且因为特岗教师的特殊性，使得家庭背景和个人成长经历的同质性表现得更为明显。

[①] ［美］玛丽莲·科克伦-史密斯：《教师教育研究手册——变革世界中的永恒话题》，范国睿译，华东师范大学出版社 2017 年版，第 416 页。

第 四 章

我是谁？——基于特岗教师的
职业认知分析

　　家庭与工作场域是每个个体社会关系建构的主要场所，从前面的分析可知，特岗教师的家庭背景主要通过影响特岗教师的职业选择影响他们的职业认同水平。那么在这个过程中特岗教师在实际工作场域中表现出了怎样的职业认同水平呢？本章通过来自外界的职业认知和特岗教师自主的职业认知两个维度探索特岗教师在工作场域中的具象性职业认同水平。特岗教师在他们服务学校场域中所表现出的职业价值观、职业角色的自主认知以及自我职业投入是这两个维度的外显性行为分析指标。

　　当单独询问特岗教师他们自己认为自己是谁时，很多时候特岗教师们并不会直接回答他们是特岗教师或者他们是在哪里的教师，而直接回答他们就是教师，或者回答他们是来自哪里的教师。特岗教师自己并未意识到自己的"特殊性"，这样的身份自主认知具有如下积极意义，一方面说明"特岗教师计划"并没有让特岗教师群体产生"应该"在制度层面或者实践层面假定他们"弱于"其他在编教师的认知；另一方面也说明特岗教师潜意识中假定了特岗教师就是在编教师，政策设计初衷上特岗教师转入在编教师的门槛并不高。在普通的社会关系交往中，特岗教师群体很难产生特定的"特岗教师"的身份性职业认同。但在实际工作场域中，特岗教师却会面临如下的认知困境，即同事们心目中的特岗教师"应该""差于"其他在编教师，这样特岗教师的自我职业认同与其工作场域中的同伴职业认同之间就容易产生矛盾：

我来这个学校上了 1 年课之后把一个最差班的成绩提高了很多，大家就会觉得很奇怪：一个初出茅庐的特岗教师为什么能取得如此好的成绩。后来领导让我出去上公开课时，就会有人说"哦，那是某某学校的特岗教师。"（C1 老师）

可见，事实上特岗教师群体在实际工作场域中的职业认同至少面临着如下两种矛盾：一是对特岗教师身份的其他在编教师认知与特岗教师自我认知之间的矛盾；二是在入职时制度性的职业身份假设与自我职业身份认知之间的矛盾。不管是源自同僚的身份认知还是来自政策的制度性假设，均认为特岗教师群体的社会身份具有特殊性和特定性，这其中隐藏着外界对特岗教师身份的低度性认知。特岗教师身份"特"于一种单向度的表象方式，即特岗教师"应该"弱于其他教师群体、特岗教师的各项资本"应该"具有有限性。而特岗教师们在正式场合或非正式场合并未刻意介绍或强调自己是特岗教师的社会身份，则可能是在受到制度性身份假设与其他教师的群体性身份标签的认知影响下，特岗教师对抗抑或防止自身的阶级成分降到更低的某种集体无意识的潜在性努力。虽然"特岗教师计划"政策作为一种公共性品质较强的教师教育政策，从制度性安排的层面给特岗教师群体创造了改变社会位置结构的机会，但就像皮埃尔·布尔迪厄认为的：每个阶级的人都在为对抗降级做出努力。这种努力在特岗教师群体的自我职业认知中明显存在。

第一节　特岗教师的职业价值观

职业价值观决定着个体的职业选择方向，是职业认同的重要子维度，体现了从业人员对某项职业的社会地位、能够获得的各类报酬等的综合判断与看法。特岗教师职业价值观是特岗教师自己对特岗教师职业的某种期望性定位，这种定位受到外界环境对特岗教师社会地位与待遇判断的影响，也受到特岗教师自己对从事特岗教师能获得什么样的社会地位与综合报酬判断的影响。

一 正式工作

社会现代化进程中，劳动力市场结构的职业类型也发生了深刻变化，涌现出了很多新兴的职业与就业机会，当然紧随而至的则是传统性职业的就业空间被日益挤压，包括教师、医生等这些传统性职业在社会结构变迁中面临着越来越难的选择困境。由于教师职业本身在灵活的市场经济结构就业机制下具有保守性，使师范院校毕业生在就业结构体系的现代性转变中，既有可能面临现代性、审核、搜寻成本增加所导致的摩擦性失业①，也可能面临就业机会减少所带来的结构性失业②等问题。特岗教师就业的学校是乡村学校，很多都地处偏远，但由于乡村社会结构与乡村社会学校的结构变迁速度慢于城市，也使特岗教师们可以规避城市社会快速变革可能带来的就业风险与成长压力。特岗教师在正式入职特岗服务 3 年之后，就会比较容易获得一份正式在编工作，这对广大成长于中国传统乡土社会中的特岗教师来说是非常重要的人生保障。在中国人的传统认知中，如果不能获得一份体制内的正式工作，那么不管是在实际收入或保障性待遇上都容易被认为不是正式劳动者。"相对于正规劳动者，非正规劳动者更容易沦为低收入劳动者。"③

> 毕业之后在家里代课代了 1 年，但始终觉得代课老师不是一个正式职业，感觉非常不好，做的事情跟别人一样，甚至还要多，但待遇差很多。因为你不是正式的，人家就不会给你很好的待遇。自己心里还是比较慌，家人虽然表面上不说什么，但心里肯定还是希望我能早点找到比较正式的工作，都希望不管怎么样还是要有一个比较正式的工作。他们包括我自己认为特岗教师还是算比较正式的工作。（A1 老师）

---

① 田静：《基于摩擦性失业与结构性失业二维度的职业稳定性测度》，《统计与决策》2015年第 2 期。

② 田静：《基于摩擦性失业与结构性失业二维度的职业稳定性测度》，《统计与决策》2015年第 2 期。

③ ［日］橘木俊诏：《格差社会》，丁曼译，新星出版社 2019 年版，第 77 页。

　　教师职业的稳定性成为特岗教师及家人认为可选择特岗教师的一大主要原因。但特岗教师并不是在从师范院校毕业后就首选了特岗教师。9名受访特岗教师中，至少有 7 名特岗教师都是因为一边做其他行业一边准备考公务员、考事业编制（其中也包括教师公招考试）等接连受挫后才报考的特岗教师。

　　　　2014 年从××学院数学与应用数学专业毕业，是师范专业，当时毕业就可以直接签特岗教师。2014 年、2015 年时只要你是本科生，面试一下就可直接入职特岗教师。根据面试的分数来排名，比如你报的是赫章县的特岗教师，那就可以选赫章所有的学校。2014 年时，我比较心高气傲，就不想当"特岗"。对我来说，还是希望在大城市工作。（B3 老师）
　　　　家人唯一的要求就是让我考教师，不管工作地在哪里都可以。我们那边的老师确实是太难考了（公招），我去年没有考上，今年家人让我考的特岗教师。（C1 老师）

　　特岗教师的职业选择过程显示他们的职业价值观受到家人和选择其他职业受挫时的影响，他们报考特岗教师是一种妥协性的底线选择，而并非源自个人对特岗教师喜爱的首要选择，这种妥协性的底线选择中隐含着中国人对正式工作比较看重的传统就业观，所以很多时候他们受到父母代际就业观的深刻影响。此外，有两名女性特岗教师一直有着坚定的教师职业价值观，她们给研究者留下了非常深刻的印象。首先，她们的专业竞争力较强但毅然选择了特岗教师。两位女教师都毕业于英语专业，因为当地的教育水平一直不太高，英语专业性人才比较缺乏，英语专业学生就业具有较强优势，但她们并未选择其他职业而选择了特岗教师。其次，她们选择特岗教师的目标明确且优先。两位教师都是在大学本科毕业后直接报考了特岗教师，并没有想过，也没有尝试过先去从事其他职业，即她们不是因为报考其他职业不顺畅而不得已地报考特岗。在特岗教师 3 年服务期间，这两名特岗教师都成长为了非常优秀的教师。这种坚定的职业价值观可能是她们成为优秀教师的重要原因，这是他们在乡村学校持续专业成长的主观能动性基础。

首先我家在××县本地，家人都希望我能在毕业后回到离他们近的地方，我就直接考了特岗。其次，跟个人的学习经历有关，我大学四年都是在学习如何教书，就觉得自己除了能教书干不了其他的。（D1 老师）

也有人问过我为什么没有去外企或者做翻译，我们班大部分还是选择走教师这个行业，因为我们是英语师范，整个大学课程都是以师范这个方向来的。特别是在大二大三时，都是在学习模拟教学，这种感觉还是挺好的，那时开始就已经坚定了做教师的信念。当时报考师范大学也是冲着师范专业去的，所以毕业也没有去考过什么公务员、事业编这些，一考'特岗'就考了第 1 名，然后选了这里。（A2 老师）

正式入职特岗教师后，两位女老师尽管在空间距离上相隔较远，但她们的专业发展路径却表现出了极其相似之处，比如她们都收获了来自学生成绩进步的成就感、获得了同事与领导的尊重与器重。A2 老师更是成为××县"英语名师工作室"的成员，而 D1 老师也经常代表学校出去讲授公开课。

教师职业作为"正式工作"的职业价值观主要吸引了两类具有不同职业选择观的从业人员，一类是对教师职业从业动机并不是很强的师范生，特别是在风险性社会中，受到传统型家长对稳定性职业比较看重的社会价值观影响，这类特岗教师容易基于对父母就业观的尊重或者在进入期望性职业受阻时而选择特岗教师。另一类则是具有坚定的教师职业认同观的教师，这类教师或者受到师范专业期间的职业理念影响，或者受到以父母一方是教师的职业选择代际传递影响而坚定地选择特岗教师。这类特岗教师因为具有较高的职业认同水平，他们更愿意主动地投入到特岗教师的各类工作事务中，容易在特岗教师服务期间获得比较好的专业发展。对特岗教师来说，专业发展的自主性很大程度上会影响其专业发展水平与状态。

二 学生命运的改变者

教师对学生发展的影响不言而喻，特岗教师所面对的学生主要来自他们服务学校所能辐射的乡村社会。伴随中国高速的城镇化进程，地处中国乡村社会结构中的学校学生生源构成无非有两种，一种是父母能力很有限只能留守乡村社会的孩子，另一种是父母有一定的能力但需外出务工以进一步改善家庭阶层结构的孩子。这些孩子从小拥有能够改变其命运的资本量极其有限，也许学习是他们的唯一途径。但不少孩子又是留守儿童，难以得到父母很好的管教和陪伴。基于这样的前提，特岗教师在这些孩子命运的改变中可能会扮演重要角色。

> 我一直认为教师职业应该是一个良心活，我不希望家长在背后说这个教师对学生不负责。（A1 老师）
>
> 我是那种比较有耐心的人，从小喜欢当教师。当老师不管怎么样我都可以桃李满天下，我希望孩子们记得我这个老师可能曾经对他的发展有帮助就行。（A2 老师）
>
> 我家在县城，每周都这样来回奔波，也有想过要放弃，但还是坚持了一年多。之所以能坚持下来，最大的原因应该还是学生，因为我刚好当班主任，跟学生之间结下了很真挚的情感，感觉自己现在已经离不开他们。当然，如果现在有更好的机会我还是会选择离开，但这个事情还没有发生。这一切都取决于我的学生，如果我和他们一直相处都特别好，我可能也会选择留下来。（D1 老师）
>
> 因为这里的孩子本来从小成绩都不是很好，当你作为一个特岗教师想拼死拼活地提高他们的成绩证明自己价值时，发现所起作用非常小，就会对自己产生怀疑，甚至想放弃。我经常留学生帮他们看看作业，守着他们多学点，但学校的其他教师和领导就经常劝我不要留，说是只要一出安全问题就面临着下岗的风险。但不留他们做作业，很多娃娃回家根本就不做作业。今天你听课的时候（研究者随堂听课）看到有两个孩子特别积极，很多同事都觉得他们俩智力有问题，但他们上我的英语课特别肯开口，两个孩子都有残疾证，都是智力残障。但只要他们一开口我就鼓励他们，他们就越来越积极，开始我来接他们班时，这两个孩子语文数学只能考 8 分，到现在他们可以及格了。所以这两个孩子到底有没有智力问题其实现在我都不敢确认。在我看来，关键还是看教师自己是怎么定位的。大

部分老教师就是这种情况，一下课、一放学就自己开车走了，根本不去考虑孩子们是不是会做作业、能不能做作业这些问题。他们完全不能理解我和我男朋友留下这些孩子做作业的这种行为，甚至还会嘲笑我们。后来我们也就不留了，我们就把中午的这个时间利用起来，让孩子们1点钟就进入到教室里面，准时进教室给他们进行听写这些。我们班已经养成这个习惯了，1点钟准时进教室，听写语文、英语、然后再做作业。把作业做完，下午就准时把作业放在教室的桌子上。（A2 老师）

我个人希望带给别人正能量，学生觉得我比较亲切，学生经常说"老师，你凶点嘛"，尽管别人说要"严师出高徒"，但我比较反感这一点，我比较不喜欢用条子（相当于教鞭）打他们，也不喜欢吼他们。要是对学生发脾气，我自己情绪也会受影响，所以我觉得对学生还是要态度平和。（B3 老师）

无论如何，学生都是特岗教师在特岗3年服务期间的重要他人或关键他者，一方面特岗教师可能会在3年服务期间通过不断提升自身专业能力获得专业发展；另一方面，特岗教师专业发展的重要表征就是学生的发展情况，特岗教师可能会改变乡村学校学生的人生发展轨迹。特岗教师如何看待自己在学生发展中所扮演的角色，是特岗教师职业认同中职业价值观的重要方面，同时也是他们学生观的重要体现。特岗教师往往用师生关系来建构自己的教师职业价值观，且这种职业价值观总体来说是积极的，不是消极的。但不同的特岗教师，特别是在职业认同层面是否坚定的特岗教师，可能会产生有差异性的师生观，这一点也说明特岗教师职业价值观中的师生观在某种程度上是由特岗教师的职业认同所决定的。

（一）特岗教师的学生观具有较大的内部代际差异

在特岗教师群体中，可能存在着截然不同甚至是相互冲突的师生关系观或学生观，即不同的特岗教师可能具有较大的学生观差异。这种学生观的明显差异性在乡村学校教师队伍结构中的不同代际教师之间表现比较明显，就像 A2 老师所认为的学校"老教师"和他们这一代教师之间的学生观差异就较大。费孝通认为时间上的阻隔有个人的今昔之隔和社会的世代之隔。[①] 特岗教师作为新生代教师群体的一部分，与"老教师"之间的学生观差异实质是一种世代之隔，但也是一种今昔之隔，因为教师的学生观很有可能源自不同出生年代教师在职前培养阶段时的职业理念。个体的职业价值观往往植根于社会环境变迁中，教师职业价值观也会随着社会环境的变迁发生相应改变，在乡村学校工作的"老"教师的职业价值观产生在社会结构变迁速度明显慢于特岗教师这类新生代乡村教师的职业价值观形成时期。此外，在师范专业阶段的学习中，特岗教师所接触的环境场域还特别重视和强调教师教育理念的与时俱进与变迁革新，因为师范院校一般是教育改观的重要参与主体。特岗教师与他们服务学校既有的"老"教师群体之间更容易出现既有世代之隔也有今昔之隔的二元式学生观，越是优秀的特岗教师越容易与乡村学校的其他教师之间产生这样的差异。就像 B3 老师和 A2 老师所认为的，"老"教师在特岗教师心中往往会成为传统型学生观的代表。这类"老"教师在师生关系处理时表现出明显的疏离性特点，他们疏离于学生，当然也疏离于真正的乡村社会，习惯用简单粗暴的方式对待学生或解决师生关系中出现的问题。优秀特岗教师是乡村学校年轻一代教师的代表和佼佼者，他们的这种学生观也许是乡村社会教育振兴的重要基础。

（二）特岗教师的学生观会影响特岗教师的职业认同水平

与学生之间的关系如何，可能会成为影响特岗教师职业认同水平的重要因素。比如 D1 老师认为自己与学生之间的良好关系是她在特岗教师服务期间积极向上的动力，同时也成为她是否会继续在服务学校坚守的关键。师生关系体现的是教师学生观，一位教师秉持什么样的学生观，就会产生什么样的师生关系。冯喜珍和陈钰琳等通过问卷调查发现"师生关系与农村初中生的学业情绪相关显著，且师生关系对学业情绪有一定的预测作用。"[②] 即师生关系不仅对教师教学行为产生重要影响，还对学生的学习过程以及学习结果产生重要影响，就像 A2 老师所提及的"学困生"，在其他人都认为这两个孩子智力存在残障的前提下，她的不放弃

---

① 费孝通：《乡土中国》，北京大学出版社 2012 年版，第 29 页。
② 冯喜珍、陈钰琳、李媛：《师生关系对农村初中生学业情绪的影响》，《中小学心理健康教育》2019 年第 13 期。

使这两名同学成为"正常"同学。对这两个孩子来说，A2 老师改变了他们的"残障儿童"社会标签，成为他们命运改变的显性摆渡人。优秀特岗教师与其他教师之间的差异性学生观事实上体现的是优秀特岗教师与乡村学校其他教师之间的专业性差异，优秀特岗教师是乡村教师队伍建设补充中的理想性人力资源，当乡村教育在乡村教师队伍建设中由数量需求转向质量要求时，这一点显得尤为重要。优秀特岗教师的学生观品质，体现了他们作为专业人员从专业的角度看待和认识学生继而影响学生的学生理念，这是一种教育学角度，即"从教育学的角度看孩子"，这其中的师生观就是"我们如何看一个孩子和我们看到什么取决于我们和这个孩子的关系。"①

三　待遇较低的一种老师

职业待遇是对劳动者的劳动补偿并以此体现劳动者劳动价值的一种社会制度，这种制度通过对人类的社会分工调整继而直接影响分工对象的社会阶层位置。劳动者通过劳动获得相应的各种待遇，以实现作为一个社会人生存、生活所需的价值，满足劳动者的衣食住行等物质需求和精神需求，因此待遇有物质待遇与精神待遇类型之分。相较其他职业，教师职业待遇具有较为明显的有限性特质：一是因为教师职业中蕴含着丰富的精神待遇，比如来自学生学业成就的精神报酬；二是教师职业中的有形性或者外显性职业价值很难量化，现代成果主义范式下的绩效计算方式很难对教师职业的劳动成果进行量化核算。

精神待遇层面上，特岗教师会产生入职特岗教师让他们实现了当教师的愿望，这种主观性价值认知让他们容易在其中收获较为丰富的精神报酬。

> 特岗教师实现了自己当教师的梦想，在小时候写作文时都会写长大了当老师这个想法。（D1 老师）
> 小时候的想法是一定要当老师，觉得老师是最伟大的，因为所

① ［加］马克思·范梅南、李树英：《教育的情调》，李树英译，教育科学出版社 2019 年版，第 32 页。

有的职业都需要在老师的带领下才能实现。(B3 老师)

但在物质待遇层面上,特岗教师往往认为在 3 年的特岗服务期间所获得的物质待遇比普通在编教师要差。

> 特岗教师的待遇肯定是要比别人低一等,要不然为什么还要叫"特岗",哪里缺编就直接按照缺编的方式招就行了,不明白为什么还要让我们先有 3 年的特岗服务期。我所知道的,特岗教师虽然说也有五险一金,但要比其他在编教师低,具体低多少我们也没有详细问过。(B1 老师)

特岗教师的自主性认知中认为特岗教师不应该与其他教师有差异,但是他们这种来自主体层面的职业待遇认知主要停留在精神待遇上,这种认知与制度层面对他们身份假设的"特岗"在客观性的物质待遇上出现了矛盾。当然,这样的客观性制度性身份假设也让特岗教师在根植于组织系统的专业发展机会明显受限。3 年服务期满后特岗教师有重新选择岗位与单位的机会,这在一定程度上反而会减少特岗教师在 3 年基本服务期间收获更多的来自学校组织内部的专业发展机会,学校组织领导很难会把年轻的特岗教师作为学校教学或管理的后备人才进行有意识地培养。这也导致那些希望在职业生涯中获得更好专业发展的特岗教师需要比其他普通在编教师付出更多的时间成本、精力成本以转变其他同事或领导对特岗教师可能产生的刻板印象或先入之见。

> 学生不知道我们是不是特岗教师,也不知道老师是不是有编制。但在学校领导眼里,还是会有比较明显的差异。他们会觉得我们进入特岗教师的门槛比较低,应该要比别人差一些。他们甚至会打趣地问我们:是不是在毕业后不用考试就可直接到他们学校。(D1 老师)

进入 21 世纪以来,国家层面不断加大对乡村教师工资待遇的转移支付力度。近年来不管是特岗教师还是普通乡村教师,纵向水平上的工资待遇水平已有明显提高，教师对工资水平的满意程度也逐年提升。当特岗教师的物质待遇不用与其他在编教师相比较时，他们对当前的物质待遇（特别是工资待遇）是比较满意的。

> 工资水平挺满意的，我每个月除了房租、生活开销外，还要供我弟弟上大学的基本生活费，好像也没有觉得有多大压力。当然，你说高肯定也高不到哪里去。（A1 老师）

几乎没有特岗教师直接提到工资待遇低的问题，他们会更多地提到作为特岗教师的保障性待遇以及来自同事与领导评价的专业性地位问题，这一点说明特岗教师可能对他们的保障性待遇与专业性地位待遇并不满意，这种不满意的参照对象往往是教育体系内部的其他在编教师而非教育体系外部的其他职业群体。在《教师认同发展轨迹的代际研究》一书中研究者曾指出，中小学教育阶段中的"60后"教师和"70后"教师分别会把公务员和大学教师作为他们的参照性职业。① 参照性职业事实上是社会个体在社会分工下对各类职业的理想型投射。虽然特岗教师们潜意识中认为特岗教师就应是正式教师，在保障性待遇与专业性地位待遇上也应与其他在编教师一样，但明显地特岗教师心目中期望的保障性待遇与目前制度框架内的保障性待遇之间存在差异；特岗教师心目中期望的专业地位性待遇也与同一工作场域中同事或领导对他们的"先入之见"之间存在差异。

> 我们出去参加培训与学习的机会肯定会少于其他在编教师。领导很多时候会想，你是特岗教师，有可能会离开这里。（D2 老师）

这一点也再次印证特岗教师在自我身份认知上是"正式"教师，也再次凸显特岗教师的自我职业认同与外部职业认同之间可能存在的矛盾，但这种内外之差可能会激励或影响特岗教师的专业发展，就像刘善槐和李梦琢等认为的："综合待遇对乡村教师的职业选择、职业认同和职业发

① 蹇世琼：《教师认同发展轨迹的代际研究》，中国社会科学出版社2021年版，第243页。

展具有关键性的影响。"① 虽然成果主义范式下的绩效计算方式很难对教师职业的劳动成果进行量化核算，但特岗教师在 3 年基本服务期间的物质待遇保障并未与他们的劳动成果或劳动成本之间建立有机联系。这可能是特岗教师职业认同水平受到物质待遇保障影响的原因，也是特岗教师将其他在编教师作为参照性职业的重要原因。

四 特岗教师的职业价值观具有现实境遇性

特岗教师的职业价值观具有多元性和多维性。访谈中他们有时甚至会比较婉转地绕开这个问题，这种委婉拒绝的背后有两种可能：一是他们在特岗教师职业价值观上可能存在着某种隐晦而又不想对外展示的期望；二是他们在进入特岗教师之前很少认真地思考这个问题。大部分特岗教师的职业价值观停留在一种"算是正式工作吧"这样朴素且又现实的理解上。在进行职业选择时，特岗教师群体比较缺乏对自身职业生涯如何规划的权衡与思考，也很少去认真反思自己是否适合做教师、为什么选择特岗教师等问题。这就导致他们很少去思考如何自主地实现专业发展，而更多地会基于某种外在性条件刺激或触动去决定要不要付出更多的时间成本或精力成本在专业发展上。他们会更多地关注如何"快速"地改善自身的生存现状，这是大部分特岗教师的职业价值观所决定的工作态度与实际行动。他们对服务期满之后怎么办的问题既充满焦虑，又满是茫然。虽然他们想要改变的动机比较强烈，但事实上他们对自己的专业发展并没有明确的奋斗目标。

访谈资料显示，优秀特岗教师会较为深入地思考自己的个性与教师职业之间的联系，在此基础上他们通过选择特岗教师进入教师职业更具坚定性，对自己的教师职业生涯有较为明确而清晰的规划。比如 A2 老师和 D1 老师在从师范院校英语教育专业毕业后，从未想过要去从事其他职业，而是坚定地选择了特岗教师，从入职初期开始就不计较个人得失地投入教育教学中，很快就在自己所教授的学科领域中表现非凡，获得各种奖励和荣誉，逐渐得到同事和领导认可。

---

① 刘善槐、李梦琢、朱秀红：《乡村教师综合待遇的劳动定价、差异补偿与微观激励研究》，《东北师大学报》（哲学社会科学版）2018 年第 4 期。

> 对今后还是比较迷茫，服务期 3 年很快就要满了。如果我不回老家，大家都认为至少要留贵阳发展。当然最好的还是能考回家（内蒙古）。服务期满之后就有服务期满的合格证，看有没有机会吧。（B1 老师）

如果特岗教师的职业价值观更多地会受到外界客观条件的影响，他们的职业认同水平必然不高，选择特岗教师时来自自主性的内在笃定性也不会强烈，即他们对特岗教师缺乏自主性的自我认知与判断。这类特岗教师的职业选择主要是基于特岗教师可满足他们找到一份能够保全自身基本生存力的个人职业期待或者来自父母对子女获得某种传统型职业（正式工作）的长辈职业期待。

> 参加特岗教师招录考试之前是不太接受特岗教师的，那时有些心高气傲，因为特岗教师都工作在比较偏远之地。我自己是想往好一些的地方走，其实每个人都是这样子。但其他地方自己又一直考不上，最后只能基于赶紧找个工作的原因报考了特岗教师。（A1 老师）

这类特岗教师在迷茫今后的专业发展状态时，也会期望自己能够逐渐融入特岗教师的职业生活方式中，但无论什么原因他们理想中的教师职业生活方式是不再留在特岗教师服务期间的服务学校所在地，他们希望自己能尽快离开目前的工作场域或环境。

> 我男朋友在我老家工作，他考了事业单位编制，这是我要离开这里的最大动力。1 年考不回去就考 2 年，反正必须要考回去。（A1 老师）

这样的职业价值观使这类特岗教师容易在 3 年基本服务期间并不会那么主动地投入到教学工作中，或者不是很情愿地在工作中投入太多。

> 从内心讲不是特别喜欢特岗教师，对教师职业的喜欢可能有

70%—80%。如果我已经确定不走了，可能会把更多的精力和心思放在特岗教师工作上。但现在内心好像还没有真正地沉到这上面，一切都还是未知数。现在不像以前大学时候，那时想着只要有份工作就可以，现在会考虑今后安家在哪里、买房在哪里等。（D2 老师）

每个个体在社会化过程中的首要目的都是为了满足生存的需要，常态性的人生轨迹是个人在生存满足之后再追求生活的美好，然后才去追求生命质量的意义。即对教师个人来说，理想的教师职业价值观应该是在教师对教师职业的工具性价值追求中逐步实现教师自己生命质量的提升，最后教师通过教师职业实现个体工具性价值向意义性价值的转变和升华。但往往多数教师的教师职业价值观会一直停留在对教师职业的工具性价值追求中，他们"按照社会认同的职业价值观，辛勤地工作着，但是这种对教师的歌颂，对教师职业工具性的社会价值认识，并未涉及教师能否在日常的职业劳动中对其本人现实生命质量的意义认识。"[1] 对于优秀的特岗教师来说，在他们的实际工作中随时践行着对学生的尊重和对教师职业的坚定选择。特岗教师选择特岗教师职业的个体主义动机差异以及由此产生的职业价值观差异，决定了特岗教师群体中出现不同类型和层次特岗教师的分化趋势。而在 3 年后选择离开服务学校的特岗教师，他们所具有的教师职业期望也没有对错之分，只是相对来说，可能更为务实。总体来说，特岗教师的职业认同具有较为强烈的现实境遇性，即使是那些坚定地选择特岗教师职业的优秀特岗教师，有合适的机会他们依然会选择离开所服务的学校。

在这里我是想让自己的专业能力得到更好的锻炼。先把这里的孩子要尽最大努力带好，但如果有机会去更好的学校，还是会考虑。（A1 老师）

特岗教师总是会从他们所在学校的实际场域出发建构他们的职业认

---

① 张凤琴：《教师职业价值观——教师职业发展的内在动因》，《内蒙古师范大学学报》（教育科学版）2004 年第 3 期。

同。当特岗教师面临服务学校离县城或市区较远、父母不能得到很好照顾或者子女不能接受良好教育等实际问题时，他们的职业价值观会进一步往务实方向发展。即使特岗教师具有坚定的职业认同，但外在环境如果不能满足他们对美好生活品质的个人追求或者更好教养下一代的家庭需求，他们在入职初期时坚定的职业认同也可能会逐渐消减，职业认同水平出现下降。由于大部分特岗教师并未想过要在服务学校附近定居或安家，他们即使是租房也是租在县城或者市区，他们的生活轨迹一般是周一到周五在服务学校居住，周末回县城或市区居住。这也导致特岗教师服务学校的学生每天能看到特岗教师的时间逐渐减少，特岗教师与学生之间的师生关系在逐渐地走向疏离，可能的原因如下：一方面，部分特岗教师认为他们服务学校所在地的乡村学生并不是那么好教，特别是随着乡村学校孩子家长们各种意识的逐渐觉醒，特岗教师曾经认为乡村学校家长与孩子"单纯"的传统理念受到了较大冲击，他们与学生及家长之间客观存在的价值观差异阻碍了良好师生关系的建构。另一方面，特岗教师们基本上都认为不管自己在哪里当教师，但他们的孩子一定不能在乡村学校特别是他们服务的乡村学校接受教育，所以从入职开始，他们都希望把家至少安置在县城及以上的城市，这时的他们内心深处事实上已经远离了他们服务的乡村学校与学生。他们"具有显性的城市化生活范式和实践习惯，他们'身'在乡村学校，'心'却在城市社会；他们在乡村学校被动谋生，但又主动向往城市生活，他们与自己在乡村学校的关键他者——学生之间未能建立良好的交往互动关系或构筑和谐的师生相长氛围，存在明显的关系疏离。"① 疏离状的师生关系使他们在特岗教师的职业认同建构中缺乏来自学生方面的成就感获得，这是教师职业的精神力量。而源于政策层面的制度性身份假设也让特岗教师的自我职业价值观与同事、领导心目中的特岗教师职业价值观之间存在一定的差异，特岗教师的教师职业认同缺乏与在编教师或者学校领导之间产生共鸣性情感的政策基础与制度前提。在双重因素影响下，特岗教师职业价值观具有明显的个体主义现实性。

---

① 蹇世琼、彭寿清、冉隆锋：《由"他者"走向"我者"——新生代乡村教师的乡村社会融入困境与破解路径》，《四川师范大学学报》（社会科学版）2021年第3期。

第二节 特岗教师的职业角色认知

职业价值观体现的是特岗教师受到政策或者制度层面规制产生的教师职业身份价值或社会地位，特岗教师的职业角色认知则是从特岗教师自我角色定位上体现特岗教师的职业认同观。虽然特岗教师认为自己应该是教师，甚至已经是正式教师，但"特岗"的标签让他们又在客观现实上表现出与其他在编教师的明显差异。从特岗教师入职时的职业动机来说，他们更希望自己被看成是正式的在编教师。但在 3 年的契约服务期间，基于特岗教师的身份，他们在工资发放方式、职业基本待遇等方面与在编的老师还是不一样。

> 别人问我"在哪里上班"我会先说"在××镇上班"，然后才说"什么学校"，对方一般会说"哦，学校"好像很失望的样子。如果有更好的机会到其他学校或者参加考试选拔，我会考虑，但不会辞职。比如，尝试去考一下公务员，但不会辞职去考，考上就去当公务员，不考会觉得遗憾。（D2 老师）

特岗教师的职业角色认知显示，他们自己可能并不认为特岗教师是很好的职业，比如 D2 老师的理想职业明显是公务员。一般情况下，当特岗教师与其他在编教师都处在相同时空维度下，并在内部判断不同类型乡村教师的社会阶层结构时，特岗教师们容易认知到他们的社会角色与在编教师之间存在的差异。杜亮认为，特岗教师群体在整个义务教育阶段的教师群体中均处于底层地位："所有特岗教师的取向均面向县以下农村义务教育阶段学校，从经济、社会和专业地位来说，特岗教师在整个义务教育阶段教师群体分层中处于底层地位。"[1] 但当特岗教师离开学校场域后，与教师群体外部的其他参照性职业相比较时，他们也不那么容易提及他们的社会角色是"教师"，他们首先会通过工作所在地来"掩

---

[1] 杜亮：《教师分层、社会流动与教育政策的完善：以"特岗教师"为例》，《河北师范大学学报》（教育科学版）2014 年第 1 期。

饰"特岗教师身份。阶层分化所产生的较为固定的社会位置结构在教师职业社会化过程中也明显存在，从大部分特岗教师的自主性语言描述来看，他们对教师阶层或者他们自己（特岗教师阶层）能否实现集体性的向上流动都缺乏足够的信心。虽然教师集体内部的阶层分化并不那么明显（即特岗教师群体与其他教师群体之间），但大部分特岗教师在谈及未来依然有"迷茫"之感，"有合适的机会还是考走""当然还是想走"……这样的表述在特岗教师访谈资料中随处可见，这也间接证明特岗教师目前所处的社会位置结构比较低的客观现实。"实际上，对自身价值尤其是对自己身体的价值或自己语言的价值的确信带来的信心，与在社会空间中占据的位置（而且当然与轨迹）密切相关。"①

一 垫脚石

当特岗教师将自己当前的角色定位为"垫脚石"时，主要指特岗教师的3年契约服务经历对他们将来职业生涯轨迹可能会产生的影响，这种影响是奠基性的，也是基础性的。具有这种角色认知的特岗教师往往认为这3年的契约服务期会对自己未来的教师专业发展奠定良好的基础，会给自我专业成长带来更多发展机会。

> 他们都说我是与生俱来的亲和力，一上课我就很有耐心。我很喜欢教师这个职业，虽然特岗教师好像不是很好，但我当时想的就是要先在基层磨炼几年，把这个当成是成长的机会，经验积累多一些才能更好地发展。人要先站稳、再站高、才能站远。刚入职时就有人问我为什么不去城里的学校，我如果直接进城压力肯定会大很多。在乡下的话，压力没有在城里这么大，我可慢慢发展我的个人能力。当我觉得有能力"拿下"城里的孩子时，再考虑考进城里的学校去。特岗教师会成为我教师职业生涯的"垫脚石。"（A2老师）

A2老师从选择特岗教师到入职后的职业态度、职业投入等均表现出

---

① ［法］皮埃尔·布尔迪厄：《区分：判断力的社会批判》，刘晖译，商务印书馆2016年版，第317页。

超强的职业韧性,她对自己的职业生涯规划具有清晰的目标。坚定的职业理念、明确的专业发展愿景以及积极主动的专业发展意愿是她成为优秀特岗教师的主要表现。对 A2 老师来说,特岗教师职业认同与她在 3 年契约服务期间的职业愿景、发展能动性之间产生了较为强烈的正相关关系。A2 老师坚定的职业认同可能是她即使选择特岗教师作为其教师专业发展的必要路径也能成长为优秀教师的关键性动力。但其他特岗教师则很少产生同样的职业角色认知,他们更多地认为特岗教师经历只是自己教师职业生涯的过渡期,至于下一个阶段的职业生涯发展可能是继续考进县城当教师、可能是考公务员,还有可能是考研等。

> 我从进入××乡教书(特岗教师),想的就是一定要考走,实在不能接受这里的各种环境以及条件。特岗教师服务的这 3 年,对我来说是一个过渡期。(B3 老师)
>
> 前途比较迷茫,有大学同学已经考研在读了,我也想尝试下。继续在这里的话,很多问题都无法解决。(B1 老师)

大部分特岗教师都认为自己的未来不应也不会继续留在特岗期间所服务的学校,3 年的特岗契约服务期只是他们的职业生涯过渡期,越是在条件艰苦的学校,特岗教师们想要离开的想法就越强烈。这一点甚至获得了特岗教师们服务学校校领导的默许,这些乡村学校校领导们也认为特岗教师如果在特岗服务期满后还愿意继续留在原服务学校,他们的个人婚恋问题以及今后子女的教育问题都将是比较大的难题,作为基层学校的管理者,他们也认为不应该对特岗教师们的离开进行过多干预。特岗教师服务学校的校领导与特岗教师一样身处乡村社会中的乡村学校场域,为什么他们会认为不应过度干预特岗教师服务期满后的离开,与他们和特岗教师同处乡村社会受到相同社会结构变迁的深刻影响有关,此时特岗教师服务学校的校领导与特岗教师在教师流动议题上形成了某种共谋性的"集体意识"。"这里的社会形态主要指的是影响乡村社会个体行动的结构性力量,用涂尔干的概念来表达就是指'集体意识,'它是个体行动的根本动力来源，对个体的影响是全面的也是根本的。"① 特岗教师与服务学校组织领导之间的这种"集体意识"自动消解了特岗教师在契约服务期间或服务期满后的离开时来自组织层面的人为性阻碍。即特岗教师在服务期满后的离开，获得了一种组织层面的"默许"。基于这样的前提，为了维持乡村教师队伍数量结构的基本稳定，无论是特岗教师的服务学校还是县级以上的有关乡村教师队伍建设的主管部门，不得不制定并出台有关特岗教师或乡村教师有限性流动的制度。特岗教师群体在服务期间或服务期满后的流动逐渐成为一种制度性流动。乡村教师队伍数量表面上看起来每年基本保持了恒定，但流动性较大、稳定性不够，几乎每所乡村学校每年都会进一批新特岗教师，但同时也会流失部分特岗教师。因为每年离开的特岗教师不管是从性别还是从学科等方面都难以提前进行预判，因此学校管理者特别期望每年新进的特岗教师都是"万金油"型教师，即每一科都可以教的老师。不少特岗教师在服务学校很少真正从事自己本科阶段所学专业的教学，他们在服务学校要么教的是多门相关性不强的学科，要么身兼多学科教学工作或者行政事务工作，比如 D3 老师兼任学校的财务管理工作、A1 老师和 A2 老师兼任学校的少先队工作等。

> 学校只能尽量保证语文、数学等老师的基本稳定，但同样存在流失的情况。学校现在缺物理老师、化学老师，都是让其他科老师先代着。比如我学的是数学专业，很有可能被调去教语文或者生物。或者学生物，又被调来教语文、英语等。对学校来说，总是存在师资力量不够的问题。（B3 教师）

二　良心活

当进一步追问特岗教师如何理解特岗教师职业的工作性质时，特岗教师们会更多地将特岗教师角色理解为"良心活"。研究者在《教师认同发展轨迹的代际研究》一书中曾经指出"教师们将教师职业看成一种

---

① 石亚兵：《乡村教师流动的文化动力及其变迁——基于"集体意识"理论的社会学分析》，《全球教育展望》2017 年第 11 期。

'良心活'，意味着在教师主观意识中教师应该具备职业良心，这种职业良心不仅是教师对工作义务的自觉意识，而且是评判教师是否履职尽责的基本道德标准。"① 而特岗教师在特岗服务期间也把教师职业隐喻为"良心活"，这种职业角色认知说明"教师职业是良心活"的职业隐喻在教师群体内部并不具有类型差异。这样的职业角色认知有助于特岗教师在乡村学校任教时能够坚定自身的教育教学理念，并尽责尽能完成基本的教育教学工作任务。对特岗教师来说，这样的职业角色认知在他们的具体教学行为中有明显体现。

> 在这里付出的动力主要是自己对教师职业的认识吧，我觉得老师是一个良心的职业。自己也不希望留什么遗憾，被家长在背后骂。比如在教学中自己主动地查找整合各种资源，为了让孩子们好好学习，自费给他们购买各种学习用具等。（A1 老师）

"教学良心是教师对外在教学规范的自觉意识并内化为稳定的教学意志和信念，以及在此基础上主动形成的教学价值意识和高度的道德责任感，并能将其转化为或者指导外在的教学行为。"② 蔡辰梅和刘刚认为"教师是一种良心活"，这是普通教师对职业的日常性解读，这一解读的背后蕴含着特定的职业认同内涵和方式，"良心活"蕴含着教师对职业特殊性的理解，如教育对象的特殊性、教育评价的复杂性以及教育过程的迟效性。③ 特岗教师在特岗服务期间的时间成本投入、精力资本投入等往往受到他们对特岗教师"良心活"角色认知的内在影响。比如 A1 老师在把教师职业理解为良心活的职业角色认知中是为了不希望自己留遗憾，不希望家长在背后议论自己职业态度不良。对 A1 老师来说"良心活"是一种受外源性评价压力影响而产生的职业角色认知，但明显影响了她的职业投入与职业责任等。埃·弗洛姆的人道主义伦理学理论中将良心区

---

① 塞世琼：《教师认同发展轨迹的代际研究》，中国社会科学出版社 2021 年版，第 94 页。
② 李晓丽：《教学是一种良心活？》，硕士学位论文，浙江师范大学，2014 年，第 19 页。
③ 蔡辰梅、刘刚：《"教师是一种良心活"——对教师职业认同方式的分析与反思》，《教师教育研究》2010 年第 1 期。

分为"权威主义良心"和"人道主义良心"。① 蔡辰梅、刘刚根据埃·弗洛姆的理论将教师职业隐喻为"良心活"时的教师主观性职业角色认知同样也分为"权威主义良心"和"人道主义良心"，并认为教师群体的职业角色认知中这两种类型都存在。② "权威主义良心"是教师将来自父母、国家或任何文化中的权威内在化后的声音，更多地表现为顺从；"人道主义良心"反映的则是教师自己内在的声音，更多地表现为抵抗。A1 老师经常基于学生家庭条件差而给他们添置各类学习用具和用品，她的这种"良心活"职业角色认知不光是囿于"权威主义良心"，而且还与"人道主义良心"并存。特岗教师的这种职业角色认知使 A1 老师自己变得更加敬业负责。因此，"良心活"的职业角色认知至少体现出特岗教师职业认同因为教师职业本身所面对学生的复杂性或特定性而具有相应的事件具象性和多元性。同时，这种职业角色认知对提升特岗教师的职业认同水平和深化特岗教师的职业认同内涵具有积极作用。

尽管"良心活"的职业角色认知对特岗教师专业发展有积极作用，但研究者发现与其他教师群体相比（比如，研究者在《教师认同发展轨迹的代际研究》一书中的"60 后"教师和"70 后"教师），特岗教师群体提及教师职业是"良心活"的频率并不是那么高。大部分特岗教师很少用"良心活"来隐喻教师职业，他们的职业角色认知还是更多地停留在制度性身份的自我赋予上，甚至可以说大部分特岗教师目前还没有认真思考自己的教师职业角色认知问题。不少特岗教师认为自己既然已经当了特岗教师，肯定对教师职业是比较认可的，自己也是适合教师职业的。

> 对教师职业的认可程度还是非常高，也从没有怀疑过自己不适合当教师。对学生一般都是上课时绝对要为人师表，下课之后把他们当朋友。（C1 老师）

---

① ［美］埃·弗洛姆：《为自己的人》，孙依依译，生活·读书·新知三联书店 1988 年版，第 140 页。

② 蔡辰梅、刘刚：《"教师是一种良心活"——对教师职业认同方式的分析与反思》，《教师教育研究》2010 年第 1 期。

C1 老师对教师职业非常认可和接受，但她并未特别提到"特岗教师"，事实上这里也再次印证特岗教师们很少会"自主"地意识到特岗教师与其他教师群体的差异，他们选择特岗教师的最主要原因是为了满足获得一份"正式工作"的需要。特岗教师身份在制度性设计的主体性理解上，进入特岗教师队伍基本就与获得"正式"教师身份没有差异。对特岗教师来说他们的职业角色认知对象是教师职业认同，而非特别或特定地指向特岗教师的职业认同。特岗教师们会更愿意接受自己是教师的职业角色认知，容易忽视自己作为特岗教师的特定性或特殊性职业角色认知。

第三节　特岗教师的职业投入

职业投入是判断特岗教师在 3 年服务期间教师职业付出的关键性职业认同维度。特岗教师的 3 年基本服务期是特岗教师与"特岗教师计划"政策之间的时间性契约，由于教师职业自身的复杂性，这种政策与个人之间的时间性契约很难对特岗教师的具体工作态度和工作投入进行详细的规定。对特岗教师来说，职业投入主要是处于制度框架要求下的投入，比如按照学校要求完成相应的工作量与工作任务。教师职业投入是教师在整个职业生涯中，对教师职业做出何种努力和坚持。[1] 成人工作者职业投入研究被理解为个体为了适应职业变化所应具备的基本素质，相关研究着眼于人们对职业的看法和对生活的态度对职业投入具有什么影响。职业投入是一个具有典型时间长度的概念，不仅关注个体在当前时间维度下、当前职业中的投入情况，也关注个体在未来时间维度下、未来职业中的投入情况。"一个在职业投入上很有成就的成人很关注工作间的关系，例如他们目前的工作及将来可能的工作。"[2] 个体在工作中积极投入、在目前的工作领域中表现活跃且积极，这是教师职业投入外显性行为的判定指标。这些指标在特岗教师的教育教学实际场域中还可进一步细化

---

[1] 姜雨菲：《中学教师职业投入与职业发展期望和教学效能感、工作满意度的关系研究——未来时间洞察力的中介效应分析》，硕士学位论文，河北师范大学，2016 年，前言。

[2] 张慧芳：《职业投入的特点及其与非理性信念、职业信念的关系》，硕士学位论文，首都师范大学，2008 年，第 12 页。

为他们所进行的金钱、精力、时间等方面的投入，比如他们为了专业理念更新阅读或购买相关文章或书籍等。特岗教师们将他们有限的个人时空成本投入到什么场域？采用什么样的方式投入？等等，都是判断特岗教师职业认同的重要纬度，也是分析特岗教师的职业认同如何由内在动力转为外在行动时的重要参考指标。

一 教学

（一）基本教学任务

教学是每一位教师的基本职能，也是教师职业专业性的根本表现。教师的专业能力主要通过他们所具有的教学能力得以体现。2012年教育部颁发的《中小学教师专业标准》（试行）中明确规定教师的专业能力包括教学能力、教管能力、教研能力等几方面。特岗教师的教学能力具体体现在他们如何设计教学、如何实施教学、如何反思教学等方面。教学能力是判断特岗教师专业素养和职业认同的客观标准之一，职业认同又是影响特岗教师教学能力发展的内在核心动力，因此教学投入就成为判断特岗教师在教学能力发展中主观能动性的最直接指标。特岗教师的教学投入主要指他们在备课、上课、课后反思、批改作业等教育教学活动中所花费的时间成本、精力成本等，这种投入有主动投入与被动投入之分，主动投入指特岗教师为了提升自己的教育教学能力自主地购买资料、主动地查疑解惑、自觉地投入精力等；被动投入则是指特岗教师只是基于完成特岗服务期间的制度性任务要求或完成在学校组织体系内的管理性任务目标的投入，但他们在完成这些工作过程中缺乏主动性和自觉性。

> 我现在每周12节课，6节生物6节数学。去年我的课只有10节，今年多了2节明显地觉得比去年累。教学上的压力不算大，有时学生考得不好，还是对自己有所怀疑，就会想为什么我比其他老师要努力，但成绩就是上不去呢。(B1老师)
>
> 去年开始当班主任，上3年级到6年级的所有英语课、2年级的语文，参加××老师的"名师工作室"和"送课下乡"活动，还要做留守儿童的相关资料等。非常辛苦，但我觉得我现在多吃点苦，以后不管多辛苦肯定都没有问题，我相信人生都是先苦后甜。（A2

老师）

　　初中一般上午每天 2 节，一共 10 节（8 年级）。比如我上数学，一般就是每天 2 节，课时量还是能接受。（B3 老师）

　　教师的教学任务直接体现了特岗教师在特岗服务期间的制度性教学投入，通常以教师课表为载体。这种制度性教学投入载体的分析重点是判断特岗教师在建构特岗教师职业认同时的内在状态是积极的还是消极的，由此观照特岗教师专业发展的主观能动方向是主动的还是被动的。访谈资料显示，特岗教师们需要投入的教学工作量一般周学时在 10 节以上，工作量并不算太大，但也有像 A2 老师这样周学时 20 节以上的工作任务。参与本书调研的特岗教师在建构特岗教师职业认同时的内在状态总体上比较积极。B3 老师和 B1 老师的主观能动性方向上并未表现出明显的主动性或被动性，但 A2 老师心理韧性较强，其在建构教师职业认同时的主观能动性表现出了明显的主动性特征。

　　参与本书调研的特岗教师来自不同学校，无论是管理风格还是管理要求上可能都存在一定的差异。一般来说，如果特岗教师所服务的乡村学校是初中，则需要在完成基本教学任务的同时，还要参与学校的学生晚自习值班；如果特岗教师所服务的乡村学校是小学，则基本上没有上晚自习的要求，这一点与乡村学校在经过整体布局调整后所处的位置不同有关。随着乡村学校生源的日益减少，为集约利用各项教育资源，贵州的农村义务教育学校基本是按照一乡（镇）一初中，集中办小学（点）校的方式进行义务教育布局结构调整。一般一个乡（镇）只有 1 所初中，但会同时布局几所小学点校，有的点校只开设 1—3 年级，进入 4 年级之后就要求学生进入乡（镇）中心小学。小学相对离家会更近一些，所以基本不用上晚自习。在乡村初中学校的特岗教师基本都会有晚自习值班的教育教学任务，这一点也让那些即使在有良好交通条件的初中工作的特岗教师也难以每天回到县城居住。不少特岗教师都需要住在学校的学生宿舍或在学校周围租房住，周末再回县城。对没有住在学校的女性特岗教师来说，晚自习不仅意味着工作时间延长的问题，可能还意味着个人安全系数降低的问题，有时她们的租住地离学校较远，在学生下晚自习之后，稍有耽搁就需独自回到租住地。

（二）特岗教师的教学能力

教学设计能力是在教学活动还未正式发生之前对教学过程的某种预期，以实现基本教学目标。教学设计旨在通过教学内容与教学方法的优化结合实现基本的教学目标，因此至少应包含教学目标设计、教学内容设计以及教学方法设计等。当然，教学设计的根本目的是实现学生有效的学习，而非仅仅停留在教师的有效教学上，因此，教学设计是承载教师各种教育理念与教育教学方法统整过程及其策略运用的有效文本，特岗教师的教学设计也就成为判断特岗教师教育观、教师观、学生观的重要载体。

对 A1 老师在入职初期和 2 年后的教学设计文本进行比较分析发现。首先，在内容维度上，A1 老师入职初期的教学设计主要包括如下内容：课堂目标、教学重点、教学过程、课堂小结，其中教学过程又分为情境导入、探究新知、巩固发展等环节。入职 2 年后的内容维度则包括教学目标分析、问题情境设计、自主探究案例等。内容维度上的对比显示，A1 老师入职初期的教学设计较为详尽，对教学实施各个环节的预设比入职 2 年后的教学设计更加细化。比如针对某项教学行为学生可能会如何反应以及教师应该如何回应等均有设计，同时在教学设计的边框栏内还用红笔进行了特别的标注。此外，A1 老师入职初期的教学设计还包括课后反思等过程。从教学设计的整体流程与教学设计的实施过程上体现出 A1 老师在进行教学设计时具备了分层性思维品质。前后 2 年的时间纵向维度上体现出 A1 老师的教学设计能力在持续更新与发展，具体表现为教学目标设计的细化，并逐步关注学生的学习过程与学习获得。入职两年期间，A1 老师教学设计的总体框架和设计思路并没有多大变化，但教学目标设计更为科学、合理，同时课后反思深度与频率比刚入职时明显增加了很多。入职初期时，A1 老师预设了较为详细的教学过程，特别是教师与学生的互动过程，这一点可能是入职初期教师容易忽视教学事件发生的不可预期性以及学生学习心理的复杂性，特别容易忽视教学实施中的生成性特质所致。教学设计中的细节描述如果过于详尽，容易让特岗教师完全按照预期教学设计来开展教学，基于课堂教学实施实际情境的师生深入互动可能会流于形式。

B1 老师入职初期时的教学设计与入职 2 年后的教学设计相比变化不

明显，不管是在总体框架还是对教学重点、难点与关键点等的把握上，相对来说均显得比较笼统。从整体上判断，B1 老师的教学设计更像是在描述教学过程中的知识要点，难以看到如何在教学实施中与学生之间可能会有的互动方式或者教学方式方法探索。当然，教学设计不一定就能预判出 B1 老师的课堂教学实践情况到底怎么样，研究者在 B1 老师的随堂听课中发现 B1 老师的课堂教学实施时（授课内容：生物特性）的情况如下：首先，B1 老师在课堂导入时将生物的特性如何与学生周围的生活联系起来开展教学；其次，教学中分小组合作，结合学生课堂参与情况以及回答问题情况进行了小组激励性评比，学生的学习积极性较高；最后，B1 老师的教态自然，表情亲和，与学生之间互动和谐亲切。

B1 老师毕业于贵州师范大学的生物学专业，但因为是非师范专业，所以刚入职时碰到了很多困难：

> 首先是完全不知道如何教学，站在讲台上自己都是蒙的，对备课、上课等这些基本流程都不是很清楚；其次，由于学校差数学老师，领导可能看我是贵师大理科毕业的，觉得再怎么都能教好数学，所以又让我承担了 2 个班的数学教学任务。（B1 老师）

随着开放式教师教育体系的建立以及受到师范院校综合化转型发展的影响，不少师范院校均设置有非师范专业，对这类专业的学生培养模式与其他综合类院校基本一致。B1 老师虽然毕业于师范院校，但并非师范性专业，因此她并未接受过系统的、长期的师范理论与技能素养学习，这也使她的教学设计缺乏一定的规范性。不管是在教学目标设计还是教学过程设计上，B1 老师均基本遵循了教学基本流程，她也有意识地采用了观察、案例、小组合作等多元教学方法，在课堂导入过程中也积极探索与学生的实际生活结合起来开展教学。但在教学设计中对如何实现教学目标细化、教学过程具体、教学评价动态等还是比较欠缺的。同时，B1 老师在教学方法与教学策略设计上的预设性不够强，还流于比较简单的描述上。B1 老师的教学实施中比较偏重于学生学习情境的具体创设，学生的学习积极性较高，各个学习环节中学生的参与性也较强，但可能存在忽视如何有效教学、师生互动与教学目标达成之间的关联性较差等问题。

对特岗教师们的教学设计文本分析和随堂听课发现，参与本书调研的特岗教师在教学设计中一般按照程序化流程预设教学目标、教学过程和教学方法等，这样的教学设计体现出特岗教师的教学观、学生观等依然深受现代性教育教学理念中的工具主义等思想影响。特岗教师们的教学过程开展主要还是遵循一种传统式的"传递性教学"模式，而非是一种"生成性教学模式。""将生成与预设相对应，倡导在教学中关注学生不可预期的行为和观念，从教学方法的角度寻求对传统教学的变革和超越，在课程与教学改革的特定历史时期是有重要意义的 。"①

结合特岗教师工作的实际场域，评价特岗教师教学设计能力和教学实施能力水平需要结合特岗服务的基本期限为 3 年这个时间跨度。教学能力是判断教师专业发展阶段的重要表征指标，世界范围内教师专业发展研究的"时期论"或"阶段论"一般都是以教师在某个持续性时期中在某方面表现出的特定性特质作为判断标准，但这个标准都会基于某几年的时期或阶段进行相对性比较，不管是富勒，还是伯顿、彼得森、休伯曼等研究者都以时间维度探索了教师专业发展规律。② 一般情况下，入职 3 年内的教师被称为"入职初期教师"，结合既有关于教师专业发展规律的研究，特岗教师在 3 年契约服务期间是初任教师，他们的教师教学能力发展还有较大的空间，这时他们在教学能力的发展上主要会关注教学任务的完成以及课堂教学情景的创设等，这一点在受访的特岗教师中也有明显发现。

20 世纪 80 年代之后的教师专业化运动既重视从社会学意义上提升教师群体阶层的集体向上流动，也重视从专业主义的视角下提升教师个体的专业素养。无论如何，教师专业化的理想目标都应是促进教师的自主性专业发展。特岗教师教学能力的发展判断中，是否在课堂教学设计及实施与反思等环节中具有"生成性"将是重要的依据。当一个教师关注

① 李雁冰、程良宏：《生成性教学：教学哲学的分析视角》，《教育发展研究》2008年第 8 期。

② 塞世琼：《教师认同发展轨迹的代际研究》，中国社会科学出版社 2021 年版，第22—25 页。

教学过程中的"生成性"时才是实现了对学生学习兴趣、学生探究等的关注，才是教师在积极主动地寻求自身的专业发展。"教师个体主动发展是教师专业化的发展趋势，结合我国新课程改革来看，自主性是教师专业发展的特征，是教师专业发展的理想境界。"① 具有专业发展自主性的特岗教师无须制度性的监督要求，也能积极主动地促进学生发展、改善学生学习效果，并在课堂教学设计中不过度预设教学环节。

一直以来，职前教师培养阶段中教育教学知识储备的理论性与技能训练的简单性使初任教师在面临教育教学情境的复杂性时容易出现不适应性和无措性。就像休伯曼所认为的：入职初期教师容易出现"文化休克"问题，这也导致入职初期的1—3年里成为教师在职业生涯中实现持续性专业成长的关键期。张李娜认为"初任教师入职教育质量如何，直接影响到初任教师从事教育事业的角色意识和适应能力，关系到我国中小学师资队伍的整体素质。"② 教学质量是教育质量的关键性指标，特岗教师作为初任教师的教学质量如何同样会直接影响到他们对特岗教师职业的角色意识和适应能力，宏观层面上更是关系到我国乡村地区中小学教师队伍建设的整体素质。学生学习成绩的结果性评价能在很大程度上体现特岗教师的教育教学质量，一般来说，特岗教师的教学质量成绩主要参考标准由相应区域内（一般是以县域为单位）的期末成绩平均分排名决定，事实上这样的教学成绩评价虽然在一定程度上忽视了特岗教师的过程性能力，但也是特岗教师寻求教学能力发展的重要指挥棒。观照特岗教师具体教学过程有助于客观判断特岗教师在教学能力发展中的主观能动性，无疑，这一点才是教师实现持续专业发展的关键性动力。

> 我现在还对学生分了组，每个班分了8组，一个月之后统计一下小组得分，如果表现好的话，会给他们发一些奖励品，这样也可促进学生回答问题。奖品这些都是我自己买，现在还不知道有没有用。我认为对学生只能从物质上多鼓励、精神上多夸奖。我的想法

① 乐伶俐：《自主性：教师专业发展的旨意所在》，《中国成人教育》2007年第7期。
② 张李娜：《我国中小学初任教师入职教育的困境及对策》，《现代教育科学》2017年第10期。

是只要你能说、敢说、站姿标准等我都愿意给你分。因为这里不是所有的学生都能考上高中、考上大学，鼓励他们学会表达也很重要。（B1 老师）

以前不知道数学要教什么，通过这 2 年的实践经验总结，我就大概知道了哪里会是考点、哪里会有多少分等。虽然有些学校有教师之间一带一的结对帮扶，但我们学校确实没有，只能靠自己摸索。可能表面上好像有帮扶不错，但实质是不如自己认真地去摸索下。学校教务处要求每个老师必须要上一次公开课，我们就能听到那些优秀老师的课，比如如何导入、如何讲解重难点、如何抓住关键点等这些地方有意识地学一下，对我的教学能力提升还是很有好处的。我第 1 年来的时候，就是看到课本想讲哪里就讲哪里，但现在我就比较清楚了要怎么导入、要怎么上新课等。（B2 老师）

我们每个月必须听 4 次公开课。每个月我们四个教研组都安排有老师讲公开课，要求新老师都要去听，所以每个月至少听四次，这样一学期就可以听 16 节课。开学时要求老师要交教学计划，思品课要看如何穿插法律法规、防性侵等内容。我是学美术的，刚开始上思品课时还是觉得很乱，后来自己多学习、多做笔记，慢慢就没有这种感觉了。（C1 老师）

对我来说，如果有机会学习，最希望能对自己专业成长（具体如何上课）有所帮助，能够让自己的教学能力有更大提升，能达到一进教室学生就很喜欢你的那种感觉，这方面特别想跟其他老师学习并且也特别希望能得到具体的指导，比如教学氛围的调控等。我觉得最好的方式就是以结对子的方式（跟优质学校联谊）来学习，这样我们也有出去学习的机会，其他学校的老师也可以来我们学校做教学示范等。（A1 老师）

从特岗教师的访谈资料中可以看出，无论特岗教师的教学能力处在什么样的客观水平，一旦他们入职特岗后，都很重视自身教学能力的发展，他们都针对自己的教学能力发展进行了积极的探索，其中包括积极参加公共课、积极利用网络教学资源、积极思考并应用适合自己的教学方法等。从这点来说，特岗教师在特岗服务期间的专业发展具有自主性，但特岗教师在教学能力提升的自主性探索中很少提及学生，而更多地提到自己需要如何教、自己需要如何发展等。这说明特岗教师的教学能力发展更多地还停留在对自己教学任务如何有效完成的阶段，并未上升到对学生学习过程的关注以及如何在教学中实现自己发展与学生发展相统整的层面，这与富勒的教师关注阶段理论、叶澜和白益民的教师自我更新发展阶段理论中的初任教师在此时的发展特质判断具有一致性。特岗教师们在教育教学活动中都碰到过不少困惑和难题，虽然不同的学校有自己的教师校本培训机制，但依然存在有些学校的校本研修制度只是停留在表浅、形式层面的问题，并未真正地对特岗教师的教学能力专业发展起到积极促进作用，以至于有特岗教师认为这种来自制度性层面的校本研修效果并不及自己在教学实践场域的自主探索。

几位教师都不约而同地提到教学能力发展需要来自外界的支持和帮助，特别是来自优质学校优秀教师的指导。从这里可以判断无论什么方式的特岗教师教学能力发展培训，都需注意如何结合特岗教师的自身发展需求与发展困惑进行，还需注意转变农村学校校本研修的治理方式，避免形式主义上的教研活动出现。因为大部分特岗教师目前都工作在比较偏远的乡村学校，在城镇化进程中，乡村学校学生的人口统计学结构呈现明显的单极发展趋势，比如大部分学生都是留守儿童、大部分学生学习成绩较差。特别是留守儿童，他们的父母常年不在身边，既不能得到有效管教，也难以获得心灵安全感。那些学习成绩不错或家庭教育比较好的学生基本上已随着社会变迁洪流逐渐涌向城市学校或至少是城郊学校。面对这样的学生对象，乡村学校的教育教学质量是不是要秉持与城市学校一致的培养目标、教学内容与教学方式，这是值得进一步审视和思考的问题，也是促进特岗教师教学能力发展时必须要引起重视的重要议题。

二 家访

家访是联结家庭教育与学校教育的纽带和桥梁，对实现家校有效合作具有重要的教育意义和社会价值。石中英认为建立制度化、长效化的家访制度具有重要的教育意义，这种意义体现为家访对宣传贯彻党的教育方针、落实立德树人根本任务、形成家校教育合力、促进学生健康成长和教师专业发展等方面均具有重要作用。① 乡村学校作为我国学校教育体系的末端性教育组织，家访在乡村学校还具有宣传党的方针政策、落实立德树人要求等作用。因为特岗教师服务学校的留守儿童较多，且由于贵州发生过全国皆知的留守儿童安全事故，当地教育行政部门非常重视对留守儿童的家访工作。特岗教师在特岗 3 年服务期间除了教学工作之外，另一项重要工作就是对学生开展家访，特别是对留守儿童进行家访。一般来说，地方政府要求的制度化家访频率制度是乡村教师每个月必须要家访一次，并且平时还需通过截图、照片等方式记录下与家长电话联系、QQ 联系等过程。

> 家访主要就是把每个班留守儿童分给每个老师，比如我们班有 17 名留守儿童，分给两位老师，我分了 8 家，另一个老师就分 9 家。一般每个月 15 号之前留守儿童的资料必须要做好，学校老师根据学生家庭居住地组队一起去留守儿童家里。家访内容就是找到学生们的监护人，了解一下孩子的学习情况，行为习惯、跟自己父母的沟通情况、排查一下家里面的安全隐患等。家访对老师来说，主要是可以保护自己（学生出了事，不用担心是因为教师没有及时家访所致），学生的学习也始终需要老师的一些反馈，有利于他们的健康成长。（A1 老师）

> 家访是给每个老师都分配了任务，要求每个月去一次。很多学生家都住得很远，每个月都去一次很不现实，并且有时下去后家长也不愿意跟老师们有过多的交流，所以有很多时候这种家访都停留在形式上。有时老师们甚至会带着多套衣服下去，到学生家，换上不同的衣服拍照作为做资料的证据。（B3 老师）

除了完成学校的教学任务外，特岗教师在 3 年服务期间投入最多的就是家访工作，这基本成了每位特岗教师的必要性工作任务，这项工作不仅无任何额外补助，来去交通费都需特岗教师们自己承担，甚至来去中有什么意外特岗教师们也没有什么保障。研究者在调研期间，当地一

---

①   石中英：《重申教师家访的教育意义》，《人民教育》2018 年第 12 期。

所学校甚至发生了一起特岗教师骑摩托车家访受伤，但医药费无着落的事件。家访到底对学生成长有什么作用，学校或者教育行政部门并未做出明确解释，至少没有向特岗教师们做出很好的解读。这就造成了不少特岗教师认为家访工作只是增加了他们工作量的表象认知上，比如就像B3老师所认为的那样。尽管A1老师认为家访能在一定程度上了解孩子的学习情况以及与家长之间的交流情况等，但对家访的态度依然认为是可以"照个相就走""怕出事情""保护自己"。大部分特岗教师认为家访至少是比较耗时耗力的，并且认为家访工作冲淡了教师职业的"教学"基本职能，增加了他们特岗服务期间的风险性。特岗教师的家访是一种被动式的家访，产生这个问题的原因有很多，一是相关部门缺乏对家访重要性的主动解读，特岗教师并未具备家访促进教师专业发展的专业主义家访理念；二是家访都是特岗教师利用自己的业余时间去完成，路途遥远、舟车劳顿，均未获得过任何的物质性补助或者精神性奖励，这一点显然忽视了特岗教师作为普通劳动者希望自己的劳动能通过相应的报酬受到承认或得到体现的正常心理。

三 做各种资料

在特岗教师"抱怨"家访增加他们工作量的同时，他们还会提到家访需要做各种资料时所耗费的时间和精力。当地政府要求对每位留守儿童建档立卡，并且每位留守儿童的家访资料都需要有相应的表格和照片作为各种支撑材料，以备"上面"的各种检查。特岗教师们"不得不"完成这项工作，一方面是为了保护自己，另一方面也是为了完成学校交代的各项任务。"家访"成了边远农村地区教师教学之外的重要职能之一，伴随家访同时需"做资料"也成了特岗教师每个月必须要完成的任务之一。这样，教学、家访和做资料基本构成了特岗教师们的主要工作内容，但毕竟每周工作时间有限，教学与家访往往成了工作日的主要工作，而做资料则成了特岗教师们日常（周末或晚上）加班的主要工作内容。

> 领导经常要求我们要加班做资料，特别是不在工作范畴和上班时间之内的加班，心里面就比较反感。很多老师都不愿意。（A1老

师）

　　周末时间有时并不是很多，因为每个月都要去学生家里家访1次，要做留守儿童的资料。还有"普十五""文化普查"等这些工作都是利用周末的时间来做。（C1老师）

特岗教师们经常自我调侃自己不是教书育人的教师，而是做资料的资料员。

　　做资料就相当于把你大好的时间耗在无用的事情上，上面来检查留守儿童管理情况，并不是真的去走访留守儿童，而是看资料，也许上面也是为了应付更上一级的检查。（D1老师）

这样，特岗教师们所"做"的各种"资料"成了各级教育行政部门和地方政府部门了解并判断处于中国乡村教育最底端的留守儿童基本情况的基本依据和政策决策的主要参考。

　　而事实上，除了做留守儿童的相关资料外，特岗教师们还需不定期做精准扶贫资料、当地的文化普查资料以及其他地方政府要求的各种迎检性资料。做这些资料让特岗教师们在服务的学校明显地感受到教师阶层的弱势性。

　　谁都可以让我们干活，这些做资料的活很多都跟教育、跟教师没有任何关系，但乡（镇）政府还是要分配给校长让老师们来做。同时，做这些资料都是免费和义务的，没有任何待遇。校长可能内心也不想接，但也没有办法。这里地方就那么小，老师的人数最多，且老师有些时候好说话，加上乡村学校的管理特别是学校治安又难免需要政府支持和帮助。（B2老师）

特岗教师们的加班主要就是做资料，且做资料的范畴非常广泛。其中，能明显管窥到在最基层的地方政府治理过程中，特岗教师们成为乡村社会基层组织社会治理的主力军和实施者。在国家治理的最末端组织体系中，学校教育与地方政府治理之间并没有明确的边界划分，且二者之间事实上通过这样的方式又进行着协同治理的合作，一方面学校教育让渡教师的"时间"换取地方政府权力的"保护"，另一方面地方政府治理又需要学校为其提供人力资源保障。

> 在乡镇工作中，公务员和教师之间的差异并不大，乡镇上的普通公务员大家觉得是大背篓（当地一种人力运输工具），什么都要做，上班时间是"5+2"加"白+黑"，但教师确实也没有什么权力。家长们也认为乡村教师的权力不及公务员，家长们常常会说，读书有啥用？在这些地方，政府给农民的印象不是特别好，这些农民经常都觉得政府要不就是"吃"了他们，要不就是"卡"了他们，或者"整"了他们。农民们也晓得教师没有什么权力、比较清贫，但他们认为老师群体比较正直，他们一听说老师来了都会比较热情地打招呼。他们还是比较尊重老师。（A2老师）

第四节　特岗教师职业认同建构的困惑

一　勤杂工还是教师？

特岗教师的日常工作大致可分为三方面：教学、家访和做资料，这与特岗教师在入职前先入之见中认为"教师主要职能只是教学"存在着较大差异，在这个过程中大部分特岗教师在职业认同的自我建构上都会出现如下的矛盾或困惑：自己到底是勤杂工还是教师？这样的一种身份自我感知中研究者深刻感受到作为特岗教师在乡村社会场域工作中所体悟到的，并表现出的迷茫、困惑、挣扎的职业认同状态。特岗教师自身的角色认同维度上认为自己应该是具有正式工作的专业人员——教师，他们潜意识中假定这种身份的自我觉知应该让他们可以适应处于乡村社会场域的乡村学校。但在实际的乡村学校工作场域中，不管是来自教师教育领域内部的管理制度还是地方政府外部对乡村社会的治理，都在某种程度上明显地存在将特岗教师假定为联结乡村社会最底端阶层——农民及其子女的纽带，假定他们应该是与乡村、乡民、乡村孩子走得最近的一个群体。这是制度性身份假设与特岗教师自我身份角色认知之间出现不一致的地方，也正是因为有这种不一致存在，使特岗教师在实际的工作场域中建构职业认同时表现出明显的困惑与自我怀疑。

> 现在很多时候我们做的事感觉都不是教师该做的，不管是管留守儿童还是做各种迎接检查的资料。每周真正花在教学探讨或者教学思考上的时间越来越少，且我们常利用晚自习和周末的时间加班都在弄各种资料。（C1 老师）

> 以前上学时，一直认为教师职业挺简单，就是上课、批改作业、放假等，从没有想过教师职业还需做各种资料，各种比较杂乱的事情很多。（A1 老师）

特岗教师身份的自我觉知或自主的职业认同建构是希望自己成为不可替代的专业人员，而非他们现在所认知到的"勤杂工"。"将自己看成是专业人员"，这对特岗教师坚定从教信念，提升职业认同水平，像专业人员那样成长具有重要意义。并且这种职业认同建构与乡村教师在事实上被地方基层政府"剥夺了"教书育人的专业性职能有着密切关系。有研究者认为"随着乡村教师逐渐纳入政府管理体系，乡村教师与地方社会逐渐脱离开来，逐渐从地方社会的事务活动中退了出来。乡村教师不仅与地方社区、基础政治精英的距离越来越远，而且与基层政治精英形成了一种冲突关系。"[1] 但本研究发现，这一点在特岗教师群体身上体现并不明显，甚至是正好相反，特岗教师对的这种"勤杂工"角色认知实质上体现了特岗教师在我国社会末端阶层结构中，被当成了最基层政治精英的末端角色定位。特岗教师的职业认同既有属于特设岗位的特殊性，也有属于教师职业的共同性。但更多地还是这种特殊性影响了他们的职业认同，比如他们工作所在地的条件艰苦问题、他们的婚恋困难问题以及他们不得不受到来自教育体系外部的地方政府行政力量规制，特岗教师对教师职业的认同主要受到了他们所处实际场域与环境的影响。此外，特岗教师会明显感受到他们这个群体即使是在最为弱势、也最为基层的社会阶层结构中，所处的社会位置结构也较低，他们的日常工作与生活

---

[1] 凌云志、邬志辉：《城镇化背景下乡村教师的身份挣扎及其融合——对 4 省 9 位乡村教师的访谈研究》，《教育理论与实践》2019 年第 7 期。

受到最底层社会治理机构的各种力量影响。特岗教师们的职业认同建构随时都明显表现出"被边缘化"的状态。比如 A1 老师对其所在学校同事之间的人际关系做出如下评价：

> 学校的评优评先进都跟我们没有关系。这使特岗教师可以少一些人际纷扰，其他的同事之间总是会有这样那样的一些矛盾。但也明显地感到特岗教师被排斥和被边缘。（A1 老师）

二 家长与学生：刁民还是合作者？

与传统的乡村学校相比，特岗教师服务学校学生的基本人口结构已经发生了很大变化，因为学生是特岗教师在完成本职工作时的重要他者，这种变化也对特岗教师的职业认同建构产生了重要影响。在研究者调研特岗教师工作的乡村学校中，学生的社会人口结构至少有如下特征：首先，学生数量总体规模在逐渐减少；其次，留守儿童数量相对学生数量总体比例较大；最后，学困生数量相对学生数量总体的比例也较大。其中，特别是留守儿童问题对特岗教师的职业认同产生了较大影响，且学困生也主要出现在留守儿童群体中。留守儿童最开始主要就是以社会问题方式提出来并引起学界关注的，"留守儿童问题从一开始就是作为'社会问题'提出的，多数的调查倾向于了解留守儿童群体的负面问题。"[①]调查显示有 60% 以上的留守儿童成绩较差，他们中有相当部分已对读书失去了兴趣，此外 60% 以上的留守儿童存在心理问题，还有 30% 的留守儿童直言恨自己的父母。农村留守儿童中已经出现了较严重的心理危机，对农村基础教育工作产生了较大冲击，给农村社会稳定埋下了诸多隐患。[②]对特岗教师来说，因为留守儿童比例过大，不仅增加了他们家访的困难性，更重要的是很多留守儿童缺乏父母有效管教，很容易导致师生关系紧张。

---

① 谭深：《中国农村留守儿童研究述评》，《中国社会科学》2011 年第 1 期。
② 周伟：《三成"留守孩"直言恨自己的父母》，《新华每日电讯》2005 年 3 月 29 日第 6 版。

当地的学生有时非常不好管，特别是留守儿童，这是特别严重的事情，导致老师与学生之间容易发生冲突。比如我们学校曾经发生过一件事情，一女老师上课时有个学生睡着了，这个女老师就过去打了一下这个学生，这个学生就站起来问老师为啥打他，女老师就说我上课你在睡觉啊。学生就说：你再打我一次试试。这个女老师就打了这个男生一个耳光，然后这个女老师的男友（也是学校老师）也来和这个男生打了起来。这个事情就闹得比较大，家长认为这个男教师不应该打孩子，然后就以此来不断和学校闹。（B3 教师）

理想的师生关系应是平等、民主、和谐的。但这种理想师生关系的前提是教师与学生都需要有对建构良好师生关系的自觉、自知，这样方能在师生之间实现自为，在自为中持续建构。不管是教师一方，还是学生一方，都需要在这个过程中针对这种良好师生关系建构形成某种心理契约关系，这种心理期待在很大程度上由教育体制正常功能发挥所决定。在人类发展史上，不管是东方国家还是西方国家，管教孩子的日常言行都曾经属于家庭教育范畴。随着家庭社会功能的日趋多元化，成年人不得不将更多的时间投入到劳动力市场中，那些"本该"属于家庭管理和教育未成年人的职能也被逐渐让渡给了学校以及学校里的教师。家庭结构性功能的历史性职能让渡是当代各国社会变迁中带给家庭教育与学校教育的重大变化，这个过程中，学校教育职能越来越多元和泛化，在具体的学校教育实践中又以乡村教师的身份多元化为最直接的表征。现代家庭结构中的父母为了生存的需要，在城乡社会迁徙中将教管、教育孩子的各种权力都让渡给了乡村学校的教师，比如特岗教师，但同时不少父母又因为所谓权利、民主等意识的觉醒又在这种让渡中缺乏对教师的充分理解与足够信任。特岗教师们处于初任教师的发展阶段，对教师职业的角色认知容易受到传统权威型师生关系观影响，他们总是希望通过在学生及家长面前建立绝对的权威，以把教学任务完成得更好。这一点也与传统权威型教师角色认知上认为"师者严父"的职业价值观相近，这里的"严"又受到封建社会时期的等级制影响，即学生必须从师从父，师者可以像父亲那样惩罚或鞭策学生的学习过程。从 B3 老师的描述来看，在特岗教师基于师生关系建构教师职业认同时，这种传统型的师生关系观在特岗教师所工作的乡村学校场域比较常见。尽管某些特岗教师也意识到或者也践行着与新课程理念一致的平等型师生关系观，但大部分特岗教师与学生之间的关系依然受到周围其他老师传统型师生关系观的影响主要停留在权威型教师职业角色的建构中。

> 以前的老教师上课都是在吹牛、混日子，所以学生的基础非常差。这些地方的教师队伍特别需要有新鲜血液的注入，很多老教师虽然教了几十年了，但没有教出什么名堂，因为他们自己本来就把自己局限在这个地方，不去追求发展。并且以前的老教师很多都比较固执，认为自己的教学方法就是对的。比如我班上的学生我要求他们要养成吃饭前先洗手、吃完饭用开水烫碗等基本的卫生习惯，但那些老教师从来不管。我的想法是随便你们管不管，但我是一定要管好的。（A2 老师）

随着中国教育制度体系的日益完善，教育体系的制度化与法制化日益嵌入并融合进了社会背景的持续变迁中。在这个过程中，家长和学生的权力和权利意识也逐渐被唤醒。但身处在以乡村社会结构为基础的乡村学校场域中的特岗教师却认为学生和家长应该要听教师的，他们往往希望采取最便捷和快速的方式完成与学生或家长之间的交集。特岗教师产生这种师生关系理念的根源在于他们认为自己在基层社会治理体系中本就处于较低的社会位置结构，没有学生或家长的顺从，他们很难收获特岗教师职业在乡村社会的基本存在感。另外，受教师专业化运动影响，特岗教师们依然也会假定自己是专业人员，应该具有相应的专业性地位，他们的教学专业性、他们管理学生的专业性不应受到家长的质疑，也不应让家长随意走进他们的教室，这是他们维持阶层地位的基本边界，即让家长与学校教室以及学校教育过程之间保持某种专业性的边界。特别是特岗教师服务学校基本在比较偏远的农村学校，当地乡村社会结构的文化习俗与价值观固化现象更为明显。这时特岗教师周围的老教师们具有明显的保守性气质，他们往往秉持着传统权威型的师生关系观理念，特岗教师们也难免会受到所处场域中这种师生关系观的影响。在这个过程中，一旦学生、家长与教师对师生关系观的认知出现较大冲突时，特岗教师们就会认为他们和家长、学生之间不能建构良好的平等民主和谐关系，更不可能建构起所谓的有家长或学生自主参与的家校共同体或者教师专业发展共同体，更多时候，他们只能从乡村社会基层治理层面定义这些家长与学生。在这个过程中，特岗教师自己总是参与到了乡村社会的基层治理中，这就导致特岗教师在乡村社会中不仅具备教化育人的"教师"身份，也具有了化民治理的"管理者"身份。因此，"刁民"就成了不少特岗教师们形容那些不配合、不顺从学生及家长的"代名词。""在中国古代，官民关系与'顺民—刁民'的划分是相连的，统治者对待顺民和刁民的态度不一样：顺民安分守己，不惹是生非；刁民不服管理，无事生非，一定不是好人。'顺民—刁民'的划分并不是一种对事实的描述性划分，而是一种建立在官民关系不平等基础之上的治理话语。"①

在特岗教师将他们工作中的主要合作对象——家长与学生的社会身份判定为"刁民"时，这里映射出另一个重要的议题，即"特岗教师计划"政策问题已不再是一个简单的教育学问题，而是嵌入了乡村社会基层治理方式变迁的社会学问题。"特岗教师计划"政策本就对特定时代变迁具有强烈的回应性，在自身的完善中更需要对当前的社会背景结构变迁以及人口结构变迁做出有力的回应。城镇化进程中不同群体之间的"相互指责"现象一旦渗透到教育领域，特别是渗透到以乡村社会结构为基础建立起来的农村学校中时，更需理性反观处在乡村社会场域中的教师们如何在与"刁民"的利益诉求之间或者二者利益博弈之间提升乡村教育质量。因为，"刁民"的社会符号标签出现在特岗教师对学生或家长的社会身份判断中还体现出特岗教师与学生或家长之间关系的显性疏离。"随着改革进程的推进，党和国家日益进入了理性化建设的轨道，党群关系开始转变，由原先的紧密关系，逐渐转向疏离。"② 在学生或家长的理性意识逐渐增强的同时，特岗教师所在乡村学校作为一种代理性基层治理组织也在不断彰显自身的利益诉求。这就导致了特岗教师赖以生存的

---

① 刘磊：《"刁民"的兴起：以党群关系的变迁为视角》，《文化纵横》2016 年第 5 期。
② 刘磊：《"刁民"的兴起：以党群关系的变迁为视角》，《文化纵横》2016 年第 5 期。

基层组织功能日趋弱化，学生或家长与传统乡村教师之间的那种信任关系逐渐崩塌，逐渐失去对特岗教师的信任。"刁民"出自"穷山恶水出刁民"，该词是为了说明越是地理条件艰苦的地方，越有可能出现与地方公共事务（包括教育）治理不和谐或完全不一致的人群或现象。因为地理条件的限制，当地民众的公共利益诉求也越有赖于地方公共事务治理。当然事实上"刁民"的产生可能既有地理环境的原因，也有社会环境的原因，特别是在外界社会环境发生较大变革的时候。"'刁民'不仅仅是一种事实存在，'刁民'既为自然因素所建构（穷山恶水），同时还为社会因素所建构。"① 在这样的一种环境氛围下，特岗教师们的职业认同建构难以有很好的根植土壤或情境，加上大部分特岗教师都是因为认可教师职业而做出的特岗教师职业抉择，所以矛盾、困惑也就应运而生。

三　困惑源自哪里?

（一）群己关系是特岗教师职业投入中的生活世界

特岗教师的职业投入情况体现的是特岗教师工作场域中的某种社群关系，其实质是群己关系。因为特岗教师服务学校一般地处较为偏远的乡村地区，场域的特殊性决定了他们职业认同建构的社会结构和学校结构都有相应的特殊性。当特岗教师通过自己的语言、行为来表征他们的职业认同时，事实上是在向研究者深描他们建构职业认同时的符号学意义或社会学意义。蕴含在特岗教师教学设计、教学风格、师生关系、家校关系等职业投入中的职业认同始终都不能脱离他们真实的生活世界，特岗教师如何与周围世界对话、与自己对话就是他如何建构职业认同的实践哲学。观照特岗教师的职业投入既体现了特岗教师职业认同自我建构时的主观性；也体现了特岗教师选择特岗教师时在职业价值、职业利益等方面的自我期待。特岗教师的职业投入特质就是他们的职业认同建构过程，"不同阶级对自我表现的兴趣，对自我表现的关注，对自我表现带来的利益的意识和他们真正给予自我表现的时间、精力、节食、保养的投入，是与他们可能从自我表现中合理地期待的物质或象征利益的机

---

① 李敢：《城镇化进程中的"刁民"问题》，《广东社会科学》2015 年第 1 期。

会成比例的。"①

　　社会系统中各要素对某一个阶层或阶级的各区分条件具有相似的契合性，特岗教师的文化弱势性明显，这种弱势性体现在他们对外有选择性地筛选式自我介绍、所拥有的各项资本有限性、选择特岗教师入职动机的务实性等方面。在特岗教师的职业认同建构中，他们很难感知到作为专业人员应该要收获的、不可替代的专业性，更多地认为自己在乡村学校从事着没什么价值的烦琐性事务，所以他们困惑于自己是"教师还是勤杂工？"尽管世界各国的社会变迁都给教育变迁带来了不可回避甚至是非常深远的影响，教师职业将变得更加具有创新性，"教师的职责现在已经越来越少地传递知识，而越来越多地激励思考；除了他的正式职能以外，他将越来越成为一位顾问，一位交换意见的参加者，一位帮助发现矛盾论点而不是拿出现成真理的人。他必须集中更多的时间和精力去从事那些有效果的有创造性的活动：互相影响、讨论、激励、了解、鼓舞。"②但特岗教师的教师职业投入决定了他们的职业价值观依然深受传统性教学方式影响，明显地他们的特岗服务工作还并未进入到对教学专业性的深入探索上，而是停留在不断受到外界社会结构变迁所带来的其他烦琐性事务的循环徘徊中。总之，特岗教师的职业认同自我建构明显受到社会背景变迁的深刻影响，但这种影响又并没有将他们导向对教学改革的深化方向。特岗教师的职业投入主要集中在教学、家访和做各种资料三个方面，这一点与特岗教师所处的乡村社会结构、乡村学校人口结构密切相关。特岗教师的职业投入满足了地方政府的基层社会治理要求，所以他们在完成基本教学任务的同时，更重要的工作反而与留守儿童、精准扶贫等乡村社会治理性工作密切相关。

　　"因居住分散偏远、经济贫困及某些农村中小学布局不够合理，使边远民族地区学生入学更艰难，加之打工潮和毕业生就业难的影响，民族

---

　　① ［法］皮埃尔·布尔迪厄：《区分：判断力的社会批判》，刘晖译，商务印书馆 2016 年版，第 316 页。

　　② 联合国教科文组织国际教育委员会：《学会生存——教育世界的今天和明天》，华东师范大学比较教育研究所译，教育科学出版社 1996 年版，第 108 页。

地区入学难和失学，辍学现象较其他地区更严重。"① 也因为服务学校所处的乡村社会结构特征和学校同事结构特征，特岗教师群体容易产生对传统教学方式的认可与赞许"你逐渐会发现这里的娃娃根本不适合运用所谓的新课程理念或方法。（B2 老师）"参与本书调研的 9 名特岗教师中，除了 A2 老师和 D1 老师在教学中一直重视并提醒自己要尊重学生之外，其他的 7 名特岗教师都不约而同地认为对乡村学校的学生需要常用"条子（一种当地竹子做的教鞭）"打，如果怕家长找麻烦，那就听之任之，"反正上完课就走。"一般来说，受到乡村学校其他在编教师（多半是年龄稍大一些的教师）的影响，不少特岗教师的教学方式都比较死板和僵化。当然，中国教育体系中所具有的明显的应试性特质也是非常重要的原因。"中国的教育体系开始时比任何其他地方的教育都较为开放和自由；这种教育体系受国家委托担任培训官员的任务。这种教育体系对于一个人养成思想与行为的和谐一致，是有成效的。可是后来由于过分强调形式主义和严格的考试评分制度，而使这种教育体系变得死板和僵化了。"② 这种死板和僵化的形式通过一代一代的学生，特别是通过那些又选择从事教师职业的学生进行了代际传递，不得不说这造成了一种后果非常严重的不良循环。这种不良循环对特岗教师群体来说表现为在他们的教学中也自然而然地沦为了这种模式的传承者，尽管学校对他们的管理相对来说是更为轻松，科层主义所具备的等级性、严谨性等组织特征在乡村学校表现得并不明显，但特岗教师的教学专业能力依然停留于受到"应试"影响的形式主义上，他们的职业投入中体现出特岗教师及其所属学校组织在乡村社会基层结构中具有明显的弱势性特质。特岗教师们很少在职业认同建构中去关注农村学校的孩子到底获得了什么，很少去反思他们的教学能力获得什么样的发展，更很少去远谋他们在乡村学校应该如何重塑和实现教师职业的公共性价值与品质等。

（二）处于乡村社会结构的乡村学校是特岗教师职业投入中的情理世界

特岗教师服务的乡村学校组织所依赖的基层社会结构在城镇化背景

① 张羽琼：《论贵州教育发展面临的困难与问题》，《贵州师范大学学报》（社会科学版）2008 年第 2 期。

② 联合国教科文组织国际教育委员会：《学会生存——教育世界的今天和明天》，华东师范大学比较教育研究所译，教育科学出版社 1996 年版，第 29 页。

下的快速变迁中依然保留着乡土社会结构的历史传统。甚至可以把特岗教师服务的乡村学校理解成现代社会框架之下的另一种形式乡学，因为这种乡学往往都与社会基层治理功能融合在一起。这一点也就能解释为什么乡村学校的校长"不得不"接受来自地方政府治理中需要学校参与的行政事务性工作。同时，越是处于社会阶层结构最底端，社会结构的现代化程度越受限，"情理"治理随处可见，乡村学校校长们往往基于"学校安全需要当地政府帮忙，大家抹不开面子。"等原因不得不接受政府部门要求让学校教师"帮忙"做各项烦琐的事务性工作。这一点决定了特岗教师的"家访、做资料"等工作事务都主要源自一种"情理之中"的乡村社会。特岗教师们又不得不接受这类"情理之中"的工作，但大部分特岗教师在乡村学校与学生及家长之间却又缺乏这种"情理之中"的教育情怀，他们按照传统的教学方式传授知识，他们与学生之间也依赖一种权威型的师生关系文化维系。他们很难在职业认同中自主地下沉到有乡民和学生的乡村社会场域中，当然，这种权威性的师生关系产生也有种社会学的常识性假设蕴含其中，即特岗教师们会认为自己如果与乡村学校学生关系过于良好，甚至产生基于教育情怀的"情理之中"，那他们的专业地位将会更低，因为"一个教师的级别和地位是按照他所教的学生的年龄和智力水平来衡量的。"① 特岗教师群体的职业认同中也有这种类似的理念，比如，在小学的特岗教师最理想的目标是到高中去当老师。特岗教师的师生关系越传统或者古板，学生越不容易感知到自身应有的责任，特岗教师也难以在他们的专业活动开展中激发起学生做出积极而自由的课堂反应或者教育反应。城镇化进程中，大部分具有优势地位的农村阶层子弟都已迁入城市学校就读，留下来的学生一般都来自社会位置结构很低的家庭，大部分孩子都存在学习习惯不好、成绩不良等问题，这也导致乡村学校的学困生现象与问题越来越突出，特岗教师的职业角色认知就产生在他们不停地被动性陷于"情理之中"的各类非专业性事务之中，他们难以收获源自学生学习成绩提高或升入好高中的职业角色认知。

---

① 联合国教科文组织国际教育委员会：《学会生存——教育世界的今天和明天》，华东师范大学比较教育研究所译，教育科学出版社1996年版，第86页。

（三）学生是特岗教师职业投入时的关键他者

特岗教师在对学生管理时容易倾向于权威式的管理，他们管理的对象很多都是与家长分离的学生，"学校是一个典型的以建立分离性制度为手段而形成的法人行动者。"① 这种分离过程的发起者和承接者分别是学生家长和学校，即是家长把对学生的管理权让渡给了学校，而不是学生自己。所以，一旦特岗教师们认为学生不好管教时，总会说一句话"把家长叫来"，有时因为与当地家长的沟通之间并不那么顺畅，特岗教师就容易结合他们服务学校所在地的场域特点，将这些家长称为"刁民"。"学生并没有把权利转让给学校，是学生父母或合法监护人把他们控制孩子行动的权利转让给校方。学校代替父母行使权威。权威的委托创造了一个不成文的法规，学校成为一个法人团体，它有权控制学生的行动，学校领导或者他的代理人行使这种权利。"② 而特岗教师工作的学校总体上存在的一个事实是留守儿童数量的增加使他们可能从父母那里转让来的权威比较多，甚至可能包括体罚的权利。尽管相关法律条款有明文规定，学校教师无权对学生施行体罚。

学困生比例过大现象已逐渐成为乡村社会基础教育的重要问题，同时也成为服务于乡村学校的乡村特岗教师专业发展的重要影响因素，特岗教师往往认为以一己之力（即使他们努力在 3 年契约服务期间教这些学生）根本不能扭转这样的局面，因此大家对学生主要采用一种底线管理方式，这种底线就是学生不能出安全事故。除此之外，很少会有特岗教师表示出对学生有比较强烈或者浓厚的感情。他们认为留在乡下的孩子要不就是家庭条件差的孩子，要不就是学习特别差的孩子。"农村娃儿"是他们常常用来表征这类孩子的标志性语言，这种语言的象征性含义就是这些孩子是乡下的，应该与他们或者他们的孩子不属于同一阶层。特岗教师们的孩子与他们服务学校学生之间阶层差异意识在特岗教师群体中普遍存在。就像费孝通曾经指出的："乡下孩子不像教授们的孩子到

---

① ［美］詹姆斯·S. 科尔曼：《社会理论的基础》，邓方译，社会科学文献出版社 1999 年版，第 409 页。

② ［美］詹姆斯·S. 科尔曼：《社会理论的基础》，邓方译，社会科学文献出版社 1999 年版，第 407 页。

处看见书籍，到处接触着字，这不是他们日常所混熟的环境。教授们的孩子并不见得一定是遗传上有什么特别善于识字的能力，显而易见的却是有着易于识字的环境。"[①] 特岗教师们很担心自己的孩子像这些乡下的孩子那样没有"易于识字"的环境，自然难以有更好的人生发展，这成为不少特岗教师坚定地要离开服务学校的重要原因。

---

① 费孝通：《乡土中国》，北京大学出版社 2012 年版，第 21 页。

第 五 章

我要"离开"吗？——基于特岗教师 流动方向的分析

服务乡村学校的特岗教师职业并非特岗教师们首选性的理想职业，他们通常在入职时就知道自己肯定不会在所服务的学校工作太长时间。特岗教师的职业认同就由"我是谁？""我要去哪里？"的普适性问题转为了"我要离开吗？""我要去哪里？"等特定性问题。自特岗教师入职后就一直在持续地对这两个问题进行自我追问。参与本书调研的特岗教师们内心深处想要离开的想法比较强烈，特别是在他们服务学校离县城较远、交通不便、与自己从小成长环境之间的文化差异明显时则更强烈。特岗教师想要离开，至少说明其他学校或其他行业对他（她）们可能更有吸引力。他们离开后要去哪里呢？这是特岗教师群体的流动方向问题，其本质也是特岗教师职业认同中的情感归属问题。

第一节 县城

能够在县城工作或在县城居住是特岗教师们认为比较满意的去处。在特岗教师看来，县城的各种条件能够基本满足他们在衣、食、住、行等方面的生活需求以及成家生子后孩子成长的教育需求。基于特岗教师内心的自我身份认知，他们认为自己居住（安家）的底线至少应在县城，尽管大部分特岗教师出生成长于乡村社会，但他们并不会选择乡村社会作为他们的居家之所，他们一般认为在县城的居处是"家"，在服务学校的住处则是"宿舍"。特岗教师理想的居住之地总是一级一级地向中心城市方向移动，这一点也可理解为特岗教师自知的社会位置结构随着他们进入特岗教师后有所提升。不少特岗教师服务学校所在地是中国最小、最末端的基层治理结构，比如村小所在地的村委会（有些地方称为点校），一般都集中在乡级中小学或者点校（点校的学生数量有限，一般点校没有开办初中，只开设小学或者低年级段小学）。特岗教师们的流动方向是资源竞争与再分配的结果，同时更是城乡社会之间各类资源分配不平等的微观刻画。特岗教师服务学校所在地与县城所在地所具有资源在满足他们的基本生活需求与下一代成长的教育需求上存在较为明显的差异（见表 5 - 1），这也决定了特岗教师们理想的流动方向是县城所在地或离县城更近处具有必然性。

表 5 - 1   特岗教师工作所在地与县城资源分配差距表

项目	县城	乡（村）
生活用品	有大型综合超市，种类齐全，能够满足多样化购物需求，且质量基本有保障	只有小卖店，种类有限，且常有劣质、过期、甚至"三无"用品销售
蔬菜肉类	有综合农贸市场，每天营业，且种类齐全	每周在乡（镇）赶场 1 天，会有季节性的农副产品和猪肉卖，其余时间不开场
交通出行	县城作为连接省（市）城与乡镇的关键交通枢纽，每天都有发往各地的班车	每天只有有限的班车通往县城，且一般下午 2 点以后就不再有班车进城
住房	有商品房、学区房出售	基本没有商品房出售，只能租住周围的民房或学校提供的学生宿舍
子女教育	可就读于县城比较好的中小学。孩子的同学大部分都来自县城公务员或教师家庭，所处社会位置结构较高	孩子只能在乡镇中小学就读，教学质量无法保证，同学基本都是附近的农家子弟，家庭经济条件不好、留守儿童多、家庭阶层地位低

表 5 - 1 分析显示，对特岗教师来说，县城是他们比较理想的栖居地。县城既能满足他们衣、食、住、行上的基本生活需求，更重要的是能满足他们的子女未来接受更好教育的教育需求。特岗教师们自身成长经历中的城市化标准、方向等对他们不愿意留在服务学校有重要影响，

导致他们在 3 年特岗服务期间表现出明显的生活方式二元割裂状。"当下新生代乡村教师表现出了明显的城市化特征，如生活方式城市化、精神文化追求城市化、育儿及子女教育城市化等。"① 同时，这里也体现出特岗教师留岗意愿深刻地受到了家庭情况的影响，特别是与家庭成员代际传递相关的教育需求影响。也有调查显示，在乡村教师留岗意愿中："工作促进家庭对留岗意愿具有显著的直接和间接效应；家庭促进工作对留岗意愿只具有显著的间接效应。"②

> "如果有机会到更好的学校或者县城，那是最好的。到县城最大的好处是今后孩子上学自己可以亲自辅导作业或者接送等。"（D1 老师）"亲自"一词在这里完全可理解为特岗教师潜意识中认为自己未来职业生涯中的理想去处至少是县城学校。
>
> 在我工作的地方，绝大部分老师都不愿意留在那里，除非（夫妻）两个都是本乡人，可能会选择住在老家，但到孩子读书时还是会到城里买房。最后留下来的都是因为学历、资质等所限确实走不了的老师，他们一般都会把家安在县城。学校一到周五下午就完全空了，都往县城跑了。（B3 老师）

一项样本量为305 的特岗教师流动意愿与流动方向的调查研究显示，"绝大部分特岗教师（93.62%）都希望离开他们当前服务的特岗教师岗位。特岗教师们的流向地域中对县城情有独钟，79.85% 的特岗教师希望能够在本县县城继续当教师。"③ 本书关于特岗教师流动方向的研究也有类似发现，这也再次补充和印证了既有的研究结果。

---

① 吴凯欣、毛菊、张斯雷：《学校·乡村·日常生活："城市型"新生代乡村教师身份认同危机与纾解》，《当代教育科学》2021 年第9 期。

② 王钰彪、侯春笑、田爱丽：《工作家庭促进如何影响乡村教师的留岗意愿——情感承诺和工作投入的链式中介作用》，《基础教育》2021 年第6 期。

③ 查建华、蹇世琼：《到县城去/到恋人身边去：特岗教师流动意愿的初步调研》，《中小学管理》2018 年第11 期。

第二节 情感归属地

从马斯洛的需要层次理论来看，每个社会个体的需求满足过程都是在低层次的生存需要得到满足后逐步去追求爱与归属需要的满足，然后再到自我实现需要的满足。作为出生成长在20世纪80年代之后的特岗教师，入职特岗教师让他们的生存需要已经得到基本的满足，这之后他们就会逐渐追求获得爱与归属需要层次的满足。从特岗教师们的社会时间年龄来看，在乡村学校服务的3年，也是他们考虑个人成家、生子的重要社会时间。因此，特岗教师的流动方向主要是为了实现他们的个人情感需求获得满足，但如果他们的个人情感需求并不容易得到满足，他们也会退而求其次地选择父母所在地作为他们的3年服务期满后的流动方向。

一 家乡

大部分特岗教师都来自本地或邻近省份（主要依据籍贯判断）。本书的调研学校主要集中在贵州靠近云南的区域，在9名受访教师中，分别有2名来自云南昭通、1名来自距离比较远的内蒙古、1名来自贵州省另一市、5名是本书调研开展所在地的本地人。每个个体在每天的日常生活中都有各种文化元素的融入与体现，这既是文化的特点，也是社会个体难以有意识地去思考自己言行受到文化元素深刻浸润的根源。籍贯地域的差异必然带有文化习俗的差异，且一般情况下，人们并不会认为这是一种文化差异，而更多地会通过对气候、饮食、人际交往习惯等来表达这种事实上的文化差异。当文化融入进个体生活的方方面面时，只有当外环境突然改变，我们有意识地去感知时，才会意识到文化差异的存在。

来自云南的C1老师认为虽然自己的家乡离她服务学校所在地在地图上看起来不远，但因交通等各方面原因，回去一趟也非常不容易。她认为自己最想走的原因是两个地方的气候差异和饮食习惯差异太大。云南四季干燥，而她目前服务学校所在地的气候特征是典型的"半年凉快半年冷"，冬天温度稍微低一些就会发生凝冻。

暂时在这边不考虑男朋友，感觉两个地方还是有差异，特别是气候和饮食习惯上。我是云南的，肯定哪个都更爱自己的家乡，所以很想回去。(C1 老师)

对家乡在内蒙古赤峰市的 B1 老师来说，这种从东北到西南之间的显性地域差异所带来的南北方人在价值观差异、生活习俗差异等方面的体会则更深。

现在没有谈恋爱，在这边也基本碰不到合适的，南北方差距非常大，说话、做事等都不一样。有时他们即使说普通话我都听不懂，更别说当地话了，所以肯定不会在这里谈恋爱。(B1 老师)

由于外地特岗教师比例并不算太高，同时每年不同学校新进特岗教师数量也不多。家乡非本地的特岗教师常是独自一人工作在服务学校所在地，对这部分特岗教师（特别是女性特岗教师）来说，在心理上很难收获安全感。与籍贯本地的特岗教师相比，籍贯外地的特岗教师所拥有的资本量自然要少，弱势性也更为明显。这一点增加了他们在特岗服务学校所在地找到个人情感归属的困难性。一方面他们自己不愿意找本地的异性，另一方面本地的异性也不想找他们。虽然这背后是外地女性特岗教师与服务学校所在地的文化区隔所致，但事实上也导致了她们在服务学校所在地中的人际关系疏离，她们难以在职业认同建构中找到归属感和安全感，这一点会对她们的职业认同状态产生较大影响。调研显示，外地的特岗教师都想回到自己的家乡任教，虽然她们都知道要回去是非常不容易的，但从主观情感需要的满足来说，家乡的父母、亲戚、同学、朋友等能带给特岗教师们更多情感上的慰藉。

有机会就会考走，特别想去的地方就是我家乡那边。我在这里一个亲戚都没有，现在如果回一趟家，需转 3 趟车，早上 8 点出门到家一般已是下午 5 点多。如果是以前，还需多转 1—2 趟车，到家至少要晚上 9 点了。我这种跨州（服务学校所在县所属州与父母所在县所属州之间不一致）的情况只能是自己硬着头皮去参加各种考试。

现在最大的动力还是希望能够尽快回家,在这里太孤单了。(A1 老师)

二 恋人所在地

个人感情归属是社会个体重要的、关键的生命事件。随着特岗教师队伍中的女性教师越来越多,不管是男性特岗教师还是女性特岗教师,都面临着明显的婚恋困难问题。在个体生命历程中,一个个体的年龄可分为社会年龄、生理年龄、心理年龄等。社会年龄是指个体社会化过程中社会角色身份转变事件发生的年龄时间,从社会年龄看,特岗教师已经实现从师范生到新教师的身份转变,其基本的教育社会化过程已经完成。从生理年龄看,大部分特岗教师集中在 22—25 岁,这是个体各方面生理机能发育已成熟的年龄。即特岗教师在履行特岗契约服务的 3 年期间,正是他们应考虑个人家庭生活的重要社会时间,但参与本书调研的大部分特岗教师的婚恋过程都不太顺利。

(一) 来自外地的特岗教师

所谓"外地"是指非贵州籍的特岗教师,参与本书调研的特岗教师中有 4 名来自"外地",一个"外"字意味着来自其他地方的特岗教师要融进当地的文化、习俗或者人际圈子是比较困难的,大家在潜意识中已经划定了各自的边界。

> 我现在很多时候都想逃避,想出去走走。在这里感觉比较压抑,这种压抑源于两方面,一方面自己不知道教学能力如何提高,另一方面自己融入这个地方很困难。但如果要留下来,确实会面临很多具体问题,很多问题(比如说婚姻)根本不敢想象。(B1 老师)

对 B1 老师来说,她的流动方向只有一个"回内蒙古去!"按照她自己的说法"如果继续留在这里,将会一辈子是一个人。"因此,她在特岗服务期间根本不会考虑婚恋这个问题,最大的愿望就是 3 年服务期满后尽快回到东北老家,再考虑婚恋的事情。C1 老师与 B1 老师一样也暂时不会考虑婚恋问题,而是要等有机会回老家之后再考虑,理由同样是她家乡与特岗服务学校所在地之间的文化差异太大,自己难以融入特岗服务所在地的文化，也难以找到情感归属。但同样是来自外地的男特岗教师则在婚恋问题和回到家乡这两点上并不会明显地要为自己的婚恋划定特定区域，即男性特岗教师不会将婚恋与文化之间建立起明显的必然联系，他们认为如果在 3 年特岗服务期间能遇到合适的婚恋对象，会考虑留在当地。更有意思的发现是男性特岗教师即使在特岗服务期间未碰到合适的婚恋对象，他们也会考虑留在当地。可以看出，外地的男性特岗教师比女性特岗教师更容易降低自己的婚恋要求，这也许与男性性别角色的社会角色期待相关。在婚恋过程中，男性特岗教师比女性特岗教师将面临更大的压力，因此即使是在特岗服务期间他们也愿意放弃回当地的抉择而首选成家。

（二）来自本地县城的女特岗教师

教师职业的低风险性与稳定性吸引了更多的女性进入特岗教师队伍，包括那些从小家庭条件并不差的女性。城市化进程中，伴随城市人口规模的逐渐增多，有限的就业岗位使像教师这样的传统型教师职业就业机会逐渐受到挤压。特岗教师的准入门槛相对来说低于其他老师，逐渐也成为不少女性的首选职业，包括那些在城市社会就业受到明显挤压但在本地县城拥有较好家庭条件的女性，比如参与本书调研的 A2 老师、B3 老师以及 D2 老师等。她们都是从小学习、生活在县城或市区，入职特岗教师的动机源于想通过这样的路径获得一份正式、稳定的职业，她们在个人婚恋对象上基本不会考虑同处一个社会位置结构的男性特岗教师。B3 老师从小生活在本地县城，父母有不错的工作单位，从小的家庭环境和教育经历让其早就确定不会一直在服务学校所在地工作，对她来说如果找一个学校的男教师（一般家庭条件都不会太好）作为婚恋对象，双方价值观之间的差异会比较大。但找在县城工作的对象，又会面临被对方"嫌弃"工作地偏远的问题。

> 对象问题，还真不知道会怎么样。这个地方认识的人很有限，每年就进来那么几个年轻人。我自己是老师，不可能再找老师。找一个在县城工作的（对象）吧，可能别人也会嫌弃我在这么偏远的地方工作。（B3 老师）

这也导致女性特岗教师的职业生涯轨迹容易出现"下不去"又"上不来"的悬置状态，所以像 B3 这样的女性特岗教师自然难以产生较高的职业认同水平。

（三）异地恋分手的特岗教师

由于特岗教师服务学校与县城、市区、省会之间的交通并不便利，对于那些在入职特岗教师之前有对象的特岗教师来说，不得不面临异地恋的问题。

> 来这之前，我也有一个男朋友在贵阳，我考特岗考到这里之后，因为距离实在太远还是分手了。（A1 老师）
>
> 刚考到这里，决定来这里上班之后，就和男朋友正式分手了。距离太远没必要相互拖着。（C1 老师）

不管是外地、本地县城还是异地恋分手后的特岗教师，总之，参与本书调研的特岗教师在个人情感归属上都不同程度地出现了困难。地域限制或地域差异成为特岗教师婚恋问题的重要影响因素。特岗教师作为在乡村社会开展公共教育服务的年轻群体，他们婚恋困难的问题事实上也充分地体现了当代城乡青年群体在婚恋择偶取向上已完全由 20 世纪中叶及之后的政治属性转向了市场主义属性。市场理性影响下的青年群体"在谈婚论嫁的理性选择面前，除了职业、收入、房子、车子及性格之外，地域偏好更呈现出一种社会化潮流。……婚恋择偶的地域偏好，从现实的具体日常生活而言，又的确具有社会合理性。"① 当然这种地域差异影响的实质是不同地域（特别是城乡）青年在文化、价值观以及在市场化环境下所拥有的资本差异。参与本书调研的特岗教师们往往因为想要获得一份"正式的职业"而选择了特岗，但婚恋困境又很有可能会成为他们在服务期满后离开服务学校的重要影响因素。正处于婚恋关键期的特岗教师在 3 年服务期之后会首先考虑个人的婚恋问题而可能放弃转为当地在编教师的机会，当然这期间如果特岗教师有合适的婚恋对象会

---

① 胡小武：《城镇化之乡愁：青年婚恋市场的地域分化与城乡分异》，《中国青年研究》2017 年第 2 期。

选择向对象所在地流动，如果没有则会选择向父母所在地流动。一旦特岗教师们认为自己的婚恋困难是因为服务学校所在地偏僻、条件差、资源少所致时，他们要离开的想法则更为强烈。

"特岗教师计划"通过政策导向吸引了外省市、邻省市、本县城等"异域"文化环境成长起来的年轻人到农村学校从事教师职业。"特岗教师计划"也是一种劳动力就业促进政策，但是必须要承认另一个客观事实的存在，即"特岗教师计划"政策在新生代年轻人的就业方向规制与城镇化背景下的人口就业流动方向之间是相互背离的。"特岗教师计划"政策给在现代化侵蚀下持续解构、文化消弭不可抵挡的乡村教育、乡村学校注入了新鲜血液，融入了外地文化，也促进了不同价值观、不同文化之间的交流与融合。特岗教师来源的异域性明显，这种异域性边界越清晰，特岗教师与当地人的文化、价值观甚至个性等差异也会在这种交流与融合中越来越凸显，这在很大程度上影响了特岗教师的婚恋价值观、婚恋行为方式等。地域差异对特岗教师婚恋情况的影响说明即使在市场主义取向的价值观影响下，地域间的文化区隔目前也很难在人类亲密关系上能够得到突破，也证明特岗教师的职业认同在很大程度上会受到个体与生俱来的文化价值观影响。

三 特岗教师的流动方向由什么决定？

（一）传统式的群己关系

事实上围绕在特岗教师周围由近及远的群己关系已经深刻地影响了他们的流动意愿和流动方向。特岗教师的群己关系特征是典型的中国传统文化场域下的群己关系，即特岗教师主要从与自己血缘关系的亲疏程度出发建立群己关系。同时，特岗教师也通过这种群己关系建构自身的职业认同。特岗教师群己关系建构中提到最多的是他们的父母、恋人，其次才是学生，最后才偶尔会提到同事。家对任何一个社会来说都是一个基本的社群，费孝通认为"中国的家是一个事业组织，家的大小依着事业的大小而决定的。"[①] 特岗教师流动方向的影响因素中"家"成为他们首要考虑的社群关系。随着时代的变迁，特别是受到中国在 20 世纪 80

---

① 费孝通：《乡土中国》，北京大学出版社 2012 年版，第 59 页。

年代左右控制人口规模的计划生育政策影响，乡村社会中那种传统式的大家族结构特征已经越来越式微。当社会变迁与传统社会固有家庭结构之间的差异越来越大时，人类出于心理安全的自我保护本能，将越来越重视家庭成员间的亲密关系，家庭成员之间的亲密关系在个人职业生涯上的影响力也将逐渐凸显。因此，我们看到，尽管特岗教师入职特岗稳定了他们的职业生涯，也基本稳定了乡村教师队伍的数量结构，但当特岗教师要追求自主性的专业发展时、当乡村教师队伍建设转向质量需求时，总是会受到特岗教师婚恋、择偶等家庭成员关系建构情况的影响。

（二）亲子关系

越是在流动性强、迁移性大的社会格局中，原子式的个体更向往家庭成员之间的感情联系，特别是亲子关系。参与本书调研的不少特岗教师是因父母的建议而选择特岗教师，而特岗教师又会基于自己孩子的教育问题考虑而选择离开所服务的农村学校，这其中的代际亲子关系体现的是不同代际的父母期望值差异。特岗教师选择特岗容易受他们与父母之间亲子关系的影响，特岗教师想要离开服务学校又多是基于自己的子女能接受更好教育资源的亲子关系影响。特岗教师入职也好、离开也罢，在其自身的职业认同建构中都深受上一代和下一代之间亲子关系联结的双重影响。家庭及其相关的社群关系影响了特岗教师的职业认同，而非特岗教师职业的专业性影响了特岗教师的职业认同。"家庭这概念在人类学上有明确的界说：这是个亲子所构成的生育社群。"[1] 家庭结构中的亲子关系是离个体最近的群己关系，个人决策很多时候都由家庭结构中的亲子关系决定，所以很多特岗教师在考虑离开与坚守的问题时，首先可能是为了满足亲子关系的维持，或者为了建构更好的亲子关系。家庭这个社群对每个个人来说，对子女的生和育都非常重要。社会个体的职业投入最后都会转换为一种家庭亲子关系维系的资本投入，比如为孩子提供更好的就医入学条件等，即"中国的家扩大的路线是单系的，就是只包括父系这一方面；除了少数例外，家并不能同时包括媳妇和女婿。"[2] 受到这种家庭社群扩大模式的影响，在特岗教师群体中，我们可以看到

---

① 费孝通：《乡土中国》，北京大学出版社 2012 年版，第 62—63 页。

② 费孝通：《乡土中国》，北京大学出版社 2012 年版，第 64 页。

一个很奇怪的一个现象，即来自外地的女特岗教师反而多于男特岗教师。人口迁移过程中男特岗教师的家庭所处社会位置结构并不那么高，但他们并没有选择外出闯荡，而是选择回到了父母身边。男特岗教师们认为最后自己没有办法的时候，很可能会选择留在服务学校转为在编教师，"可能还是会把家安在农村。"（D2 老师）但大部分女特岗教师认为，自己不能再回到乡村，她们比男性特岗教师更不愿意自己的子女在乡村学校接受教育。女性特岗教师在职业认同中明显地表现出比男性特岗教师高得多的认同感，同时女性所具有的坚韧、耐心等社会性别特质在女性特岗教师群体中也体现得比较明显，因此优秀特岗教师往往更有可能出现在女性特岗教师中，但尽管如此她们依然会比男特岗教师有更为强烈和直接的"离开"意愿。女性特岗教师的优秀比例大于男特岗教师也很可能是她们更愿为离开特岗期间服务的乡村学校所进行的努力，这种想要离开的意愿成为女性优秀特岗教师专业发展的关键性动力。我们也可尝试做出这样的推断：女性特岗教师在中国式家庭扩张路线中的影响力式微越来越明显，这一点推动她们在中国乡村社会结构背景下的劳动力市场中所具有的女性特质影响力可能会越来越大。

（三）文化范型中感情投入

特岗教师通过自身的群己关系来建构职业认同，这一点既说明职业认同需要特岗教师的感情投入（如果没有感情的投入，那么他们的工作将会是一潭死水），也证明职业认同建构过程中需要源自教师主体的主观能动性。因此，特岗教师职业认同的本质中蕴含着他们对教师职业的某种感情，这种感情可以表达为特岗教师对教师职业的接受抑或认可的程度、强度与深度。特岗教师的职业认同最终体现的是特岗教师对特岗教师职业的某种感情定向，这种感情定向背后事实上潜藏着某种文化的规定性，这也是为什么我们发现来自不同区域的特岗教师可能产生差异性职业认同以及行为方式的根本原因。"我用感情定向一词来指一个人发展感情的方向，而这方向却受着文化的规定，所以在分析一个文化范型时，我们应当注意这文化所规定个人感情可以发展的方向，简称作感情定向。"[①] 因此要深入分析为什么特岗教师的职业认同会有这些表现和表象，

---

① 费孝通：《乡土中国》，北京大学出版社 2012 年版，第 71 页。

则需要进一步探究其背后的文化规定性特质，即他们的文化范型是什么样的。"心理学可以从机体的生理变化来说明感情的本质和种类，社会学却从感情在人和人的关系上过去看它所发生的作用。喜怒哀乐固然是生理现象，但是总发生在人事圈局之中，而且影响人事关系，它们和其他个人的行为一样，在社会现象的一层里得到它们的意义。"① 费孝通认为乡村社会中的文化分析可以从阿波罗式和浮士德式两种相对应的类型入手，阿波罗式的文化范型认为宇宙应该有一个完善的秩序，或者说秩序应是先于人类之存在，超于人力的创造，人类只能去接受它，安于其位，并维持它。"这是西方古典的精神。"② 浮士德式的文化范型中则是把冲突和阻碍看成生命意义存在的基层与意义。"冲突看成存在的基础，生命是阻碍的克服；没有了阻碍，生命也就失去了意义。他们把前途看成无尽的创造过程，不断改变。"③ 在特岗教师群体建构职业认同时，既有像 A2 老师、D1 老师那样对自己前途有非常自信的认知或者判断不断冲破阻碍创造生命意义的浮士德式文化范型存在，也有不少特岗教师最后安于其位，并维持它的认知与判断的阿波罗式文化范型。但处于阿波罗式文化范型中的特岗教师依然想要离开他们当前所服务的学校或岗位，只是这种离开的努力不够或时机不成熟，最后不得不维持某种现状。

---

① 费孝通：《乡土中国》，北京大学出版社 2012 年版，第 71 页。
② 费孝通：《乡土中国》，北京大学出版社 2012 年版，第 73 页。
③ 费孝通：《乡土中国》，北京大学出版社 2012 年版，第 73 页。

第 六 章

"离开"!？——两年后的回访调研

　　参与本书调研的大部分特岗教师出生在 20 世纪 90 年代之后，社会结构的剧烈变迁是他们成长环境的主要特征，与他们教师职业认同密切相关的个人价值观深受多元主义文化的影响。从特岗教师们的成长经历来说，他们适应、沉浸于丰富且多元的多维性时间框架中。当他们入职特岗教师需要履行 3 年的契约性服务时，事实上与他们自小成长的多维性时间框架中所建构的职业认同观存在着冲突与矛盾。"3 年"的契约服务要求体现的是中国乡村教师队伍建设中的一种行政性时间框架，单色性、一维性是这种源自行政管理的时间框架的重要特点，并在中国教育行政管理体系中占据主导性地位。"单色时间框架在教育中在行政上占主导地位，不是因为它们更容易符合自然世界的规律，也不是因为它们在教育或行政上一定更有效。相反，它们占了上风，因为它们是强者的特权。"①特岗教师职业认同建构中，随时受到来自自身成长经历纵向多维时间框架与来自教育行政管理一维时间框架规制的牵拉，他们想要尽快离开所服务的学校，但不得不接受这种行政管理时间的限制与框定。在特岗教师 3 年服务期满后，他们的职业认同发生了什么变化？基于纵向性时间框架的研究视角本书进一步追溯特岗教师在 3 年服务期间或服务期满后的留任情况。

　　通过对 2017 年的调研资料分析发现特岗教师在服务期满后基本都会倾向于离开服务的学校，时隔 2 年后他们真的离开了吗？在 2019 年3—4

---

　　① Andy Hargreaves, *Changing Teachers*, *Changing Times—Teachers' Work and Culture in the Postmodern Age*, CASSELL, 1994, p.106.

月期间研究者再次通过微信、QQ、邮箱等方式对 2017 年参与调研的特岗教师们进行了回访,主要就如下问题开展调研:他们是否已离开第 1 次调研时服务的学校?他们会不会离开第 1 次调研时服务的学校?这 2 年他们在专业发展上有什么变化?这 2 年他们在婚恋以及家庭结构上发生了什么变化?这些变化对他们的职业认同有什么影响?还有哪些因素影响了特岗教师的职业认同水平?等等。

第一节　特岗教师流动情况

从 2017 年到 2019 年 2 年时间跨度里,参与调研的 9 名特岗教师中有的已离开原来服务学校进入县城或市区学校任教,有的在进城考试(通过考试的方式进入县城或县城附近的学校)失败后还是在第 1 次调研时所服务的学校留任,但已转为在编教师。2017 年调研时发现特岗教师的婚恋情况、家庭经济资本等会影响他们的职业认同,这一点与王艳玲和吕游等的发现基本一致,"女教师、年轻教师、夫妻分居教师流动及流失意愿更强烈。"[①] 本书的回访调研也将重点关注这两个问题(见表 6 - 1)。

表 6 - 1　　　　　　　　回访时特岗教师的基本情况

	2017 年特岗服务年限	2019 年特岗服务年限	购房	婚恋	是否会离开?
A1	1 年	已满 3 年	已在爱人工作所在地购房	已婚	会,准备公招考试(教师)到爱人工作所在地
A2	1 年	已满 3 年	已在市区购房	已婚	已考到市区学校当教师
B1	1 年	已满 3 年	已在老家购房(内蒙古)	无男友	已回内蒙古继续当教师
B2	2 年	已满 3 年	已在县城购房	已婚	已转服务学校在编教师,但还是想考走

---

① 王艳玲、吕游、杨菁:《西南地区乡村教师流动及流失意愿的影响因素分析——基于对云南省昆明市 3 区县 1047 位教师的调查》,《教师发展研究》2017 年第 4 期。

续表

	2017 年特岗服务年限	2019 年特岗服务年限	购房	婚恋	是否会离开?
B3	1 年	已满 3 年	计划在县城购房	无男友	在县城小学代课,全力备考县城教师
C1	1 年	已满 3 年	未购房	无男友	已转服务学校在编教师,但还是想考走
C2	2 年	已满 3 年	已在县城购房	已婚	已转服务学校在编教师,但会尽力考县城学校
D1	2 年	已满 3 年	已在县城购房	无男友	已到县城中学工作
D2	1 年	已满 3 年	已在县城购房	已婚	已转服务学校在编教师,有机会就考走

一 在服务期满后特岗教师们都想离开

表6-1显示,在服务期满之后特岗教师们基本都会想要离开所服务的乡村学校,当然在未能实现离开的愿望时,他们不得不继续坚守在特岗3年基本服务期间的学校,并基本按照特岗教师专业发展路径的制度性要求转为在编教师。目前特岗教师们想要离开的主要途径是参加每年的教师公招考试,他们自己将这个考试称为"进城考试"。但"进城考试"并不是只针对特岗教师单一群体或定向于特岗教师,而是县城中小学每年定期面向社会公开招聘教师。特岗教师将此称为"进城考试"背后的潜在假设是:在特岗教师们看来,他们特岗服务期间的所在学校离城市是遥远的,至少与城市之间是有距离的。

"肯定有机会就会想办法考走。特别是结婚后,这种想法会更加强烈,毕竟作为一家之主,还承担着更多的责任和压力。(C2 老师)"婚恋情况是特岗教师在特岗服务期满后想要进一步流动的重要动力。婚后的大部分特岗教师都面临一个共同难题:即夫妻两人很少在同一个单位(社会的进步、交通的便利使婚恋对象之间在物理空间距离上越来越远。),交通的便捷和信息交流的便利降低了人们出行和沟通的时间和空间成本,但同时也打破了传统婚姻模式中夫妻之间必须要生活在同一个屋檐下的时间和空间存在形式,但毕竟婚后的家庭生活面临共同抚育孩子、孝敬老人等责任，因此两地分居也非长久之计。所以，婚后夫妻两地分居的特岗教师是他们在特岗服务期满后流动的主要动力。在婚后，因为社会角色分工差异，可能男教师选择离开的意愿会明显强于女特岗教师，但即使如此，男性特岗教师最后能离开服务学校的可能性事实上却明显小于女性特岗教师。可能由于家庭资本与专业资本的有限性，男性特岗教师最终真正能实现顺利进城的机会也会少于女性特岗教师。表6-1显示，9名特岗教师中，有3名已经进入县城中小学工作，且这3名教师都是比价优秀的女性特岗教师。参与本书调研的男性特岗教师在职业认同水平上明显低于女性特岗教师，且在优秀特岗教师中很难发现有男性特岗教师的身影。其中可能的原因是参与本书调研的男性特岗教师所拥有的家庭资本总体上要弱于女性特岗教师；还有可能是当前各种教育评价环节更有利于在教师队伍建设中的女性特岗教师，再加上教师职业在有关性别角色的社会性期待中常认为女性群体更适合教师职业，这些都让女性特岗教师在群体性向上流动中更具优势性。

二 女性特岗教师的婚恋难题大于男性特岗教师

结合本书在2017年开展的第1次调研情况，表6-1中已经解决婚恋问题的女性特岗教师都是因为在入职初期已有男友。在特岗服务的3年时间里，对那些没有男友或入职特岗后与男友分手的女性特岗教师来说，他们的婚恋困难问题并未明显得到改观。尽管女性特岗教师基于社会性别的角色认知（认为女性适合当老师）或者教师职业的时间便利性（比如她们自己常常提到的：可以在婚后照顾孩子、家人或者有较多的假期等）等选择了特岗教师。但在特岗服务期间，他们如果想要通过婚恋的方式实现阶层的集体向上流动也已变得越来越困难，她们服务的学校始终处于乡村社会的场域特点是她们实现理想婚恋的主要阻碍要素，特别是乡村社会场域中优秀青年数量的有限性，使女性特岗教师的婚恋渠道变得更加狭窄。三位没有男友的女性特岗教师在2019年回访时的具体情况分别如下：B1老师老家在内蒙古，因为贵州和内蒙古之间存在明显的文化差异，使她很难能在特岗服务学校所在地找到合适的对象。她已在老家购房，最大的期望是希望能够回老家去，并且最后通过自己的努力也实现了这个愿望。C1老师老家在云南，尽管云南与贵州相距不算远，但对她来说,依然觉得两个地方之间存在较大差异。比如在气候上,C1老师认为,贵州冬天冷的时间太长。她所服务的学校冬天一下雨唯一一条通往外面的路就会有大雾、凝冻等,教师们在学校里基本就像身处孤岛一样。C1老师认为目前的工作状态她自己也比较喜欢,但面临的具体问题又很难解决,因为考回老家很困难,她迷茫过要不要考走,但内心很想考回去。如果最后考不走,只能继续留在当地,可能会找一个贵州本地的男友,然后结婚,按照她的原话"估计也只能这样了。"(C1老师)

由于贵州经济水平一直处于欠发达地区行列中,县城与乡镇之间在各类资源条件上的差距也比较大,加上受地理条件限制,加剧了山区农村与县城之间的区隔。比如在本书研究者调研的赫章农村,全年能吃上大米的农村家庭都很少见,第一是当地农民可耕种地很少,全县地理结构基本都是沟壑纵横的山地,土地贫瘠。据了解整个赫章只有靠近县城的一块不大的平地有水田可以种植水稻,但随着县城扩建,这非常有限的水田也被"城市化"了。这样的客观现实对从小出生、成长在当地县城的B3老师和D1老师来说非常难以接受,她们报考特岗教师的重要原因在于通过"特岗教师计划"这个政策"迂回地"得到一个正式编制工作。出生在县城的她们,拥有的家庭资本自然较其他特岗教师多,从她们进入特岗服务期开始,就期望在3年特岗服务期间通过各种"活动"顺利进入县城中小学工作。对她们来说特岗服务期间最大的愿望是尽快进城工作,而非婚恋问题,即使要考虑婚恋问题也必须是在进城之后再考虑。B3老师和D1老师的婚恋问题一直未能得到很好解决,一是对她们来说,不可能找服务学校所在地的老师,那样势必会增加自己"离开"的困难,二是在县城有正式在编工作的异性又认为她们"回城"可能并不会那么顺利,因此也不愿意增加自己的婚恋成本。婚恋双方选择的双向性,使特岗教师婚恋对象选择机会明显受到挤压,婚恋困难自然增加。

三 特岗教师的离开是流动,而不是流失

表6-1显示,到2019年7月,参与本书调研的所有特岗教师特岗服务年限都已超过或将超过3年,其中B2老师、C2老师和D1老师已在2018年7月满3年。特岗教师们在回答是否会离开的想法时基本都会希

望自己能够离开服务的学校，但从他们的具体表述中也会发现，他们并不是不想当教师，而是他们不希望继续在所服务学校的乡村社会当特岗教师，即特岗教师的职业认同与特岗教师服务学校所在地的区域特征之间有着密切联系。特岗教师们往往认为他们是比较认可和接受教师职业的，特别是女性特岗教师，她们认为教师职业非常适合她们的个性与气质，是她们比较理想的社会性职业。但特岗教师们一旦面临服务学校所在地过于偏远，各方面的条件差强人意，难以很好解决自己的婚恋等问题时，他们就很难真正地对特岗教师产生认可与接受的职业认同状态。特岗教师们想要离开的现状只是一种流动，并不是流失。流动是流失的前提，对特岗教师们来说，他们有强烈的流动意愿，他们的流动方向主要是县城或他们的情感归属地，大部分特岗教师流动中首选的职业依然是教师职业。从 2 年后的回访来看，参与本书调研的 9 名特岗教师没有 1 人流动到教师行业之外的其他职业，因此特岗教师们的流动不是流失。流失是指特岗教师流动到教育行业外的领域工作，比如公务员队伍或者其他事业单位，但对特岗教师们来说，出于如下两点考虑而很少真正离开教师职业，一是从教师到公务员的跨度太大，实现的可能性较小，特岗教师群体本来就基于某种务实性而选择特岗，因此他们不会冒险做出离开教师职业的决定；二是随着中国各基层组织治理体制与机制的逐步完善，到其他公共事业基层治理机构工作并不比教师轻松。总体来说，特岗教师们的职业认同建构中认为在县城及以上的区域当教师是比较理想的选择。3 年的特岗教师服务期，奠定了特岗教师们继续从事教师职业的意愿基础，也是他们教师职业认同建构的实践基础。

第二节　回访时特岗教师们的工作现状

2 年后的回访发现，9 名特岗教师在自身的专业发展上随着时间的推移也逐渐表现出了不同状态，其中既有按部就班完成学校安排的各种任务的一般性教师，也有持续地追求优秀和卓越的优秀教师。

一　一般性特岗教师

A1 老师的特岗教师职业生涯已有两年半，在 2018 年她到了另一所中心小学（依然是乡村学校）担任语文教师和班主任，她自认为自己还不能很好胜任，因为她大学阶段学的是心理学，不懂教育学，且从小到大自己的语文也不太好。在回访调研时，A1老师认为自己最大的变化是每天要花很多时间在备课上。2018年11月，A1老师和男友结束了一年多的异地恋，步入了婚姻殿堂，并在其爱人工作所在地的县城买了房和车。A1老师自认为目前的工资也就够基本维持生活，从个人目前的生活状态来说她认为还是非常幸福。A1老师之前在点校工作时的教学成绩基本能排在全乡前三，但到中心校教她不擅长的语文后，曾经拿了个全乡倒数第二，这一点让她曾经非常苦恼。此外，A1老师也认为现在的教师职责跟以前大不相同，有做不完的资料，真正花在备课上的时间少之又少。当然，对A1老师来说，目前最重要的是她婚后和爱人仍是两地分居，所以她一直在准备考回去，主要还是想考爱人工作所在地的县城当教师。

A1老师在这2年的职业认同建构中存在如下现实性阻碍：所教学科与自己在师范专业学习阶段的学科基础之间没有联系；特岗服务学校所在地与自己小家庭所在地的空间距离遥远；特岗教师教学时间与"做资料"时间之间的分配边界模糊等。这些现实性阻碍影响了特岗教师的职业认同，并成为他们是否继续留任服务学校的决定因子。因为这些现实性阻碍，A1老师产生了较为强烈的离开意愿和想法，所以她努力提升自己教学成绩的核心目的也是评职称和进城考试的顺利。A1老师此时的职业认同建构更多地受到"离开"这种外铄性目标的牵引，她的教学投入或者说职业投入缺乏来自内心深处对特岗教师真正认可与接受的内在性动力。

B3老师的服务期已满。她在父母和家人的帮助下已经到县城城关初级中学"跟班学习"半个学期，这个学习是进入县城学校的一种途径，但对特岗教师来说至少需要满足如下几个条件：一是"跟班学习"的城关初级中学确实存在差老师的情况；二是需要B3老师所服务的乡村学校正式同意；三是需要当地教育行政管理部门同意。B3老师目前要做的是好好看书复习，准备进城考试，继续当老师。她的婚恋问题没有解决，谈过恋爱分手了，主要原因是她还没有考进县城工作。B3老师这2年依然认为教师职业很好，她特别看重教师职业有寒暑假，时间比较自由。相较其他特岗教师，B3老师的家庭资本要优渥得多，在其特岗服务期间有机会可以到县城中学"跟班学习"。对 B3 老师来说，因为所服务学校与其从小成长的环境差异较大（尽管她服务学校所在乡与她从小成长的地方都属于同一个县），因此不管是在 2017 年第 1 次调研还是在本次回访时她对自己服务学校所在地均明显地表现出较为强烈的抵触情绪和主观抗拒心理。她对教师职业非常认可，但非常不喜欢自己的特岗教师身份。特岗教师服务学校所在地具体场域中各种条件性资源的有限性、成长环境与服务学校场域之间的条件差异较大成为 B3 老师职业认同建构中的主要现实性阻碍，城市化成长路径使其产生了城市化的价值观，她认可教师职业的时间便利性，但不认可特岗教师工作场域的条件艰苦性，这一职业价值观加剧了其婚恋困难问题解决的难度。

与 B3 老师一样，D2 老师的基本服务期已满。在回访时他的教师专业发展路径已经与 B3 老师之间出现了分化，虽然他也想进城，但机会没有眷顾他，他不得已转为了特岗服务学校的在编教师，现在是二级教师。2018 年参加过进城考试，没有考上。D2 老师已结婚，有两个孩子，在县城也买了房子。这两年他为了努力考进城，用心做教学，每年考核都排在前面。D2 老师认为当特岗教师时的待遇一般，转为在编教师后待遇还是有所好转。他赞同学生是乡村教师职业生涯轨迹中的关键他者，但乡村学校的学生具有两面性：一方面乡村学校学生好管理，在工作中容易体验到乐趣；另一方面乡村学校学生发展动力有限，难以收获成就感。目前他的打算是如果教师待遇不降低的话，依然继续做老师，当然也会继续往县城学校考试，只是他自己比较迷茫不知等到哪一年才能考上。

D2 老师的爱人就在他服务学校所在地的乡镇医院工作，对他来说既不存在婚恋困难问题，也不存在与家人之间的异地问题。在不存在外源性的现实阻碍前提下，D2 老师的特岗教师职业认同建构则主要受到内源性的职业要素影响，学生成为其教师职业认同的重要影响因子，比如如何与学生相处成为他主要提及的原因。D2 教师是男教师，社会性别角色期待中的责任感让其对特岗教师或转为在编教师后所能收获的物质待遇比较在意。对男性特岗教师来说，其职业认同建构中的矛盾可能会出现在有限性职业待遇与其对美好生活需要追求之间的落差上。当然，随着 D2 老师已转为服务学校在编教师，他在教师职业认同建构中可能会出现的困难同样也是如何能在短时间内考试进城，因为即使他和爱人都在同一个乡工作，也要让孩子在县城上学，这一点理想 D2 老师毫不掩饰，不管是从其受访语言的直接意义建构还是从其购房安家在县城均能发现。

一般性特岗教师的整体弱势性比较明显，主要表现为他们职业准入时的竞争力和准入后的职业待遇与其他正式在编教师相比既较弱，也较低，这也导致了"特岗教师计划"政策下的特岗教师基本处于乡村教师队伍位置结构的末端。比如，特岗教师劳动力来源的准入包容性，吸引了大量市场竞争力不足的年轻人进入特岗教师队伍；"特岗教师计划"政策要求特岗教师至少有 3 年的基本服务期，这期间特岗教师即使与其他在编教师共同工作并完成相同工作量，但所能获得的待遇也会有偏差，这种偏差表现为特岗教师待遇低于其他教师待遇。"特岗教师在岗期间薪资水平明显低于处于同工地位的在编教师。不少地方政府常以特岗教师'未入编'为由，不给特岗教师发放绩效工资、班主任津贴及其他地方性教师津贴，大部分地区未落实特岗教师'五险一金'。偏低的工资水平与社保待遇使得特岗教师岗位对高质量劳动力缺乏吸引力。"[①]

二 优秀特岗教师

很多时候，特岗教师成为不少大学毕业生"最后的救命稻草"或者"保底性的职业选择"，由于特岗教师服务的学校都处于乡村社会结构中。贵州属于西部欠发达省份，受到地理环境所限，交通并不便利，城乡差异显著。城乡社会结构之间边界明显、各类资源配置不均衡问题严峻等都是短时内难以解决的发展难题。贵州城乡教育不论是在发展水平还是现代化程度上都存在明显差距。当特岗教师职业成为那些不管是家庭资本还是专业资本都非常有限的社会个体为了有一份正式工作的迂回性选择时，特岗教师群体往往呈现一种政策性规制下的阶层整体层面上的弱势性特质。但在特岗教师们的特岗服务 3 年期满后，特岗教师个体之间开始在发展机遇、是否成功进城等方面逐渐分化，不同特岗教师会有不一样的流动路径和专业发展路径。至少有两种情况是比较常见的，一种是家庭资本或专业能力有限的特岗教师继续在特岗服务学校转为在编教

---

① 郑新蓉、王成龙、杜屏等:《"特岗计划"与农村教师供给笔谈》,《教育经济评论》2020 年第 3 期。

师但依然坚持进城考试；另一种是家庭资本较好的特岗教师则通过"替补性"的方式逐渐进城，比如到县城中小学"代课学习"，虽然也需要考试，但显然基于"代课学习"的前置性准备会显著增加考试的成功率，且"代课学习"也必然裨益于特岗教师的专业能力提升。大部分特岗教师认为在服务乡村学校的 3 年基本时间里，他们评优评先的机会很少，这并不是因为他们不够优秀，而是因为制度性机会受限导致他们不能或难以成为优秀特岗教师。事实并非如此，参与本书调研的 9 名特岗教师中，共有 2 名特岗教师非常优秀，这种优秀不仅体现在他们在 3 年特岗服务期间获得的各种奖励上，更体现在他们的真实课堂教学以及与学生的相处细节中。为什么特岗教师自己会产生与"优秀"无关的想法呢，这一点可能与特岗教师整体性的弱势性特点明显有关，在学校组织对特岗教师常见的"集体性忽视"中，特岗教师群体中的优秀者或者佼佼者也许要比其他优秀教师表现更为出色、教育教学投入更多才会被注意到。

　　探索优秀特岗教师的成长机制，分析优秀特岗教师的职业认同对他们专业发展发挥了什么作用是"特岗教师计划"政策需要进一步深化与推进时必须要回答的问题。因为只有特岗教师优秀了，他们才能教得好；只有他们教得好，乡村教育质量才能真正提升，这是"特岗教师计划"的政策初衷，也是中国乡村教师队伍建设由数量满足转向内涵发展的关键环节。受新生代年轻人就业压力增加的影响，在县城及以上学校的教师岗位数量受到的挤压越来越大，"特岗教师计划"政策也开始吸引那些具有优秀素养的年轻人从教，他们入职后逐渐成长为特岗教师群体中的优秀教师。这类特岗教师在特岗服务期间不仅"留得住"，更能"教得好"，他们的职业生涯中明显表现出"全程高能"的发展样态，特岗教师职业认同水平也一直持续在高位。"始终保持一种积极向上的学习和教学态度，在自己的教学岗位上不断耕耘，自始至终体现出较强的韧性。"[①]比如，参与本书调研的 D1 老师和 A2 老师。两位老师对自己的教师职业生涯有很详细的规划，不管是教师还是特岗教师的职业认同水平也一直持续在较高水平，对特岗教师职业保持着积极的自我觉知状态和能动性

---

　　① 孙晓红、李琼：《何以"留得住、教得好"：优秀特岗教师的韧性发展研究》，《湖南师范大学教育科学学报》2021 年第 3 期。

发展状态。对两位教师来说，特岗教师服务学校所在地的资源有限、条件较差、交通不便非但未能成为她们建构高水平职业认同的阻碍性因素，反而成为她们积极调整预期、最后实现持续成长的动力。这也证明，个人主观能动性在教师专业发展中具有决定性意义。此处主要以 A2 老师为例进行说明。在调研过程中，A2 老师给研究者留下了非常深刻的印象，她始终面带微笑，充满活力，她对自己当前的身份——特岗教师高度认可并接受。她毕业于省城重点师范院校的英语专业，在贵阳就业的机会比其他专业的师范生多，因为越是经济欠发达地区，对英语教师的需求量越大，但她依然坚定地选择了特岗教师。在 2017—2018 年两年时间里，A2 老师获得了"县级优课"奖、优质课竞赛"一等奖"、"××镇优秀教师"、乡级优质课"一等奖"等荣誉。

（一）优秀特岗教师的表现

1. 高效的课堂教学能力

教学中的优异表现是每位优秀教师的本质性要求，每一位教师的优秀之处一定首先要体现在教学活动中，A2 老师也是如此。A2 老师相信她班上的每个学生都能学好英语，在她的不断努力下，她所在小学的学生英语成绩每年高出全县平均分 20 分以上。她在课堂教学中的优秀主要体现在如下几个方面。第一，教学资源准备非常充分且丰富。A2 老师教授的是小学英语，因为农村学校的孩子几乎没有任何的机会学习英语，英语学科对他们来说是比较难的一门课。A2 老师每次上课都会主动认真地与学生沟通交流，同时结合授课内容准备形式丰富的教具，比如教师自己在角色扮演中的服装道具等。第二，教学过程气氛热烈，学生参与积极性高。在 A2 老师课堂教学中，她会不断设置各种游戏情节、比如角色扮演情节、分组合作朗读等。同时，她还会积极利用实物开展直观性教学，比如讲颜色时她会带着一盒彩色笔到教室。第三，教学中对学生持续采用鼓励性评价。在课堂教学中，学生们回答问题的态度非常踊跃，每一位学生回答完问题后，A2 老师都会先道谢，然后结合学生的回答情况给出鼓励性评价。

2. 高度的责任感

在 A2 老师看来，她的每一位学生都是优秀的、都是可以学好英语的，她从不因为其他老师对某一学生的固化性评价（一般是差评）而放弃他们。即使有学生被其他老师甚至是自己的父母都认为智商有问题，她依然持续地予以关爱和鼓励，让其在英语学科的学习中能够达到考试及格的水平。在基于学生"安全责任大于天"的管理理念下，绝大部分乡村教师都会认为"学生完成作业是家长的责任"并对学生的作业完成情况置之不理，但 A2 老师则利用一切可利用的时间，甚至课后补习然后亲自送学生回家的方式帮学生补课，并时刻关注学生良好学习习惯的养成及学生学习作业的个性化辅导。

在两次调研中，A2 老师很少像其他特岗教师那样对特岗教师工作的环境、工作的内容充满抱怨，比如条件艰苦、工作烦琐，以及教师待遇低等。她总会在客观分析各种现实条件下，深入思考并认真践行如何实现自我的专业发展、如何实现自己的教师职业理想等。A2 老师的职业认同水平非常高，在她看来，只要是从事她喜欢的教师职业，是不是特岗教师都没有关系。她甚至认为恰恰是自己成为特岗教师才更加凸显她的优秀，因为她周围的其他教师对工作的投入都比较有限，在这样的客观环境下，只要她孜孜不倦的努力，就一定能做出非凡的成绩。

在回访调研时，A2 老师给研究者发了如下一段文字：

> 特岗服务期在今年的九月份将满，还在原来的学校执教，现已是一级教师，未来想努力考到离自己家（市区）近一点的地方继续当一名教师，努力提升并挑战自己，去当一名高中英语教师。在这两年里我所教授的班级学期成绩一直是"全镇第一"和"全县第一"，并且我还积极参加各种教学活动和比赛，也取得了不错的成绩，在这两年里每学期的绩效考核都是优秀。我认为教师一定要术业有专攻，不断提升自己的教学技能，教师要有终身学习的意识和习惯。在乡村学校教书最怕的就是产生惰性，在时间慢慢的消磨中逐渐没有了当初工作时的热情。乡村教育需要我们年轻人的热情来创造教育的火花，所以作为知识的传播者，无疑应先拥有足够的学识和热情，才能更好地引导学生在知识的海洋里遨游，而不至于"误人子弟"。记得刚入职特岗教师时我什么也不懂，拿着书就开始乱备课，然而两年的工作时间下来，我把所有年级的教材进行统整深挖、总结各类知识进行分模块备课收到了很大的成效。这两年的

成长让我深刻体会到教师的不容易，但没有消减我对教师这个职业的热爱。（A2 老师）

从 A2 老师的这段话中至少有如下发现：第一，A2 老师在 3 年特岗教师服务期间的专业能力得到了很好的发展；第二，A2 老师的这种专业能力发展更多地源于自身在艰苦的环境下，或者说在大家都产生惰性的乡村学校中依然能够坚持有热情、有激情地进行教学探索，并树立终身学习意识，养成终身学习习惯；第三，A2 老师的积极工作态度源于自身对教师职业热爱，这种认同超越了 A2 老师在乡村学校教学的各种不良条件与艰苦环境的限制，让她能够即使在有限性条件下依然实现自主性的专业发展。

（二）是什么成就了特岗教师的优秀？

通过 A2 老师的课堂教学成绩以及她自身的反思日志可以看出，优秀对 A2 老师来说当之无愧。在 A2 老师成长为优秀教师过程中，她的特岗教师职业认同建构并没有像其他教师那样陷入持续的"徘徊""游离"或其他矛盾状态，而是表现出对教师职业的坚定热爱，以及对自己专业素养持续不断的学习、探索、提升。具体来说，有如下原因造就了她的优秀，使她的特岗教师职业认同状态一直维持在较高水平。

1. 个性随和开朗

A2 老师个性非常随和、开朗，脸上随时洋溢着笑容，不管是在校园里碰到学生还是同事都主动地和他们打招呼，特别是对学生更是非常亲切温和，她对学生的爱是一种真切的、移情式的爱，是一种达到自觉、自律的爱，而非停留在认知层面或理念层面的爱。教师职业劳动具有明显的示范性作用，教师个性对学生健康人格的形成与发展以及对教师自身的身心健康都起到了重要作用。不少研究发现，教师个性的影响不仅仅停留于此，教师个性在很大程度上会成为教师专业发展动机的主要因素。[①]"教师人格会影响其教学行为。人格具有实践性与行动指导性，决定着一个人立身处世的方式与态度。教师人格会影响学生健康人格的形

---

① 李瑞甜：《初中教师的个性特征对其专业发展动机的影响与启示》，《中国校外教育》2015 年第 12 期。

成与发展和青少年的精神世界，也是影响教师专业发展的主要因素。"[1]
与教师个性密切相关的情绪智力水平同样对教师专业发展会发挥共同影
响作用。在教学过程中，教师的情绪智力水平不仅会影响教师传授知识、
学生获取知识的效果，还会影响师生双方的人际关系及身心健康，影响
情感教育的实施，进而影响整个教育质量。[2] A2 老师的个性优势与其高
尚人格和良好的情绪智力水平共同作用于其教学行为，成为其实现自主
性专业发展的先天禀赋。在研究者随堂听课中，孩子们都特别喜欢上 A2
老师的课，只要知道是 A2 老师上课都非常高兴，不少孩子还会给 A2 老
师放一些小礼物在讲台上，比如一些当地产的核桃或者孩子们自己的小
零食等。

2. 新课程理念下的学生观

学生是教师教育教学理念建构中的重要他者。教师的学生观会深刻
影响教师教育教学理念与教育教学活动。一名教师的学生观主要体现在
教师的师生关系建构中，新课程改革背景下，教师的学生观强调要尊重
学生的学习主体性、尊重学生学习参与的主动性、注重课堂教学内容与
学生生活世界的联系性等。通过分析 A2 老师进行优质课比赛场景发现：
A2 老师从教师自身的道具装扮到整个板书的设计都非常贴近学生的心理，
在着装上 A2 老师自己准备了一顶手工的纸帽子，在板书设计上也是条理
分明且教学内容丰富多彩。教学场景中 A2 老师在与学生一起进行角色扮
演，并配合相应的肢体语言。研究者在随堂听 A2 老师的课时也发现 A2
老师主要采用的都是小组合作教学、学生游戏参与等教学策略，且在整
个课堂教学活动中 A2 老师总是能充分利用教室里既有的各种资源开展教
学。比如讲到"open"和"close"时，A2 老师会在教室门口开关门、会
让学生开关窗、会利用讲台上粉笔盒等示范或体验让学生在实践场景运
用中强化巩固知识。同时，A2 老师的教学语言生动活泼，并且在与学生
互动中明显能感受到她在尽量关照到每一个学生，对每个学生也总是采
用发展性评价的方式进行鼓励。

---

① 蹇世琼、彭寿清、罗杰等：《"名师工作室"成员遴选：潜在风险与规避路径》，《中国
教育学刊》2020 年第 5 期。

② 曹蓉：《教师情绪智力影响教学效果的探析》，《高等理科教育》2001 年第 5 期。

3. 自身不断的反思进取

反思是教师专业发展的重要前提，也是教师在职业生涯中不断积累经验，认识自我、完善自我的必要能力。一名优秀的教师，一定是一名善于反思的教师，这种反思既有对自己教学的反思，也有对自我的反思，更有对教师职业的反思。在 A2 老师的教学设计中她也有意识地让学生积极参与课堂，包括"sing a song ""make a greeting to each other "等。课后反思中，可以发现 A2 老师的反思不是停留在自己教得如何的反思上，而更多地反思了在她的课堂教学实施中是否将学习的主动权交给了学生。说明 A2 老师具有尊重学生主体性、尊重学生参与性的新课程学生观，并将这种学生观实实在在地应用到了自己的教学过程探索与教学能力发展的提升中。

为什么同样作为特岗教师，A2 老师会如此优秀呢？通过分析 A2 老师的调研资料会发现 A2 老师从选择特岗教师职业开始就并没有产生特岗教师是自己到条件差的地方受苦的意识和想法，她一开始就有强烈的教师职业使命感，对教育事业的热爱以及对教师职业的热爱。这种高水平的职业认同状态让她意识到即使在条件艰苦、资源稀缺的地方当特岗教师也是自己要实现专业发展的契机，选择特岗教师反而能够让自己得到更好的专业发展机遇，而不是因为环境条件所限让自己变得碌碌无为。

> 他们都说我有与生俱来的亲和力，一上课我就很有耐心。我很喜欢教师这个职业，虽然特岗教师好像不是很好，但我毕业时就想到条件艰苦的地方（基层）磨炼几年，我把当特岗教师当成是我成长的机会。把自己的经验积累多一些才能更好地发展，人是先站稳、再站高、才能站远。这里的孩子父母重视教育的特别少，感觉就完全依靠老师撑起这些孩子知识的天堂。孩子的阅读量非常少，我们班的娃娃我会自己买书给他们读，一到假期，我就要布置相应的阅读书籍给他们，或者给他们准备阅读书籍。（A2 老师）

教师的专业发展会受到教师所处的学校周围环境恶劣、条件艰苦等的影响这一点无可厚非。但这种影响方向是正向的还是负向的关键取决于教师自己的主观能动性，在相同的时空环境下，A2 老师在逆境中的持续性专业成长与她是否是特岗教师并无多大必然联系。她在特岗服务期间学校所在地的各种"糟糕"外在条件反而成为凸显其优秀的陪衬。

一旦特岗教师选择特岗只是基于"不得已"外在性目标，比如只想获得一份正式工作的职业价值观，则他们工作学校所在地的外在环境很有可能会对其职业认同建构发生非常重要的影响作用。事实上，入职特岗教师的新生代年轻人很多都是基于不得已的"外在性"目标进行的职业选择，最重要也最常见的原因是大部分特岗教师都毕业于地方师范院校，他们个人毕业学校或专业上的社会竞争力是比较弱的。特岗教师群体的基本特征显示"优质师范生源报考特岗教师极少，北京师范大学等六大师范院校学生比例低，重点大学毕业的特岗教师平均为毕业一两年后进入特岗教师行列。"① 参与本书调研的 9 名特岗教师中，有 2 名毕业于省属重点师范大学，其中 1 名同样也是在毕业 1 年后才进入。大部分特岗教师并没有像 A2 老师那样毕业就坚定地选择特岗，这 1—2 年事实上是特岗教师内心抗拒或职业认同不高的延迟性社会时间。与其说是因为工作条件与外在环境的艰苦性影响了特岗教师们的职业认同水平乃至影响他们的专业发展，还不如说在特岗教师专业发展中，他们所服务学校的外源性环境条件承载了特岗教师的职业认同建构时的"外在性"目标，这样的外在性影响因素让特岗教师能够"合理"地将自身的职业认同水平低下原因转嫁于此。

而 A2 老师之所以在特岗教师服务期间能成长为优秀教师，有一个非常重要的原因在于 A2 教师一直都非常认可与接受教师职业，即 A2 教师的职业认同水平高，一直处于"持续高能"状态。在这个过程中，A2 教师忽视了特岗教师与其他在编教师之间的制度性差异，她的专业发展中并未出现特岗教师与其他在编教师之间的主观认知差异，不管是职业价值观还是职业角色定位都未发现这一点。她以特岗教师服务期正是自己实现持续专业成长良好机会这样的"方式"来建构自身的特岗教师职业认同。在"特岗教师计划"政策的运行中，受到政策"诱导"和组织运行环境影响，其他在编教师或者特岗教师所在的学校组织文化均容易对

---

① 郑新蓉、王成龙、杜屏等：《"特岗计划"与农村教师供给笔谈》，《教育经济评论》2020 年第 3 期。

特岗教师群体产生某些偏见性认知与判断,这时如果特岗教师自身的职业认同不够坚定,或者缺乏内源性的认可要素,他们就很难产生高水平的职业认同、保持持续的内在性发展动力,也很难真正实现自主性的专业成长。

科瑟根的洋葱头模型证明,教师教学行为是教师职业认同最直接、最核心的实践表征。① 虽然教师职业认同是教师作为专业人员思考教师职业做什么、如何做、以什么样的方式做,秉持什么样的价值观去做的内在动力。但显然,这种职业认同在特岗教师个体内外运行机制中产生了高—低样态的水平性差异,这是特岗教师在特岗 3 年基本服务期间教育教学行为的关键性影响因素。虽然职业认同并未直接表征特岗教师的职业生涯发展样态,但职业认同水平必然影响特岗教师专业发展水平。当特岗教师发自内心认可和接受特岗教师时,就会将"自己"随时与教师职业之间建立联系,将自己的人生目标、价值观等与教师职业的目标与价值观等保持一致。因此,教师的职业认同水平越高,其专业发展意愿会越强烈,专业发展行为也会越积极。② 职业认同水平表征了教师对教师职业的认可与接受程度,是促进教师专业发展的内发动力,这种来自教师内心深处的动力不会轻易发生改变,具有稳定性、持续性、内烁性等特点,是判断教师能否实现持续专业成长的重要指征。实现优秀教师的持续专业成长,是教师队伍专业化建设的重要初衷。如果特岗教师的职业认同水平只是停留在对"县城"教师的认可与接受上,这明显是一种虚假式的外源性职业认同,这样的职业认同非生发于特岗教师对教师职业的内在性认可与接受,所以他们在特岗服务期间不易产生自主的、自觉的学习和探索动力,缺乏主动追求专业发展的内发动机,容易出现职业退缩甚至强烈的职业流动意愿,很难实现持续的专业成长。A2 教师在特岗服务期间的专业发展证明无论处于什么社会位置结构的教师,只要拥有坚定的高水平教师职业认同,即使在环境恶劣、资源有限的前提下,

---

① Fred A. J. Korthagen, "In Search of the Essence of a Good Teacher: Towards a More Holistic Approach in Teacher Education", *Teaching and Teacher Education*, Vol. 20, No. 1, 2004.

② 蒙宏洁:《中学英语特岗教师的专业认同及专业发展行为研究》,《教学与管理》2016 年第 18 期。

他们也能不断地反思并更新自身的专业理念、丰富自身的专业知识，持续提升自身的专业发展能力。

（三）优秀的特岗教师会离开吗？

回访调研资料显示，A2 老师和 D1 老师都明确表示虽然在当前的特岗服务学校很受同事欢迎，也受领导器重，但在 3 年服务期满之后，他们依然会参加"进城招考"或者"跨城招考"以使自己的工作岗位离家人（县城或市区）更近。A2 老师因为已结婚安家在本地市区，她要参加的是"进城招考"。而对同样优秀的 D1 老师来说，她在基本服务期满时经过自身的努力已经考到县城中学工作。目前进城招考条件中对特岗教师们在特岗服务期间的教学业绩较为重视。相较其他一般特岗教师，两位优秀的特岗教师无疑会有更多的机会成功进城。尽管优秀特岗教师依然未坚守在她们特岗服务的学校，但并不能就此判断她们不是优秀教师。与那些一直靠某种外源性因素刺激在服务学校被动"坚守"，但事实上自身并没有很好地建构一种持续成长性职业认同水平的特岗教师相比，优秀特岗教师在特岗服务学校工作的这 3 年对农村学校孩子的影响将非常重要。因此，在特岗教师群体中，所谓"坚守"还是"离开"的职业认同建构应该有其独特的意义与价值。这种意义与价值体现为既不能通过特岗教师的"坚守"或"离开"来判断其职业认同水平的高低，更不能通过"坚守"或"离开"来判断特岗教师的优秀与否。特岗教师"坚守"与"离开"的矛盾性职业认同建构中体现的是他们对特岗教师职业的内心抗拒或者排斥。"特岗教师计划"的未来建制中，不应再过度观照特岗教师是否"留得住"，而是在特岗教师都要、都想离开的客观事实面前，转向观照他们在特岗服务期间是否"教得好。"

在特岗教师的 3 年服务期间，无论特岗教师是否成长为了优秀教师，他们最后都会选择离开服务学校所在地，甚至优秀特岗教师离开的可能性更大。对那些在特岗服务学校职业认同水平并不高的特岗教师来说，他们要离开的困难性大于优秀特岗教师，他们最后不得不留在特岗教师服务学校按部就班地"被动性"工作。从这个角度看，最后通过制度性安排留在服务学校所在地的特岗教师也许往往是那些并不那么优秀的特岗教师，说明"特岗教师计划"政策作为乡村教师队伍建设的重要补充机制，既为充实城市学校的教师队伍提供了大量的后备教师力量，也在逐渐成为中国教师队伍群体内部等级划分的分层器。即"特岗教师计划"政策在实施 15 年之久后已经逐步实现了良好的政策价值增值作用,这种价值增值不仅体现在乡村教师队伍的数量结构充实和质量结构提升上,更重要的是已经外溢到了对城市教师队伍的数量与质量结构影响上,为夯实我国教师队伍建设的整体力量提供了人力资源红利。

当然,这里面也有一个很重要的问题不能被忽视,即那些最后未能离开服务学校的特岗教师在就地转入在编教师后,随着他们制度性身份由特岗教师转为在编教师,他们的教师职业认同会不会发生变化?这种变化是如何影响他们的专业发展状态的?特岗教师的服务经历对他们未来的专业发展又有什么作用?等等。在分析特岗教师的入职过程、3 年服务期间的"坚守"与"离开"抉择及其相应的影响因素上发现,特岗教师入职特岗后,无论是不是在 3 年基本服务期间,他们都想流动到县城或市区学校。那么特岗教师在 3 年的基本服务期间到底为"离开"做了什么准备呢?在这个过程中,他们自己如何进行抉择的呢?面对特岗教师职业认同中的这种矛盾性现状,如何来理解"特岗教师计划"政策初衷对特岗教师职业认同建构的影响呢?这些问题的进一步明确和理解是推进和深化"特岗教师计划"政策绕不开的议题,也是在"特岗教师计划"政策的制度性要求之下实现特岗教师能动性专业发展的必然要求。

第 七 章

"离开"！——特岗教师一直在准备

不管是优秀特岗教师还是表现并不那么出色的一般特岗教师都希望自己能尽快离开所服务的学校。从参与本书调研的 9 名特岗教师来看，已有婚恋对象特岗教师的理想流入地是县城或其个人情感归属地，无婚恋对象特岗教师的理想流入地则是其父母所在地。

第一节　特岗教师想要离开的表现

受城镇化进程逐步加快的影响，学生与教师向城市的流动出现了不可逆转的单向性，一方面，乡村学校规模不管是在教师数量还是学生数量上都出现了锐减；另一方面却是大量"超级学校"或大班额班级出现在城市学校教育体系中。学生规模数量激增也使城市学校教育体系中出现教师数量不足、结构不良等问题。这样的变化导致乡村学校教师数量在基本得到满足的前提下持续受到外溢性压力的影响。各地县（市）级教育行政部门在统筹考虑教师队伍结构时不得不着力回应县（市）级城市中小学教师队伍数量不足的现实性问题解决，逐步通过筛选性的制度性设计吸引各乡村学校教师"进城"。这样，通过"特岗教师计划"政策进入乡村学校的特岗教师职业生涯轨迹逐渐演变为：入职特岗教师—乡村学校服务—考试筛选进城—城市学校教师。当然，也有部分特岗教师在"进城招考"的年龄限制内会一直停留在乡村学校服务阶段。在乡村学校，特别是不少村校和点校逐渐萎缩成"麻雀学校"时，特岗教师群体中的优秀教师也逐渐通过"进城招考"这样的筛选器离开了乡村教师队伍。只要县（市）一级的学校教师数量缺口未能满足，每一年都需从乡村学校通过"招考"的方式选拔大量的优秀教师，因为每个县（市）的教师编制基本是额定的，只能通过这样的方式实现全县（市）教师队伍的基本稳定且又满足当地教育发展的基本需求。

一　随时准备考试

在以县域为单位的教师队伍编制核定中，各县教育行政部门主要根据学生的流动方向配置城乡学校教师数量与质量结构，在这个过程中也给大量在乡村学校任教的教师，特别是特岗教师的"进城"流动带来了机会。特岗教师在特岗服务满 3 年后的"考调进城"无疑成为他们能够离开服务学校的最好机会。进入特岗教师队伍之际开始，特岗教师就知道有这个机会，所以不少特岗教师刚入职就开始准备"进城考试"。

> 进入学校工作之后就知道有"进城考试"这个政策，所以一起下去的教师们很早就开始复习准备考试。（B3 老师）
>
> 之所以现在非常努力地工作，当然也希望在特岗这几年自己好好积累经验，今后有机会才能更好地教城里的学生。（D1 老师）

大部分特岗教师从入职开始就已着手准备"进城考试"，这种准备具有随时性和坚定性。第一，他们选择特岗教师职业时就知道有"进城考试"的机会；第二，不少特岗教师会在访谈中直接表述他们之所以要努力提升自己的教学能力，追求学生的教学成绩排名，也是为了顺利参加"进城考试"；第三，从进入特岗教师服务期开始，特岗教师们就会购买相关书籍复习。实地调研显示在特岗教师们的书桌上，基本都摆放着"进城考试"的相关书籍。"考调进城"的机会是特岗教师们能够离开艰苦工作环境的"救命稻草"，也是他们在特岗教师 3 年基本服务期间或者期满后进一步持续提升教育教学能力的最大动力。特岗教师们往往基于容易入职、农村学生相对来说更单纯等原因选择特岗职业，但事实上他们在入职选择时就共同指向一个奋斗目标，即通过"进城考试"离开他们所服务的学校。这一点在那些从小家庭资本相对比较优渥的特岗教师中表现更为突出。对那些来自社会位置结构较低家庭或专业资本较弱的特岗教师或者来自外地的特岗教师来说，他们"考调进城"的机会正逐渐被来自社会位置结构更高家庭或专业资本更强的优秀特岗教师或本地籍贯特岗教师挤压，他们在这场制度性的职业生涯轨迹"回流"中具有明显弱势性，这也导致特岗教师群体"进城考试"的难度逐渐增加。

二 不会在服务学校所在地安家

特岗教师在特岗服务的 3 年期间，既是他们作为入职初期教师的重要发展阶段，也是他们在个人已经充分社会化（学校教育）之后成家的关键社会年龄时期。优秀特岗教师常常认为无论他们的特岗教师职业认同水平多高，依然会离开服务学校，且他们离开更多地是为了自己专业发展更好、发展机会更多。而那些职业认同水平一般的特岗教师则会更多地认为"离开"是因为他们的特岗教师服务学校所在地条件过于艰苦。无论怎样，特岗教师将自己的家安置在哪里将是判断特岗教师群体可能流动方向的最关键指标。按照中国人的文化惯习，一般家安在什么地方，就可能成为其最终流动方向所在地。

2017 年，9 名特岗教师参与本书第 1 次调研时大部分都暂住在各自特岗教师服务学校，周末回县城。2019 年对 9 名特岗教师进行回访调研时发现大部分特岗教师已经在当地的县城或外地县城以上城市买房，他们的家都安置在远离他们服务学校所在地的城市，但他们之中事实上只有 2 名特岗教师顺利通过了"进城考试"。此时，即使没有买房的特岗教师也没有考虑将房子买在服务学校所在地周围。当然，这里也有一个很重要的原因，即贵州大部分县城以下的区域几乎没有商品房可以购买，所以特岗教师们能够购买商品房的区域也只能在县城。在县城买房已经成为大部分乡村教师的主要安家方式，对那些服务学校所在地较为偏僻的乡村教师来说，他们的工作与居住情况主要有如下三种情况：一是夫妻双方都在同一个学校工作且都来自同一乡镇时，他们可能会选择在老家修葺房屋，但为了孩子上学也会考虑在县城买房；二是夫妻双方异地分居，一般来说会购房在丈夫工作所在地的县城，这时的女性特岗教师会尽最大的努力"考调"到爱人工作所在地；三是夫妻双方都是老师或一方是老师，但不在同一个乡镇工作，这种情况他们也会购房在县城，以方便孩子接受高质量教育。但无论是哪种情况，买房所在地这一点间接地折射出特岗教师内心深处肯定是不愿意继续留在特岗服务学校的。从表 6 –

1 回访调研时的基本情况信息也可发现，几乎每一位特岗教师都已参加过或继续准备"进城考试"。

第二节 特岗教师难以"离开"的客观现状

表6-1显示，特岗教师们都想离开服务学校所在地，"离开"已经成为他们职业生涯中的一种"集体意识"。但相关政策允许他们"离开"是一种"有限允许"，对大部分特岗教师来说，"离开"并不是那么轻易地就能实现。

一 各种条件的有限性

资源匮乏、条件有限是特岗教师们流动意愿强烈的外在原因，一是他们自身的专业能力较弱且家庭资源也具有有限性；二是他们工作所在的特岗服务学校各种资源也具有有限性。自身专业能力上，大部分特岗教师毕业于地方二本院校，在专业素养上可能不及那些重点院校的毕业生，他们选择特岗教师更多地是为了在就业形势严峻背景下找一份相对稳定的工作。自身家庭条件上，大部分特岗教师都出生于农村，阶层身份在社会位置结构中本就较低。刘要悟，张莹等通过调查发现特岗教师主要是农村户籍，来自社会中下阶层家庭，至少有三分之二的特岗教师毕业于地方二本院校或者专科院校，特岗教师的专业主要是文史类专业居多。① 在特岗教师服务学校的条件性资源上，大多数学校地处我国西部欠发达农村地区和少数民族聚居地，交通不便、卫生条件差、留守儿童多等都是客观现实，这些客观现实难以满足特岗教师们对更高品质的生活需求，也导致特岗教师在服务学校所在地不能收获职业成就感，成为特岗教师想要离开的重要原因。除此之外，与同一学校的在编教师相比，特岗教师常被看成是没有编制的"外来人员"，他们在学校的经济地位、社会地位、专业地位等都处于比较边缘的尴尬境地也是他们想要离开的

---

① 刘要悟、张莹、缪大方：《特岗教师家庭背景和教育背景研究——来自湖南邵阳三县的调查》，《教师教育研究》2017年第2期。

重要原因。① "刚入职时在教学上还存在不少困难，但不知道找谁能很好地在这方面得到引导，碰到有困难的地方完全靠自己摸索。和同事交流最多的就是如何对待学困生，因为大家在一起能聊的事情就是这个。在学校里主要也是特岗教师们自己在一起交流更多。"（C1 老师）方卉，唐智松指出，特岗教师在 3 年服务期间不管是在专业发展还是在职称评定、评优选拔等方面均处于"边缘人"的境地。② 本书的研究也发现了这一点，参与调研的 9 名特岗教师也认为他们在学校评优、评职等个人发展的重要事项上一直是没有资格的，不管自己多么优秀都是如此，由于他们的基本工资是中央财政统一拨款，县级财政基本不考虑他们的待遇怎么样，有时学校在绩效分配时也直接忽视他们的存在。各种"条件"限制严重影响特岗教师发展继而成为他们流动意愿强烈的外在原因之外，还会通过另一个变量的中介成为特岗教师流动意愿强烈的重要原因，这个变量对特岗教师群体来说已经是普遍存在的现象，即特岗教师的婚恋困难问题。D2 老师这样描述他们这个群体中的婚恋困难问题："我们现在在当地都算大龄青年了，但周围的特岗教师很少能找到或已找到合适的对象，更别说结婚了。最大的原因是我们工作的地方既偏僻又闭塞，很难接触到外面的人，我们也不愿意找本地的人，不少特岗教师最后都单下来了。有少数特岗教师有对象或已结婚，但基本都是两地分居，如果想要维系这样的感情，肯定都要想办法考走。"（D2 老师）

二　考调进城的困难性

虽然特岗教师需要在乡村学校服务 3 年，但个人与制度之间的这种时间成本契约中，特岗教师至少可通过"交换"获得如下利益：一是特岗教师的便利性入职条件使得即使是专业能力不那么强的教师入职也变得较为容易；二是特岗教师就地自动转编制度保障了特岗教师在风险型社会中获得传统正式性职业的最大可能性，而这种职业特别是在经济欠

① 杜亮：《教师分层、社会流动与教育政策的完善：以"特岗教师"为例》，《河北师范大学学报》（教育科学版）2014 年第 1 期。

② 方卉、唐智松：《特岗教师专业发展的边缘化现象分析》，《教育科学研究》2014 年第 4 期。

发达地区受到传统就业观以及就业机会有限性的影响，依然为不少就业者所看重。所以，特岗教师们认为即使最后不能"考调进城"，至少通过"特岗教师计划"政策获得一份正式职业也是他们能够接受的最后底线，并以此作为他们"离农"的主要渠道或者阶层上移的便利途径。但事实是，一旦他们真的入职后，会发现很难通过先前的预期—考调—进城，因为在这过程中，对特岗教师来说，涉及太多不可控的限制性条件。

以下是贵州某县 2018 年的考调通知："根据县党发〔2012〕15 号文件关于'调往城区学校（园）和调往×××、×××、×××、×××、×××、×××六个乡镇的中心小学和初级中学（在县城或城郊）原则上实行考调'的规定，经县人事调配领导小组研究，同意面向全县公办学校（园）教师和有志从事教育工作的其他事业单位在职在编工作人员，考调 81 名教师（工作人员）到××三中等城区缺编中小学（园）工作。"

该通知所要求的报考条件有两项内容，一是基本条件；二是加分条件。两个部分的具体内容均表述清晰、详细、详尽、明确、明晰是该"考调通知"的基本特点，充分体现出地方教育行政部门或地方政府在针对特岗教师或其他乡村教师"考调进城"工作的重视性和规范性，具有非常强的具体性和可指导性。该"考调要求"突出对参考者服务学校所在地的要求，结合该县各乡镇分布情况，在越偏远乡镇（村校或点校）中小学服务的特岗教师越容易具备参考条件。而在加分情况的要求中，突出对特岗教师班主任工作经历等的强调与重视。总体上，该通知文本显示该县的"考调进城"秉持了公平考试、公正选拔的基本理念，报考条件与加分情况也显示这样的考试有利于筛选出在专业能力上占有优势地位的特岗教师。该通知至少对该县特岗教师的职业生涯发展有如下方向性引领作用：首先，激励特岗教师重视教学成绩。比如报考初中阶段的条件是"从事报考学科教学工作连续 3 年以上，且近 3 个学年教学成绩在全乡（县直学校在本校比）同类学校同年级同学科中等水平以上的不受专业限制，相关证明由教管中心或所在县直学校出具。"其次，引导特岗教师完成基本的义务教育公共服务职能。充分考虑到了特岗教师们在偏远地区执教时常见的一些关键性问题，比如学生辍学率的问题"所教班级辍学率小学在 0.6%、初中在 1.8%、高中在 10% 以内"。最后，保持与"特岗教师计划"政策的制度性时间要求的一致性。比如在加分条件中明确是 3 年一个周期进行计算，相当于就是特岗教师在乡村学校的基本服务年限，也说明该县的"考调进城"主要针对的招考对象是特岗教师。对特岗教师来说，尽管每一年都会有"考调进城"的名额和机会，但相对大量在乡村学校服务的特岗教师来说，要通过这样的机会实现他们进入县城学校的工作理想也显得比较困难。主要的客观原因是每年县城中小学的招考数量与每年特岗教师队伍的补充数量之间存在较大的数额差异，比如 2018 年该县县城各中小学招聘总数是 81 名，远低于该县当年通过"特岗教师计划"招聘 200 名特岗教师的数量。这样有序差额进城的教师队伍管理制度，对稳定乡村教师队伍、提高乡村教师队伍质量具有非常重要的积极作用。

特岗教师们每年都在期待"考调进城"考试的来临，但在有限的"考调进城"机会面前，每年都会有大部分特岗教师最后会就地转为服务学校在编教师。在每年城市学校录取人数的有限性与报考基数逐渐增加的共同作用下，特岗教师"考调进城"的困难性逐渐加大。同时，尽管"进城考试"的通知要求表面上看起来竞争力主要在特岗教师自身所具有的专业能力上，但事实上这个过程中依然存在让特岗教师家庭条件或人际关系资源有寻租空间的情况，比如某些"替补"性的进城路径在各个县都存在。特岗教师"进城考试"的最终竞争力很有可能体现为他们所拥有的家庭条件与专业能力之间的竞争，并可能滋生当地的掌权阶层在这个过程中不断谋求权力寻租现象。这也让不少特岗教师认为这些所谓的招考条件只是在他们面前打着公平公正的"幌子"，事实上在"进城考试"中有很多不公平的事情决定了他们很难获得考试机会。就像罗尔斯在《正义论》中提及的"无知之幕"那样，特岗教师们认为这背后隐藏着很多他们并不知道的"无知之幕"。在那些家庭条件非常弱势的特岗教师看来，这些"进城考试"的条件主要是对那些家庭资源优渥的老师有利，特别是那些加分政策。而参考基本条件看似大家都能达到，但有一些关键环节实际很难做到。比如除了学历、职称、年龄等这些基本条件外，对于教学业绩的确认以及在加分项中班主任经历或者获奖证明等都需要当地教管中心盖章。"教管中心是管理整个乡镇中小学的基层行政事务单位，实际上就是需要教管中心同意你报考。想去考的老师很多，教管中心不可能同意每一位想考的老师都去考。在这个过程中，教管中心一般是能卡就卡，能不出证明就不出，除非有关系。"（D2 老师）可见，在特岗教师看来，即使考调通知表面上看起来是公平的，事实上在诸多环节都可能涉及各种不可控的"人为性"影响因素。部分特岗教师会坚持考到其年龄超过应考者的最低年龄限制，也有部分特岗教师参考几次后干脆放弃考试。但无论哪种情况都会出现如下的问题：优秀的特岗教师能很快地"考调进城"，其他留下来的特岗教师在对"考调进城"制度"反抗"中容易产生教师职业投入不够、专业发展能力孱弱等现实性问题，他们的职业认同水平自然就一直维持在较低状态中。

第三节 特岗教师"离开"的根本原因

条件的限制性增加了特岗教师们"离开"的困难性，对特岗教师来说即使在意识到了或体验过了"进城"的困难性，但依然会想"进城"。到底是什么样的原因导致特岗教师群体会产生如此强烈而又坚定的"离开"意愿呢？

一　入职动机的现实性

职业选择与职业认同之间存在较为强烈的相关关系，这种关系决定了可以从特岗教师的入职动机来判断他们对特岗教师的职业认同情况。特岗教师在进行职业选择时比较认可教师职业，但实际上并不认可"特岗"教师，他们基于某种务实的原因选择了特岗教师，很少出于对"特岗"的真正热爱而选择特岗教师。入职特岗后，大部分特岗教师表现出如下的职业认同状态：特岗教师就是"特岗"，那些在编在城教师才是教师，即特岗教师自己在建构职业认同过程中产生了"特岗"与教师之间的二元对立现象，很少有特岗教师能像优秀的特岗教师——A2 老师、D1 老师那样将对特岗教师的职业认同融进教师的职业认同中。特岗教师选择特岗的务实性体现如下。

一是各种考试失败，在外就业并不成功退而求其次选择特岗教师。这是大部分特岗教师的主要入职动机。

应用心理学本科毕业，在贵州不是很好找工作。毕业第一年考公务员、考事业编，整整考了一年的时间都没有考上。我并不太想考特岗。2015年我家那边就只有一个学校招特岗，当时想肯定竞争非常大，就不敢报，错过了一次机会。后来在我老家附近的一个学校代课，差不多代了一年的课，在代课中发现跟学生相处还不错。在2016年时参加这边的特岗考试，那时想只要能考个工作的地方就去考，没有想其他的。（A1老师）

现在找工作压力比较大，我是稀里糊涂地就参加了"西部计划"。毕业那年错过了很多考试。特岗教师考试更是没有想参加，因为我就没有想过要到这里，那时就觉得不管怎么样我先需要一个工作，不能毕业之后还花家里的钱。（B1老师）

以前的理想就是出人头地，比如考公务员，能给家里创造好一些的条件，但现在发现现实很骨感。（D2老师）

二是喜欢教师职业，将入职特岗教师作为进入（考入）县城在编教师的跳板。

在考特岗之前我就想当老师，从来没有想过要去考公务员，一直以来就想当老师（C1老师）。

我很喜欢教师这个职业。虽然特岗教师好像不是很好，但我想先在基层磨炼几年，把这个当成是我成长的机会。如直接进城压力肯定会大很多，在乡下压力没有在城里这么大，则可慢慢发展我的个人能力。在有能力"拿下"城里孩子时，我再考进城里的学校。特岗教师会成为我教师职业生涯的垫脚石，在这个地方我更容易找到或者展示自己作为一名老师的价值。（A2老师）

三是自己不喜欢教师职业，但受父母影响不得不选择特岗教师。这种情况以女性特岗教师居多，他们的父母认为特岗教师或教师是稳定且保险的职业。即使她们并不那么喜欢教师职业也可能会基于这一点而选择特岗教师。这种情况下选择特岗的女教师更多地是为了满足他们父母对传统型职业的认可与期望。由于特岗教师们大多出生成长在20世纪80年代之后，在现代化教育制度影响下他们的职业认同又深受多元文化价值观影响，使这部分特岗教师职业认同中容易存在现代与传统之间两种观点冲突与交融并存的现象。

> 2014 年从××学院数学与应用数学师范专业毕业，可直接就签特岗。我个人不喜欢特岗，主要还是迫于家里的压力，家人就希望我有个稳定工作。他们培养我读了这么多年的书，如果我从学校毕业之后没有一个职业的话，感觉好像不太光彩一样。(B3 老师)

分析参与本书调研的 9 名特岗教师入职动机会发现，相较其他类型教师的入职公开招聘，特岗教师职业入职招考具有低门槛性兼具稳定性等特点。这一点可能作为特岗教师入职动机的单一影响因素，也可能与其他因素相互重叠共同作用于特岗教师的职业选择。特岗教师职业特点给特岗教师选择及入职提供了便利性，但也是这一点导致"特岗教师计划"政策在执行路径中不容易选拔出那些具有坚定或稳定职业认同状态的年轻人入职。很少有特岗教师是基于对特岗教师身份的强烈认同而入职特岗，他们选择特岗教师的根本原因更多的还是从特岗教师给他们提供了成为正式在编教师的便利性上，这种入职动机导致他们的职业认同建构具有务实性。当然这种务实性也是特岗教师们基于自身所处社会位置场域的实际情况做出的理性判断和抉择，比如大部分特岗教师家庭条件并不好、所毕业学校或专业竞争性并不强等。

二 工作场域的条件艰苦性

(一) 物质资源的匮乏性

由于贵州的地理结构是山地、沟壑多，很多学校是建在半山腰上或在群山之间难得的小块平地上。不管是在毕节赫章、毕节织金还是在黔东南的三穗，9 名特岗教师工作学校的日常运转中都存在一个共同的难题：饮用和生活用水需求难以得到满足。一般来说，学校会有来自周围河、湖等水域的自来水，但受地理结构（贵州不少地方是喀斯特地貌）影响，这些河、湖储水量都不太大。如果持续一段时间不下雨，就会出现缺水的问题。研究团队在毕节织金调研时，学校校长每天最担心的事就是停水，如果停水学校就得马上雇车到附近村庄的一口水井里去拉水。

除了缺水问题之外，市场物资匮乏、个人生活所需物资购买不方便也是特岗教师们"抱怨"较多的高频词句。特别是随着女性特岗教师比例越来越大，这种现象更为明显。不少女性特岗教师都热衷于通过网上购物满足需求，但学校位置偏远也容易延长物流时间，甚至有时快递根本不投送特岗教师们所服务的学校。

此外，特岗教师们的居住条件也较为艰苦。一般情况下，特岗教师服务学校会统一为他们安排住宿，这种统一安排有两种方式：一是学校统一为特岗教师们租房，房源一般是学校周围的民居，居住方式是当年进入该校的特岗教师们共同租住一套或多套民房，基本保证一名特岗教师一间卧室，但共用厨房和卫生间，租金由学校承担，水电（因为在特岗教师服务学校少有通燃气的民居，因此居家生活常见的燃气费一般不涉及）费由租住的特岗教师按费用、人头分摊；二是学校免费提供学生宿舍给特岗教师住，也能基本保证一人一间，特岗教师们可以自己用电烧水做饭，当然同样没有天然气，淋浴间一般也没有配备，卫生间是一层楼或两三层楼有一间公用卫生间，同时在卫生间会配公用洗衣机。相较之下，特岗教师们普遍认为由学校统一租住民房的条件要好于住学生宿舍。同时，住在学生宿舍还有如下两个问题困扰着特岗教师：一是学生宿舍环境较为嘈杂。学生生性活泼好动，教师休息时也有很多学生会在宿舍打闹；二是住在学生宿舍会让特岗教师感受不到上班与下班的边界，空间同质性难以让特岗教师在下班后获得心理安全感和放松感。

（二）交通条件差

参与本书调研的9名特岗教师分布在4所乡村学校中工作，其中有3所学校所在地与当地县城之间的交通距离在40公里左右，这其中又有2所学校所在地是离当地县城最为偏远的乡镇。特殊的地形地貌使交通成为贵州广大乡镇中小学教师出行的最大障碍。特岗教师服务学校所在地的交通条件差主要体现在如下几个方面：一是从服务学校到县城的公共交通时间不便，具体表现为班车次数少、收班时间早、路线单一等。比如本书调研的赫章××乡是距离赫章县城最为偏远的乡镇，从该乡再往前走翻过大山就属云南地界。该乡到县城班车的终点站和起点站都在乡政府附近，因为该乡只有一条通往县城的公路（本书调研的4所学校都是这种情况），每天下午2点后，就只有进乡的班车，再无出乡进城的班车。在该乡服务的特岗教师们常说的一句话就是"进××"或者"出××"，并把此地称为赫章"死胡同"，只能往外走，不能继续再往里走。二是从服务学校到县城的交通道路硬件配置不良，具体表现为通行条件差、很多地方一次只能通过一辆车、路弯坡陡，甚至还有地方是挂壁式的悬崖公路。三是从服务学校到县城的交通极易受天气变化影响，因为路况不佳，很多路需要翻山越岭，一旦碰到低温天气（低温天气在贵州冬季较为普遍）就会出现（甚至在冬天会长时间出现）路面结冰、凝冻等情况，导致特岗教师们出行难度大、出行风险高。这种交通时空条件让特岗教师一般没有特殊事情会选择以最低成本的生活方式住服务学校或学校附近，周末如有特殊事情通过搭乘同事的车或坐班车进城。即使特岗教师婚后安家在县城，依然不能每天都回县城居住，一般只能周末回县城。

相较收入的有限性或编制获得的暂缓性，交通的不便利性可能是特岗教师们要离开服务学校的最关键性外在影响因素。前已述及，特岗教师即使不离开服务学校所在地，他们也会将家庭住房购置在县城以上的区域，交通的不便利性必然会增加特岗教师每天来去县城的成本和风险。因此不少特岗教师（包括即使是那些已经留下转为服务学校在编教师的特岗教师）并没有因为收入低下的原因而产生低水平的职业认同。但他们如果继续在目前的乡村学校工作，对未来职业生涯的担心主要集中在两方面，其一，婚恋问题如何解决；其二，孩子上学的问题如何解决。如果特岗教师们所服务学校所在地的交通便利，他们则认为无须担心这两个相依性问题。2017 年第 1 次调研时有好几位特岗教师刚入职不久，她们（基本都是女老师）比较担心个人婚恋问题如何解决。2019 年回访调研显示，尽管已过去近 2 年，但在 2017 年没有对象的女特岗教师，在 2019 年依然没有对象，她们甚至调侃自己已成为当地"剩女"。如果特岗教师不能顺利进城，交通便利性将成为他们在服务学校转为在编教师后职业认同水平最重要的外源性影响因素。尽管"特岗教师计划"政策便利的入职过程为特岗教师在乡村学校的生存提供了基本保障，但乡村学校交通的不便利性将极大降低特岗教师在服务学校所在地的"坚守"可能性，更会影响特岗教师的婚恋价值观。当然还有一个深层的原因可能还在于交通的不便利性，使特岗教师群体在服务学校所在地价值观与其他区域群体之间的价值观、文化习俗之间存在明显边界，即使有机会接触其他区域的年轻异性，双方之间也容易产生偏保守、趋退缩的交往态度。

三 入职后专业发展的受限性

（一）与在编教师相比，特岗教师在职培训或参观考察等学习机会少

终身学习无疑是每一位教师专业发展的基本路径。由于学校领导及同事（包括那些曾经是特岗的乡村教师）知道特岗教师们都想离开特岗服务学校，出于学校教师队伍建设的长远考虑，也受到乡村学校用于教师在职发展经费有限性的影响，当有培训或学习机会时，学校领导基本不会让特岗教师们参加。基于这样的先入之见，特岗教师们在所服务学校只是完成领导交办的教学、家访、做资料等基本工作，很少有学校领导会对特岗教师委以重任，特岗教师在特岗服务 3 年期间来自组织内部的发展路径无疑是受阻的。

> 我们主要就是入职之前参加过职前培训吧，入职后很少能参加培训。（C1 老师）
> 因为大家可能都心照不宣地知道我们要走，加上我又是外地的，如果有什么学习机会基本不会给我。（B1 老师）

（二）同行之间未建立起有效的专业发展共同体组织

参与本书调研的 9 名特岗教师正处于入职初期的专业发展阶段，此时他们对个人专业发展的需求是较为强烈的，也是个人学习热情与学习积极性较高的发展时期。作为初任教师所面临的教学情境复杂性、人际关系敏感性以及教学任务高效完成的迷茫性等共性问题在特岗教师 3 年基本服务期间同样也有体现。因特岗教师服务学校所处区域的特殊性，乡村学校运行中不得不承担起除基本教书育人职能之外的乡村社会其他基层治理任务，甚至逐渐成为一种基层社会治理的代理组织。此时，乡村学校作为特岗教师专业发展的组织职能发挥必然受到影响，关涉特岗教师专业发展的组织性路径在乡村学校中也未能得到很好建立。比如不少乡村学校基本没有设置或建构教师专业发展的教研组织和教研机制，

这导致特岗教师在学校组织中并未与同事之间形成良好的专业发展共同体，缺乏同僚之间的互助互促组织，特岗教师之间或特岗教师与其他教师之间基于专业发展的学习讨论机会也较少。

> 刚开始时对农村这些学生一点都不了解。我带慢班，班上成绩差、性格调皮的学生特别多，有时根本不知道如何管教他们，只好自己去主动问一些老教师。但有些老师可能会跟你说，有些老师会明显不愿意说。（B3 老师）

乡村学校从组织治理层面能给特岗教师专业发展提供的常见支持策略是在他们入职初期时指定一位资深教师作为他们的"师父"，或者通过制度性安排定期让新入职特岗教师通过上公开课的方式督促他们提升教学能力。但这些都未形成常态性或有效性的特岗教师专业发展机制，且具有较为明显的校际差异，即有的学校开展、有的学校不开展或只停留在形式开展上，即使开展的学校也未建立起对开展过程、开展效果等进行有效评价、持续改进的相关制度。

> 我们学校主要是师徒结对。我师父一个星期至少来听我的课1—2次，我自己更要抽很多时间去听她的课，她上初三，教学经验非常丰富，且带的都是快班和尖子班。上公开课是集中评课，放学之后大家不急着吃饭，每个老师都要学如何去评课等。这个过程中，还是看自己是否愿意主动学习。（D1 老师）

（三）参与评优考核以及职称评审等机会受限

目前为止，并未有明确的相关政策文本指出特岗教师在特岗服务期间不能参与学校各项评优或职称评审等，但一般情况下基于组织默认的"假性"制度安排，特岗教师基本不能参与学校的评优考核以及职称评审。除非特岗教师自身非常优秀，比如说像 D1 老师或者 A2 老师那样，确实以非常优异的表现得到了同事的一致认可与尊重，并且为她们所服务的乡村学校赢得了较高的组织荣誉。比如 A2 老师获得的"全县优质课评比一等奖"是她所在学校史无前例的奖项。其他特岗教师则需学校在优先满足其他在编教师评职称或者晋级等的前提下才有机会评优或评职称。

特岗教师本就认为在乡村学校的工作琐碎、繁杂，一旦在学校内又得不到同事与领导的组织性认可，就会产生较低的职业认同水平。2017年第1次调研时，几乎每位特岗教师都会抱怨工作的琐碎，以至于他们正常的教学工作时间被各种扶贫资料整理、留守儿童资料准备等挤压。2019年的回访调研发现，对依然还"坚守"服务学校的特岗教师来说，这一现象并未得到缓解。

> 和2年前相比，感觉现在更繁杂了，现在主要还是留守儿童和教育扶贫等资料。（A1老师）

入职动机的现实性、工作场域的艰苦性以及专业发展的受限性等使特岗教师的职业认同缺乏发自内心的入职动机和持续从业坚守的坚守动机。特岗教师即使最后不得不"坚守"在服务学校就地转为在编教师，但乡村学校缺乏丰富的精神生活世界以及子女难以接受良好教育资源等依然会成为他们无法安心"坚守"的重要影响因素。这种内外条件的匮乏使特岗教师对自己的特岗教师身份与县城在编教师身份的认同之间产生了明显的二元对立，"离开""想要离开""一直准备着离开"成为他们的必然选择。

"有效规范的建立和维持，须有特定的社会结构作为必要条件。"[1] 不管是哪一项政策，哪怕是细化到教育领域的乡村教师队伍建设政策，均需要考虑一个非常重要的因素，即有没有相应的社会结构场域作为该政策实施的着力点，这也是任何一项政策绩效在执行路径中得以保障的基本前提。特岗教师的职业认同非常重要的外源性影响因素包括条件的艰苦、气候的恶劣、职业动机的务实以及专业发展的受限性等。基于这样的客观现实，特岗教师们在乡村学校服务期间充满对爱情和亲情的深切渴求。对特岗教师来说，爱情和亲情也许能在一定程度上消减他们所处

---

[1] ［美］詹姆斯·S. 科尔曼：《社会理论的基础》，邓方译，社会科学文献出版社1999年版，第380页。

场域的不良外在条件所带来的失落与不满。"特岗教师计划"政策实施过程如果忽视了特岗教师将要或正在面临的乡村学校、乡村社会的真实场域，那么有关"特岗教师计划"政策的"时间契约、服务契约"等规则很难得到特岗教师内心深处的真正认可。同时，特岗教师服务的乡村学校所具有的这些外源性现实条件与特岗教师从小受到"离农"价值观影响下产生的"城市化"工作环境设想是相背离的，导致特岗教师的职业认同产生了内源性的自我否定与排斥，他们无法从内心深处真正认可、接受或者内化"特岗教师计划"政策。即"特岗教师计划"政策实施中，特岗教师服务学校所在地的外源性客观条件难以承载特岗教师入职动机的现实性，要真正让特岗教师无论是在特岗服务期间或服务期满后能够坚定地留任乡村学校，改善乡村学校所在乡村社会场域的社会配置条件将会是关键。

第 八 章

矛盾的社会理性人
——特岗教师职业认同的理论构建

通过回答特岗教师在真实工作场域中"我是谁?""我在干什么?"等有关职业认同的核心议题,基本可以确认特岗教师群体在其特岗服务的 3 年期间,都想离开服务学校所在地。"特岗教师计划"政策从 2006 年开始实施已经超过 15 年,并且已逐步成为广大西部地区农村中小学、幼儿园教师队伍建设的主要补充机制。特岗教师入职特岗时就需与教育行政部门签订相关服务协议,基于"自愿"原则,特岗教师愿意用自己 3 年的时间交换并获得一份正式的在编教师职业。大部分特岗教师都希望通过该政策"迂回地"进入城市中小学任教。因为"进城考试"机会的有限性,特岗教师获得特岗服务学校所在乡镇教育主管部门的"同意报考证明"的制度性设计具有筛选性与过滤性。从特岗教师入职时与教育行政部门所签订的服务期限协议到离开服务学校所在地并获取"同意报考证明",特岗教师在这个过程中至少要付出 3 年的时间成本,这也是特岗教师从入职—服务—离开这个职业生涯中的时间性框架。虽然受"进城"名额有限性限制,不同特岗教师在这个"时间性框架"中的持续时间有差异,但这个时间性框架受到"特岗教师计划"政策的严格规制,相对特岗教师个体多元、多维的成长经历来说依然具有单一性的约束力和影响力。

"特岗教师计划"政策的制定与实施过程是我国乡村教师队伍建设治理基本策略的集中体现,其初衷是希冀通过"入口"到"出口"的条件性限制以降低乡村教师队伍的单向性自由流动,因为这种流动对特岗教师群体来说具有普遍性，也同时让乡村教师队伍管理隐含着失序性风险。特岗教师群体在建构职业认同时普遍存在"被动性"选择和"外在性"影响。这里会产生另一个非常重要的问题，职业认同在社会个体身上会投射为一种身份认知，在特岗教师进行"坚守与离开"的矛盾选择中，"离开"已经成为他们内心深处的必然选择，所谓的"坚守"实际上已成为一个伪命题或者虚假性的制度要求。这时特岗教师的职业认同实质是什么呢？即到底特岗教师群体是以一种什么样的社会身份存在于社会空间中呢？此时的他们处于什么样的社会位置结构呢？

第一节　处于边缘地带的社会人

"就特岗教师在目前我国义务教育阶段教师群体的社会位置而言，由于特岗教师在经济地位、社会资本以及专业地位等方面的弱势处境，决定了特岗教师群体在整个教师群体中的边缘与底层地位。"[1] 特岗教师之所以会出现较低水平的职业认同，与他们在自我感知上认为自己处于边缘地带的社会人有着密切联系。在城镇化进程中，中国城乡人口的迁移方向主要遵循从村—乡（镇）—县（市）等这样的单向路径。但特岗教师的个人人生轨迹却遵循着如下的路径：中小学［大部分在村、乡（镇）］—高中（一般都在县城）—大学（地级市或省会）—特岗教师［村、乡（镇）］。在特岗教师从小学到大学的教育路径中，他们已逐步由村、乡（镇）走向城市，他们的社会身份也逐渐由农民转向市民，特别是在他们形成稳定价值观的关键成长期，他们所处的场域主要都是在县城及以上的城市。特岗教师的人生轨迹迁移过程显示，在大学之前，他们已离乡村社会、乡民群体越来越遥远，但入职特岗教师后，他们却不得不回到村、乡（镇），不得不又与乡民阶层及其子女打交道。特别是在乡村学校学生成为特岗教师职业认同建构的关键他者时，特岗教师边缘性身份的自我感知越发明显。在特岗教师人生轨迹的这种时空转换中，村、乡（镇）、县（市）不同场域之间在交通便利性、物资丰富性等方面

---

① 杜亮：《教师分层、社会流动与教育政策的完善：以"特岗教师"为例》，《河北师范大学学报》（教育科学版）2014年第1期。

存在的客观性差异也在以现代化标准为价值判断的时代持续地强化着特岗教师的边缘性身份认知。

伴随特岗教师"返乡"的同时,他们的社会年龄又需要他们完成重要的人生大事以成功实现个体完全社会化,比如婚恋、养育子女等,如果他们自己已经难以改变他们的人生轨迹,他们就会寄希望于通过改变子女的受教育路径而实现阶层的集体向上流动,所以,无论特岗教师们自己是否进城,他们都特别在意他们的子女未来的受教育条件。当特岗教师不能为自己的子女创造更好的教育条件时,比如他们进城受阻时,则会进一步加深特岗教师被边缘化的社会身份感知。这个过程中,特岗教师自然难以对服务于乡村地区的乡村学校建构起较高水平的职业认同。这背后的根源在于特岗教师的人生迁移轨迹正好与城市化进程中其他群体的人生迁移轨迹相互背离,这种背离不管是对他们的专业发展还是对他们的个人完全社会化都带来了深刻影响。从选择特岗教师开始,他们就感受到了各种"社会挤压",入职前特岗教师家庭条件的有限性以及本科学校层级不高、专业不好带来的就业机会挤压;入职后专业能力弱势带来的专业发展机会挤压;入职后婚恋对象选择有限性的个人阶层向上移动的补偿性机会挤压等。这些挤压让特岗教师逐步游离于城市化进程的边缘,在社会位置结构中处于较低位置,且这种位置在持续受到各种挤压中有越来越固化的倾向。

一 受时空场域规制的社会人

(一)被边缘化的教师群体

特岗教师是普通的社会人,他们的职业认同建构明显受到他们成长经历中时空场域转换的影响,更受到入职特岗后具体时空场域改变的深刻影响。当然任何时空场域的影响都是一种外源性的影响,这种影响程度或者影响力如何还在于特岗教师自身的内在性判断或自主性调控,这是特岗教师职业认同建构的内源性动力。首先,外源性的场域影响主要指特岗教师的职业认同建构受到他们从小家庭背景所拥有的资本量、受教育过程所接受的教育资源,以及入职后服务学校所在地的条件性资本等时间场域纵向转换中的资源要素影响。同时还受到不同空间场域中的交通、医疗、物资、教育水平等相关人、物等要素的影响。其次,内源性的动力影响主要指与自身素养密切相关的通过内部情感、态度、价值观等综合因素对特岗教师职业认同建构的影响。包括充分体现特岗教师个体的个性、气质、人格，专业发展所需的教育教学理念、教师理念、教学能力、教育能力以及参与基层社会治理的能力等，特岗教师婚恋中的个人形象、家庭条件等。

特岗教师们很少会提到服务学校是否给他们提供充足或充分的专业发展的组织性保障或资源，也基本不提及学校在促进特岗教师专业发展的组织机制是否健全等，他们更愿意提及入职特岗后工作事务的烦琐性、学生生源的糟糕性，以及各种条件的艰苦性等，即特岗教师更多地只是从一个普通的社会人身份出发去思考他们在特岗服务期间所感知到的教师职业，而缺乏从专业人员的社会人身份去思考如何实现自身有效的专业发展。特岗教师作为普通的社会人可能会在先满足各类生存、生活需要的基础上，在获得爱与尊重之后，才会考虑自我实现的需要，即特岗教师首先需要满足的是"物化"性的社会人需求。而"特岗教师计划"政策的初衷是希望通过政策规制，比如契约签订、进城准考证明等方式约束特岗教师"安心"服务于乡村学校，显然这一点忽视了特岗教师作为一个普通的社会人具有的物化社会属性。服务学校地处偏远与特岗教师从小接受的"离农"价值观的矛盾；服务学校学生及其家长的"刁"与他们理想中平等和谐师生关系的矛盾；服务学校某些"老"同事中保守性教育理念和安于现状的专业发展路径等与特岗教师内心深处想要通过变革实现"离开"的矛盾等，都是特岗教师"被动"地进行职业认同建构他们作为边缘性社会人身份的具体表征。特岗教师们在乡村学校时空场域中的资本式微，使他们个人生命历程中可能经历的各种危机或风险未得到及时化解，这些都促成了特岗教师目前的这种客观身份认知——被边缘化的社会人。

对特岗教师来说，"特岗教师计划"是他们的一种特定社会化过程，体现了个体生命在城镇化背景下所受到的特定政策规制与影响。在城镇化背景下，单一、单向的时间框架规制了特岗教师的身份，时间与老师的关系在特岗教师的职业认同建构中发挥着显性作用。"时间是教师工作由他们自己、他们的同事以及管理和监督他们的人构建和解释的一个基本维度。对教师而言，时间不仅是一种客观的、压迫性的约束，而且是一种主观定义的可能性和限制范围。教师可以花时间，就像他们可能将时间安排和时间承诺视为固定和不变的一样。因此，通过时间的棱镜，我们可以看到教师在受其约束的同时构建其工作性质的方式。也就是说，时间是教师工作结构化的一个主要因素。时间结构化教学工作，并反过来通过它来结构化教师职业认知。因此，时间不只是一个小的组织偶然性，它抑制或促进了管理层带来变革的尝试。"① 对特岗教师来说也是如此，他们在乡村教师队伍的整体性位置结构中处于底端，但从他们入职到持续职业生涯时想"离开"的过程中，特岗教师的服务时间成为由他们自己、他们的同事（也包括学校组织领导）以及他们的管理者（包括管理和监督他们的人）去构建 3 年基本服务期或期满后的职业生活以及去解释"返乡"乡村教师的一个基本维度。特岗教师在这 3 年基本服务期间的"坚守"与"离开"的矛盾是他们在建构特岗教师职业认同时的一种可能性和限制范围。时间是特岗教师在乡村学校工作结构化的一种主要因素，通过这个时间框架，特岗教师在乡村学校工作中建构教师职业认同时，事实上也是在尝试抑制或促进教育行政部门对他们的制度性管理。

（二）自我同一性的分裂

自我同一性是职业认同的核心，个体自我同一性分别具有三个维度，即行为倾向维度、情感自尊维度、自我接纳维度。特岗教师的职业认同建构在这三个维度上都处于一种分裂状态，一方面他们基于教育行政部门或当地政府部门的各种要求完成在乡村学校场域中的各项任务，比如教学、扶贫、家访等；另一方面这种外在性的任务要求又与他们内心对教师职业那种传统认知—"教书育人"之间存在矛盾，即特岗教师在 3 年基本服务期间的职业投入上真正用于教育教学的时间非常有限。由于特岗教师自身各种资本的日趋式微，处于制度框架内的他们又不可能游离于这些组织管理体系的工作要求之外，当这一点与他们被边缘化的社会人身份认知之间相互联结时，就会进一步强化特岗教师群体建构一种固化性职业认同现状的制度性假设，具体表现为：特岗教师们因为"特岗教师计划"政策获得某些益处，但又不会安心地留守在他们所服务的

---

① Andy Hargreaves, *Changing Teachers*, *Changing Times—Teachers' Work and Culture in the Postmodern Age*, CASSELL, 1994, p. 95.

乡村学校。特岗教师们的教师职业认同过程始终处于这种"内""外"夹击中，使他们在行为倾向、情感自尊以及自我接纳上出现了难以调和的矛盾，在行为倾向上他们一方面不得不完成校内组织或者校外组织安排的任务，另一方面又在随时准备"进城考试"以离开；情感自尊上他们一方面不愿意安家在当地，另一方面又对亲情或爱情充满渴望与向往；自我接纳上他们一方面认为自己已经尽了最大努力以适应乡村学校的特殊场域，另一方面他们内心深处又难以接受自己继续留在所服务的学校。特岗教师们即使最后不得不留在所服务的乡村学校，依然面临专业发展受限、上升渠道狭窄等问题。这种分裂状的自我同一性社会人身份，使特岗教师们建构职业认同时表现出被动式的终端行为倾向：在教育教学行为上特岗教师们会尽力完成学校的工作任务要求，但在这个过程中的自主性、自发性或者自觉性行为倾向较少甚至没有。特岗教师们在情感自尊上难以在服务学校找到很好的归属感。虽然教师群体很容易从学生的成就感上收获某种精神报酬以弥补物质报酬的不足，但特岗教师在难以获得丰厚物质性报酬的同时，却难以收获到这种来自学生群体的精神报酬，这一点加剧了特岗教师在服务学校找到良好归属感的困难，对他们职业认同的自我建构不能起到有效助力作用。这其中最为重要的原因是特岗教师认为在他们所服务的乡村学校，传统意义上的教书育人职能已经弱化，他们成为乡村社会基层治理的多元身份代理人，比如留守儿童监护人、学生安全管理员、精准扶贫勤务员等角色。

二　矛盾中的社会理性人

（一）一直处于"坚守"与"离开"抉择矛盾中的理性人

特岗教师从入职特岗开始，就一直处于想要"离开"、准备"离开"的状态中，但同时，他们又不得不受到继续"坚守"制度性设计框架的规制。这时的特岗教师无论是"坚守"还是"离开"都是基于个人理性进行的最合理选择和判断。比如在特岗教师们的职业选择动机上，实质就是他们并不喜欢特岗教师但又做出了选择特岗教师的决定，至少绝大部分特岗教师均不是发自内心地喜欢特岗教师，而更多地是基于特岗教师的易于入职性或源自父母对传统性职业的看重性等原因选择了特岗教师。特岗教师自己及他们的父母会认为特岗教师是他们获得一份体制内工作的"捷径",这是特岗教师入职选择的理性。一份稳定的体制内工作在就业机会不多、经济水平还不够发达的西部乡村社会结构中是不少大学生及他们父母眼中不错的就业选择。

"坚守"与"离开"的抉择矛盾中不少特岗教师认为自己认可和接受教师职业,但并不认可和接受特岗教师,事实上特岗教师服务学校所在地的条件艰苦性让特岗教师难以产生高水平的职业认同。特岗教师们认可并接受教师职业双假期所带来的时间便利性、教师职业与孩子打交道时的服务对象单纯性等。虽然特岗教师也是教师,且在中国乡村教师队伍建设中,特岗教师已逐渐成为不少地方乡村教师队伍的主力军。但特岗教师工作内容的繁杂性、工作对象及监护人的难以沟通性等都与特岗教师们理想的教师职业工作内容或工作方式相差甚远,导致大部分特岗教师又发自内心排斥特岗教师。在3年基本的契约性服务期满后,特岗教师们可以选择"考调进城"或原地留任服务学校,这又是他们与其他教师不一样的地方。这一点使特岗教师职业认同中明显地表现出强烈的离职意向与难以离开现状之间的撕裂与矛盾,也是最终导致特岗教师自我同一性出现分裂的根本原因。即使特岗教师能够在"考调进城"的现实困难性面前不得不调整并弥合自己分裂状的自我同一性,但他们依然难以在面临夫妻分居、无法很好照顾孩子的家庭与工作之间的时空距离中建构起积极主动的自主性专业发展模式。特岗教师服务学校远离城市的特殊性、工作对象家庭教育相对缺乏的特定性等成为他们"离开"的正当性理由,他们的职业认同在自我同一性上的分裂状决定了他们从入职初期开始就具有较为强烈的离职意向,他们自身对教师职业的高度认同与他们在城市社会竞争力弱势的担忧等都加剧了他们在建构特岗教师职业认同时的这种分裂状矛盾。当他们逐渐发现在3年基本服务期间或者期满后要"离开"面临较多的现实性壁垒时,特别是当所有的特岗教师都只有一条相似的发展路径:入职特岗—"考调进城"时,这种矛盾性职业认同中撕裂的自我同一性将可能一直伴随他们在乡村学校的职业生涯中。由于"特岗教师计划"已是西部不少乡村地区重要的、主要的教师队伍补充机制,在这个过程中,想要离开的特岗教师基数也越来越大,日益受到挤压的"离开"通道增加了特岗教师能够通过各种努力"离开"的难度,政策的进一步完善应将更多的注意力集中在留下来的特岗教师如何在乡村学校"教得好"上。

（二）"离农"教育机制培养与"返乡"制度推拉中的理性人

"特岗教师计划"政策的实质是一项激励那些在资源或能力等方面式微的年轻人到边远地区从教的教师教育政策，该政策对稳定乡村学校教师队伍，补充乡村学校教师数量缺口具有重要的历史意义与时代价值，特别是在乡村振兴的时代背景与战略实施中，这种意义与价值更加凸显出教师教育政策与社会资源再分配制度之间相互的深刻影响性与制约性。乡村振兴的关键路径是要突破乡村建设人才由农村向城市的单向度流动，实现乡村社会与城市社会人才队伍的双向甚至多向性流动。"特岗教师计划"政策基于吸引大学毕业生到乡村学校就业的初衷忽视了如下基本前提，即大部分特岗教师从小的梦想是要离开乡村，而不是再回到乡村，特岗教师们产生这种价值观的原因很多，除了长期以来城镇化单向度发展路径的社会变迁模式之外，他们从小在学校教育、家庭教育中耳濡目染的各类城市化价值观体系和标准也是重要的原因。同时，当每一位特岗教师在特岗服务 3 年期间或者 3 年期满后都想离开时，那么特岗教师的矛盾性职业认同现状已经是一种社会现象，而非简单的个人主观意识。一种社会现象的产生必然有其根本的社会根源，这些根源通过某些政策体制或其构成要素间的运转机制得以发挥，并对像特岗教师这样的社会个体产生影响。

特岗教师为什么会产生如此矛盾的职业认同，与其从小接受的"离农"教育机制培养有着密切的关系。"城市化教育路径源自 20 世纪 90 年代伴随市场经济体制建立而奠定的城市化社会结构和制度性框架设计，此时乡村教育体系对乡村社会文化与乡村社会结构的适应性被城市化标准体系所裹挟，并逐渐丧失对它们的自我保存与赓续功能。城市化的教育路径也是单一式的教育路径，无论是教育目标、课程建设、资源建设还是评价体系等基本都遵循单一的模式开展，其实质和核心尽管是一种现代化语境下的发展、进步或先进，但无一例外都是'离乡'和'离农'的。"① 不少特岗教师们的自身成长经历中，他们的父母曾经在

---

① 蹇世琼、彭寿清、冉隆锋：《由"他者"走向"我者"——新生代乡村教师的乡村社会融入困境与破解路径》，《四川师范大学学报》（社会科学版）2021 年第 3 期。

城市打工、他们自己曾经可能也是留守儿童、他们从小到大的受教育路径由乡村社会向城市社会的方向迁移，所以当他们"不得已"需再次回到乡村，或者离乡村社会很近时，他们内心深处事实上是抗拒这样的职业生涯轨迹的，自然难以产生真正的特岗教师职业认同。

"离农"教育机制建构中，乡村教育的价值取向是服务于城市、定位于城市的，乡村学校的课程与教学、资源与活动甚至质量评价与考核均按照城市学校标准在进行。从这样的教育培养体系中发展和成长起来的特岗教师必然产生坚定的"离农"价值观。虽然"特岗教师计划"政策以"服务"交换"正式工作"的方式吸引了不少年轻人到乡村学校当老师，但其作为一种"返乡"或"返农"性教师教育政策的社会本质属性并未改变，在这个过程中，这种外源性的"返乡"或"返农"制度推拉并没有让特岗教师们产生内源性的职业认同，他们并不认为自己就应该一直留在所服务的乡村学校。特岗教师们进入特岗教师队伍是务实的、理性的抉择，他们入职是就自己既有资源的客观分析所能做出的最优化选择，但这种外源性影响也让特岗教师们一直处在制度性的推拉矛盾中。

第二节　特岗教师职业认同矛盾中的自我调和

特岗教师一旦入职后未能履行 3 年服务的基本契约，则需要承担违约责任。但特岗教师的职业认同是充满矛盾的，这种矛盾具体表现为他们入职开始就持续地在进行自我询问："坚守"还是"离开"？本书的相关研究资料收集时间间距是 2 年，在这 2 年里事实上大部分特岗教师并没有违约，甚至在服务期满后能顺利离开所服务学校的特岗教师也很少。在这种矛盾的职业认同建构中，特岗教师们到底如何实现自我调节的呢，管窥他们在这种矛盾的职业认同建构中的自我调节机制是进一步探讨如何提升特岗教师职业认同水平，促进其在服务学校积极地、主观能动地专业发展的关键。特岗教师们在回答如何在工作中调适对特岗教师的不认可与不接受状态的职业认同矛盾时，已然具有某种主观能动性。

一　心安

在"坚守"与"离开"的这种内心矛盾性询问中，特岗教师如何履行制度性的契约服务要求呢？任何情况下，特岗教师们都愿意看到自己的教学有成绩，看到学生对自己有尊重，这可能就是特岗教师在矛盾的特岗职业认同建构中所表现出的主观能动性，这种主观能动性体现了他们更愿意接受或做好教师职业的那些本职性工作任务。此时，他们的专业成长动力主要源于特岗教师们求"心安"的心理，即他们以不让自己感到愧疚或者后悔来履行相应的工作职责。这种"心安"跟他们从小生活在一个熟人社会有关，"从熟悉里得来的认识是个别的，并不是抽象的普遍原则。在熟悉的环境里生长的人，不需要这种原则，他只要在接触所及的范围之中知道从手段到目的间的个别关联。在乡土社会中生长的人似乎不太追求这笼罩万有的真理。"①特岗教师个人的生命轨迹中，高中以前主要都在乡村社会中活动，而乡村社会中人与人之间的主要相处方式，或者个人解决某些自我认知矛盾时主要依据就是心安，这是乡土社会中人和人相处的基本办法。特岗教师将这种"心安"的感觉经常应用在他们专业生活中所面临的各种问题上，用在解决他们专业发展中的一些关键事件上。比如当他们没有认真备课时，他们会觉得不安；当他们没有完成好领导交办的任务时，他们会觉得不安。尽管传统乡村社会结构在以不可抵挡之势被现代化或后现代化等价值观及行动模式解构、尽管乡土文化在以不可抵挡之势被多元的、多维的各种外来文化、城市文明等入侵消弭，但特岗教师们在处理工作上的一些问题与难题时，往往还是依据"熟人社会"结构中人际关系建构时的"心安"标准，比如有特岗教师提到的"良心活"职业隐喻。"心安"也与特岗教师或其他教师所提到"良心活"职业隐喻一样，事实上难以有一个标准化的、客观性的判断标准。特岗教师们在同样基于熟人社会为基础的乡村学校开展"特岗教师计划"政策制度性要求中的教书育人服务，此时的特岗教师仍然具有履行本职工作时的自觉性和慎独性，所以很难有客观的、普世的判断依据，也很难用客观中立的现代化评判方式来解释或操作化这种机制，重要的是这种"心安"就是特岗教师在 3 年服务期间自身专业发展的内在动力。

这种"心安"当然并不是安定，虽然从小成长于乡村社会，特岗教

---

① 费孝通：《乡土中国》，北京大学出版社 2012 年版，第 15 页。

师已经不像他们的父辈或者其他代际的乡民一样，需要向泥土讨生活、需要在乡村社会保持家的不移动。恰是那些成长于县城的特岗教师期望自己要保持家的不移动，他们到乡下工作只是为了讨生活。在特岗教师看来，他们讨生活的方式是通过到乡村学校服务3年以换得编制内的教师工作，这是他们想要获得理想性安定生活的基础和前提。教师职业的稳定性、低风险性是特岗教师们想要通过"特岗教师计划"政策换得一份"体制内职业"的根源。这种"体制内职业"的生活方式会因地域、文化条件差异对个体产生不一样的吸引力，人的可流动性就成为必然。越是在经济发达的地域，也许制度内的生活方式对年轻人的吸引力越有限。"特岗教师计划"政策所实施区域都是相对来说经济并不是那么发达的地方，特岗教师们的父辈或祖辈成年后的社会时间正值中国城镇化进程的快速发展期，他们更容易离开家乡在外求生存，但因为他们"定型生活"并长大于乡村，他们对乡村社会怀有深厚的感情，他们愿意回到乡村社会，即使在特岗教师服务学校中的年长于他们的其他代际乡村教师也是如此。"'60后'或'70后'乡村教师从小深受乡村社会文化浸润，熟知乡村社会资源，他们的生活方式和价值观体系与乡民之间有共同的话语基础，因此容易融入乡村社会场域。"① 特岗教师作为新生代乡村教师则与同处一个学校场域的"60后""70"后乡村教师经历了完全不一样的成长体验："他们从孩提到就业的人生经验与20世纪90年代开启的社会和教育变革同轨，是第一代完成离土、离乡、离（农）户的乡村教师。"②，即特岗教师作为新生代乡村教师，他们从小是"离土""离乡""离农"的，他们不再有"生于斯，死于斯"的想法，当然他们的工作节奏也不是那种"日出而作，日落而息"的定型方式，这种方式是在"定型生活中长大的有着深入生理基础的习惯帮着我们'日出而起，日入而息'的工作节奏"③。特岗教师基本没有这样的成长经历，甚至他们想要入职特岗教师也是城市化社会模式下的制度性劳动分工结果。因

① 蹇世琼、彭寿清、冉隆锋：《由"他者"走向"我者"——新生代乡村教师的乡村社会融入困境与破解路径》，《四川师范大学学报》（社会科学版）2021年第3期。

② 郑新蓉：《共和国五代乡村教师代际特征研究》，《贵州师范大学学报》（社会科学版）2016年第3期。

③ 费孝通：《乡土中国》，北京大学出版社2012年版，第33页。

为城市化进程，特岗教师和他们的父辈开始逐渐由向泥土讨生活辗转到向城市讨生活，当入职特岗使他们的人生轨迹背离城市转向乡村社会讨生活时，他们对特岗教师职业认同的矛盾性建构自然就会产生。

特岗教师们用"心安"来调适自己在特岗教师职业认同建构中的自我矛盾实际上也体现出特岗教师身份处于"乡下人"与"城市人"之间的社会位置结构的牵拉中，他们逐渐成为游离在"城市"与"乡村"社会之间的边缘人。参与本书调研的9名特岗教师中有7名在高中之前都与父母或祖辈生活在乡村社会中，在高中之后才到县城学习、生活，在这之前他们的生活轨迹基本都深嵌在乡村社会结构中。特岗教师们虽然回到了乡村学校工作，但他们的生活与土地没有任何关系，他们选择特岗是为了融入城市生活并按照城市人的生活方式生活。大部分特岗教师生命历程中的原生教育经历和家庭结构特质又深嵌于乡土社会中，但高中之后的生活方式与学习场域又决定了他们具有稳定的城市化市民价值观，以至于他们入职特岗教师之后租住在城市里、休闲在城市里、交友在城市里，他们的生活方式不像传统乡土社会中的乡民那样受到自然的影响，而是受到各种科技力量或市场化经济结构的影响。但因为特岗教师们工作服务学校的场域在乡村社会，因此他们又会自然地用"心安"来调适自己的矛盾性职业认同，这种"心安"主要受高中以前他们或他们的父母生活在乡村社会框架的价值观影响，当然这种矛盾性职业认同的自我调整机制也会伴随他们离开服务学校而逐渐式微。

二　无违

传统乡土社会中的乡民受儒家思想影响较深。尽管与父辈或其他代际乡村教师相比，特岗教师们的成长经历深受现代化语境下多元文化及城市化价值观的影响，但从特岗教师们对某些关键事件的抉择中也能明显窥见他们依然深受儒家思想影响。比如，在特岗教师职业认同建构出现矛盾时，他们的另一种自我调节机制就是"无违"。无违源于儒家思想中对"孝道"的重视，费孝通认为儒家思想中的所谓"孝"，可以被解释为"无违"，即承认长老权力，不违背长者意志等。特岗教师们的父辈大部分生活在变革速度比较慢的乡土社会中，即使他们曾经在城市中打拼也只是一种临时性的单向度流动，具有典型的"候鸟型"流动特征，他们在城市社会谋生存后仍然要选择"叶落归根"回到乡村。但特岗教师们作为新生代年轻人与他们父辈对城市社会的感情则完全不一样,他们想要的流动是较为彻底地往外走,比如他们希望自己在城市生根安家,这是一种真正离开乡土社会的"完全型"流动。

选择并入职特岗教师职业时,不少特岗教师受到父母职业价值观的影响较大,是在父母"唠叨"中为了获得一份正式职业而进行的"不得不"选择。特岗教师们入职后都想要"离开"体现出他们入职时选择特岗的"口是心非"和"虚假"。这种职业选择的代际观念传递也许在慢速变迁的传统型乡村社会中难以产生对抗或者"反对",但在快速变迁的社会结构中,不同代际之间在职业价值观形成的场域条件差异较大,显性对抗或"反对"也容易产生。"在长老权力下,传统的形式是不准反对的,但只要表面上承认这形式,内容却可以经注释而改变。结果不免口是心非。在中国旧式家庭中生长的人都明白家长们一直怎样在表面的无违下,事实上是被歪曲的。虚伪在这种情境中不但是不可避免而且是必需的。对不能反对而又不切实用的教条或命令只有加以歪曲,只留一个面子。面子就是表面的无违。名实之间的距离跟着社会变迁速率而增加。在一个完全固定的社会结构里是不会发生距离的,但是事实上完全固定的社会并不存在。在变得很慢的社会中发生了长老权力,这种统治不能容忍反对,社会加速地变动,注释式歪曲原意的办法也就免不了。挟天子以令诸侯的结果,位与权、名与实、言与行、话与事,理论与现实,全趋向于分离了。"①所以,表面上的"无违"也是特岗教师们在矛盾、分裂、分离的特岗教师职业认同中另一种自我调和方式的主观能动性体现。特岗教师们一方面认识到进入"特岗教师计划"能让他们获得一份自己及父母比较在意的体制内工作;另一方面他们又在不断地想着如何以最优化的方式离开所服务的乡村学校,脱离"特岗教师计划"的规制。在具体工作中,特岗教师一方面在"无违"中应付着学校的各项任务要求、应付着学生、应付着同事;另一方面他们又随时都做好想要走的准备,无论他们对现有学校、现有同事、现有领导有多么的不满,他们都在特岗教师服务期间或期满后基本遵从着这种长老权力模式下的"无违"

---

① 费孝通:《乡土中国》,北京大学出版社2012年版,第129—130页。

建构着自己的矛盾性职业认同。

除了在 3 年特岗服务期间获得众多荣誉并在服务期满后已顺利进城的 2 名特岗教师之外，参与本书调研的其他 7 名特岗教师几乎都没有以一名专业人员身份那样去思考自身的专业发展或者表现出积极的专业性教学行动。"心安"和"无违"的自我调和方式显示特岗教师在调整职业认同建构中的矛盾时，深受社会价值观的代际差异变迁影响，但秉承的还是一种传统文化模式下普通社会个体的价值观调整策略。虽然总体上"心安"和"无违"的职业认同矛盾调和方式体现了特岗教师建构职业认同时的某种主观能动性，但在这个过程中无法探寻到特岗教师是在以专业人员的身份建构他们的职业认同。

第三节　特岗教师职业认同建构机制

本书旨在通过观察特岗教师的职业认同建构过程，管窥当前中国乡村教育体系中重要人力资源——新生代乡村教师（特岗教师）——在乡村学校的活动轨迹，并探寻新生代特岗教师职业认同建构过程及其中蕴含的个人主观能动性发挥机制。研究显示特岗教师们的活动轨迹更多地体现为一种城市化方向的流动意愿和流动方向。职业认同建构对教师职业行为发挥着至关重要的影响，因此本书目的是要通过深描特岗教师的个人行为特别是他们的职业价值观、职业角色认知以及职业投入等解释在乡村社会结构场域中工作的特岗教师建构自身职业认同时是如何受到社会变迁的规制和影响的。

一　特岗教师的职业认同建构是基于理性选择的决策过程

有社会学家比如科尔曼认为如果把个人行为作为解释社会系统的重点，难以形成恰适的社会理论，[①] 因为社会系统的重点与个人行为的重点不在一个层次上。但事实上特岗教师职业认同中的个人行为确实深刻地受到了社会系统结构变迁的影响。达尔文社会学理论认为经济活动应该

---

① ［美］詹姆斯·S. 科尔曼：《社会理论的基础》，邓方译，社会科学文献出版社 1999 年版，第 3 页。

是理性的，本书通过分析特岗教师的职业行为发现特岗教师的职业认同建构同样也是理性的，且这种理性源于特定阶层人群的社会生存方式选择。特岗教师的职业认同是特岗教师这个特定阶层在理性判断与分析自身所拥有的各类资本前提下做出的理性选择，这种理性选择本身成为特岗教师职业生涯轨迹中教师专业发展的关键事件。斯蒂夫和沃尔夫等在终身教育理念、建构主义学习观的影响下，认为教师的专业发展是一个持续的专业学习过程，并建构了教师职业生涯发展周期模型，在这个模型中他们认为选择是促进教师专业发展的最重要影响机制，"教师们通过选择来帮助他们成长或者步入低谷，这样的选择也是一种持续的反思和更新的过程。"① 不断选择的特岗教师作为"特岗教师计划"政策的特定行动者，会首先追求满足自身各种需要的效益或者利益。受从小"离农"教育机制的影响，特岗教师的价值观也深受现代主义思潮的影响，当市场经济成为现代化社会的重要标签时，个体在这种城市化进程中当然会优先考虑自身利益。也是出于市场逻辑的考虑，"特岗教师计划"政策在实施过程中希冀通过与特岗教师签订"3 年乡村学校基本服务"的就业协议方式让其入职，并在 3 年后通过"公平招考"的方式甄选优秀者，让特岗教师有机会"考调进城"。"特岗教师计划"政策本身是将特岗教师假设成了在现代化进程中能够遵循市场逻辑中契约精神的市场人和理性经济人。这个过程中不管是政策制定者一方还是特岗教师一方，均充分发挥和运用了市场经济社会中的交换规律，即特岗教师用 3 年时间在乡村学校的基本服务换取一份编制性职业，甚至实现自己可以进城当教师的理想；政策制定者一方则通过让渡对乡村学校、乡村学生甚至乡村社会的管理与治理权让特岗教师获得相应的效益和利益。

特岗教师与"特岗教师计划"政策之间是一种持续进行的"交易关系"，在这个过程中，特岗教师如果擅自违约，带来的损失很大。避免特岗教师考试或者流动的制度性约束在某种程度上保护了乡村教育和学校，但也对促进乡村教师队伍建设质量的整体水平提高具有一定的阻碍作用，因为这种制度性约束的假设前提是优秀的特岗教师可以顺利实现"考调

---

① Betty E. Steffy and Michael P. Wolfe, et al., *Life Cycle of the Career Teacher*, California: Corwin Press, Inc., 2000, p. 16.

进城"，留在乡村学校的特岗教师是制度性筛选后留下来的那部分不那么优秀的特岗教师。从这个角度看，"特岗教师计划"政策既在一方面发挥了减缓城乡教育不公平现象的公共性职能，另一方面又发挥了城乡教师队伍质量分化的筛选性作用。"特岗教师计划"政策与特岗教师服务学校的组织力量都期望特岗教师在 3 年服务期满后能继续留任，但在特岗教师服务期间的工作机制却又都共同假设特岗教师会离开所服务学校而忽视对特岗教师的专业成长观照。"特岗教师计划"政策作为一种服务于乡村整体教育质量提升的宏观性政策在"无意中"与特岗教师工作学校的组织机制对特岗教师的积极性专业成长发挥了共同的阻碍性作用。特岗教师在服务学校很难像真正的专业人员那样工作，他们除了完成组织性教学任务之外，工作范畴增加了家访、扶贫、人口普查等新时代背景下的乡村社会基层治理任务，这些按照特岗教师对教师职业的理解都不应该属于教师职业的基本职能。特岗教师们应用一般教师或者他们主观认知到的一般教师工作职能建构他们的职业认同，其中也导致了他们对服务场域与服务学校特殊性的主观性忽视。当然，还有一个重要的原因在于特岗教师参与基层社会治理工作时，也并没有获得超出他们工作范畴的额外利益和实质性的物质报酬，因此他们并不认为家访、扶贫、做资料等是他们的工作义务，这些都充分彰显出特岗教师职业认同建构时首先是一位理性行动者："理性行动者（特岗教师）之所以使他人对自己承担义务，必定是由于他们能够获得某种超越义务的利益。"[①]一旦超越了他们的基本工作职能范畴外的义务过多，同时他们又并没有获得超越这些义务的相关利益时，他们的职业认同水平自然会受到影响。

二　特岗教师是难以内化"特岗教师计划"规范的理性行动者

特岗教师们即使已经出于务实性的原因"下去"了乡村学校，但这种保底性的"不得不"职业选择动机所产生的职业认同矛盾，使特岗教师在建构自身的职业生涯轨迹中会产生较为强烈的"迷茫漂泊感"。不管是在特岗教师 3 年基本服务期间还是在服务期满后，他们都容易被这种

---

① ［美］詹姆斯·S. 科尔曼：《社会理论的基础》，社会科学文献出版社 1999 年版，第 362 页。

"迷茫漂泊感"左右并沉坠在"坚守"或"离开"的矛盾心理中继续着教师职业生涯。城镇化进城的单向度方向与城市化社会的就业机会挤压是引发特岗教师愿意在"特岗教师计划"政策"诱导"下逆向流入乡村学校的社会根源。虽然特岗教师的逆向流动是一种基于生存现状而做出的自发行为，并非制度性政策引导的必然结果，但特岗教师们很少会主动地、深刻地去理解或认知"特岗教师计划"政策的公共性作用。

　　满足生存需要和获得体制内工作的务实性、便捷性是特岗教师基于"特岗教师计划"入职特岗的个人动机，这样的入职动机是特岗教师及他们父辈的社会位置结构较低所致。大部分特岗教师出生时的家庭条件并不太好，从小接受的家庭教育和学校教育均较羸弱。像特岗教师这样城市化路径成长起来最后又要回到乡村地区工作的乡村教师具有"底层学子"的显著特点。入职后特岗教师们不仅在乡村学校中的组织地位和专业地位低于其他在编教师，在师生互动中的社会地位也低于其他在编教师。同时他们既是城市社会，也是乡村社会的"边缘人"。"不难看出这部分教师最显著的特点就是他们都曾经是'底层学子'，在接受高等教育后留在城市学校任教，希望能够真正地改变自己的'不利地位'。然而，随着城市生存成本的提高、文化资本的缺乏，这群在城市奋斗的'底层学子'无法真正融入城市生活中，甚至有一部分'底层学子'逐渐地成为城市的'边缘人'。加之受制各方面不利条件的约束，他们并没有获得理想中的发展，更谈不上改变'不利地位'并实现阶层流动。故而，对这群生活在城市边缘的教师来说，选择回到乡村学校继续自己的事业是相对较好的选择。……教师的选择虽有能动性，但他们的选择也要受现实条件的制约。受'迷茫漂泊感'影响而出现逆向流动的乡村教师并非是出于一种服务乡村的主动意识，而是一种被动生存的策略选择。对他们来说，当无法在城市获得较好的发展时，除了回到熟悉的乡村便没有更好的选择空间。"①

　　特岗教师的职业认同是一种未激发起他们在乡村学校主动服务、能动发展的认同，这让他们的职业认同建构主要也易于受到服务学校所在

---

　　① 石亚兵：《乡村教师流动的文化动力及其变迁——基于"集体意识"理论的社会学分析》，《全球教育展望》2017年第11期。

地的客观条件影响，包括自然环境条件和人文环境条件，比如交通条件和学生及家长素质。特岗教师建构职业认同的根本出发点在于特岗教师是否能实现他们在原有社会位置结构基础上的"集体性阶层上移"，他们很少去思考特岗教师作为专业性人员应有的职业认同状态，当然他们也很少去反思他们自己、反思"特岗教师计划"政策，他们更多地认为自己是"特岗教师计划"政策的受益者，但同时也是该政策的牺牲者，这是特岗教师在职业认同建构中总是存在"坚守"与"离开"矛盾的主观心理基础。如果说在乡村教师队伍中也存在某种阶层位置关系的话，特岗教师们可能会"被动地"自我觉知到他们是最底层的那一类教师。所以，特岗教师们容易获得特岗教师职业，但不容易产生内省性的职业认同。特岗教师职业认同受外界影响较大，他们在乡村学校的 3 年基本服务期间建构着一种务实性的职业认同具有受社会背景制约的合理性。

特岗教师职业认同建构中的理性是动态变化的，他们的主观能动性也在持续地反馈和调节他们的职业认同。理性是特岗教师职业认同建构的内在机制，即认同是由特岗教师的内在理性所控制与调节的。尽管特岗教师们的自我调和机制——"心安"和"无违"——明显受到了乡土社会结构中的传统价值观影响，但这也是他们职业认同建构中的主观能动性真实体现。越是传统的乡村社会中，家庭越容易成为个人的福利机构，对子女教育的责任也主要由家庭来承担。城市社会结构中，家庭中的父母则需要通过参与社会工作而将子女教育责任都让渡给学校。当城市化进程中乡村社会家庭结构中的父母不得不离开熟悉的乡土社会到城市社会中辗转流动讨生活时，也不得不将子女教育的抚养责任更多地让渡给学校，而特岗教师就是接受这些孩子教育责任的最后承让者。特岗教师职业认同建构跨越在乡村社会与城市社会之间，一边他们工作在乡村，另一边他们生活在城市，他们选择将自己子女的教育权让渡给城市的学校教育体系，这种分裂状的工作与生活状态最终导致了他们职业认同中的深刻矛盾。"特岗教师计划"政策作为一种公共性教育政策，主要通过契约性的制度设计实现乡村学校教师队伍稳定的政策初衷。特岗教师自己又通过对该政策的积极反应或回应以获得个人完全社会化的角色转变或劳动收益。但城乡社会之间的资源分配差异，导致特岗教师最后都会选择"离开"，同时他们可能也会主动地承担不遵守契约精神所带来的制度性惩戒。比如在 3 年特岗服务期间如果特岗教师选择离职,首先是社会就业市场的高风险性使他们可能再难获得一份比较正式的职业;其次是教育体系内部的互通性使他们可能难以获得更多的学习与培训机会;最后是他们自身各类资源的有限性使他们很难真正地超越自我获得理想性的工作。

特岗教师作为理性行动者,选择"离开"是理性行为,体现出他们自身在综合考量资源、条件与能力的前提下如何追求个人利益最大化的过程,虽然他们利益的最大化会与"特岗教师计划"政策的初衷背道而驰。为什么特岗教师入职后并不愿意遵守"特岗教师计划"政策的制度性契约呢?这一点与"特岗教师计划"政策作为一种教育行政管理机构所制定的政策目标与特岗教师自身的发展目标不一致有密切关系,或者也可以说"特岗教师计划"政策忽视了特岗教师自身的发展目标。虽然特岗教师是"特岗教师计划"政策执行的末端实施者,但在制度性契约中他们建构的职业认同显示他们只是该政策的"附庸",特岗教师与"特岗教师计划"政策之间的本质可以被理解为一种交换关系。显然,此时的特岗教师是被"特岗教师计划"政策及其相应的各项制度支配着的一方。只有当支配者与被支配者在目标一致时,由支配者确定的规则或规范才容易获得被支配者的遵守。而事实上,"特岗教师计划"政策的目标明显地与特岗教师的目标是不一致的,特岗教师在入职后的被控制感很强烈。通过前文分析发现也许这种被控制感源于特岗教师原生家庭所拥有的资源有限以及他们自身在毕业学校、专业能力上的弱势性。无论如何,这些都使特岗教师并未内化"特岗教师计划"政策的相关规范,这也成为他们不愿意继续在所服务学校留任的主要表征。

在特岗教师看来他们并非"特岗教师计划"政策规范的受益者,他们甚至没有去深入思考过该政策对他们的利弊之处。如果要将"特岗教师计划"政策作为中国乡村教师队伍建设的长效性制度,则需要特岗教师群体认识并理解该政策的公共性品质,理解该政策需要他们在乡村学校的服务质量作为基础。只有这样,才能将"特岗教师计划"政策固定下来。"制度进行惯常的、低层次的、日复一日的思考。……(制度)要稳定,就意味着要以某种可见的形式固定下来。让人吃惊的是,制度竟能稳定到各种类型中,我们可以在不同的时间和条件下认识到它们。……但制度把自身和环境维持得足够稳定，以被做理性选择的个人认识到，这中间的过程如何，制度经济学却没有给我们解释。"① 从本书关于特岗教师职业认同的分析来看，"特岗教师计划"政策的稳定是该政策作为一种制度与乡村社会环境互动中特岗教师进行理性选择得以实现的。基于这样的理性选择，特岗教师在乡村学校完成制度化的契约式服务，遵守该政策制度化规则的自然性与合理性，但也是这样的理性选择，使特岗教师自身在这个过程中保持一种可辨认、可持续的存在形式。

---

① ［英］玛丽·道格拉斯：《制度如何思考》，张晨曲译，经济管理出版社 2013 年版，第 142—143 页。

第 九 章

特岗教师职业认同的提升路径

　　特岗教师群体在"特岗教师计划"服务期间或服务期满后均会想要离开，但他们作为"特岗教师计划"政策的末端实施者的教育教学质量又是影响乡村教育质量的重要因子。特岗教师们想要离开的想法尽管受到诸多主客观因素的规制，但如果任由特岗教师群体低水平职业认同问题持续存在，必然会严重影响乡村学校教师的生存生态，会严重阻碍乡村学校的教育质量提升，也严重违背"特岗教师计划"的政策初衷。特岗教师的低水平职业认同建构与他们所处场域的外在环境密切联系，他们对特岗教师职业的自主接受与认可程度低，即使在他们难以离开服务学校就地转为在编教师，依然难以产生积极的工作投入、难以激发和谐的自我统一性、难以建构理想的师生关系，更难以产生持续的专业发展动力，这些都加大了建设一支专业化乡村学校教师队伍的困难性，不利于当前乡村振兴战略实施中乡村地区人才队伍建设的长效机制建构。深描特岗教师职业认同建构过程发现，特岗教师的身份或基于该身份的各种社会行为可以用"理性"社会人理论来进行进一步的解释或理解，当然也包括对他们的教育教学行为、他们职业选择动机以及他们想要"离开"服务学校根本动因的解释或理解。特岗教师建构职业认同时，既受到他们工作任务烦琐性、工作内容与乡村社会无边界性的影响，更受到他们在乡村学校难以顺利婚恋实现个人完全社会化的影响，当然还受到他们对下一代所接受教育质量担忧的影响等。特岗教师们个人成长经历受城镇化进程中的"离农"教育机制影响较大，在他们职业认同矛盾建构的自我调和中，他们往往秉持一种受到传统乡土文化（处于乡村社会场域）深刻影响的"心安"和"无违"的态度与价值观。特岗教师未能像专业性人员那样建构教师职业认同，他们的职业认同问题也不再仅是一个教育问题，而更应是一个社会问题。

　　参与本书调研的 9 名特岗教师中，有 2 名在 3 年基本服务期间成长为了优秀教师，这 2 名特岗教师有相似的成长经历和家庭经济条件，他们从小成长于城市化社会中，但他们对特岗教师有高度的职业认同，虽然这种高度认同并未让他们继续"坚守"在服务学校，但他们在特岗 3 年基本服务期间显著提高了所教班级和所带学生的教育教学质量，真正促进了乡村教育质量提升。除了这 2 名特岗教师之外，参与本书调研的其他 7 名特岗教师中还有 1 名特岗教师也从小成长于县城，但却与这 2 名优秀特岗教师在职业认同上存在显著差异，这 3 名相似教育经历和成长环境的特岗教师在特岗教师职业认同自我建构上存在显著的背离式差异。一类是在建构自我同一性时将自己理解成"玻璃人"，在艰苦的环境中根本无法很好生存，感觉自己随时都有可能被摔得粉碎的特岗教师，他们寄希望于通过家庭条件相较其他特岗教师的优渥以改善自己处境。这类特岗教师的职业认同水平非常低，甚至内心深处对在乡村学校服务存在明显的抵触心理，因此其专业发展水平当然不高。另一类则将自我同一性理解成"橡胶人"，他们把特岗教师经历作为自己持续专业成长的一笔宝贵财富，认为自己在特岗教师服务期间需为今后专业发展奠定坚实基础，有效地将特岗教师职业认同与普通教师职业认同统一于自己的持续专业成长中。虽然本书并不能得出如下肯定性的结论：家庭资本好的特岗教师，更有可能在特岗教师服务期间获得更高水平的职业认同，但至少可以认为有这种趋势存在。而要理解优秀特岗教师的这种高水平职业认同状态，关键在于探索他们是如何理解当前的特岗教师经历与个人进入县城以上城市在编教师之间的关系，因此，至少可以确定特岗教师职业认同水平是明显受到特岗教师自己如何从整全人生的角度看待特岗教师经历的深刻影响，特岗教师职业认同水平建构中的关键是特岗教师个体的主观能动性。

　　对特岗教师们如何在特岗教师职业认同建构中进行自我调节及其机制的分析再次回应了本书研究问题的重要性，在"特岗教师计划"政策的进一步推进与深化中，应该如何提升特岗教师的职业认同水平呢？如何使特岗教师们成为一名合格的、甚至优秀的"橡胶人"呢，回答此问题是本书的应有之义、必要之本。

第一节 提升特岗教师职业认同水平的几个关键问题

提升特岗教师群体的职业认同水平的重要性不言而喻，特岗教师职业认同的重要影响因素将是提升特岗教师职业认同水平时需重点解决的问题。在乡村社会振兴战略的实施进程中，特岗教师作为乡村社会少有的知识分子应该发挥重要作用。"在都市过剩的知识分子，好像没得处用；然而挪到乡村来，其作用自现。即使最无多知识能力的，在乡间至少也有两种伟大作用：一、乡村最大病症是愚弊：从他的一知半解，总可替乡下开一点知识，最低程度也能教乡下人认识几个字。二、乡村最大缺憾是受到祸害没有人理会，自家也不能呼唤人注意；而他则容易察觉问题，不似乡间人疲钝忍默，亦有呼喊的工具——文字。第一种作用，好比为乡村扩增了耳目；第二种作用，好比为乡村添了喉舌，尤其是回乡的人多了，此作用必自然发生无疑。果真化除得几分乡村的愚弊，果真乡村人受到祸害能呼喊出来，中国民族的前途便已有了希望；乡村建设便算成功了一半！"① 在梁漱溟看来，当时的社会结构体系中回乡的知识分子对乡村人的素养提升、乡村社会结构改良具有极大的作用，一方面体现在他们可以为乡村人拓宽视野上；另一方面体现在他们可以让乡民具有批判精神上。可见那时的知识分子在乡村社会具有较高地位，他们作为让乡村人佩服的文化人而备受尊敬和尊重。

一 如何在"离农"教育机制下为特岗教师构筑乡情文化堡垒

在城镇化进程中，当大部分知识分子都选择向城市方向流动时，特岗教师却回到了乡村社会场域中，尽管这种"回"具有被动性和制度规训性，且在乡村社会结构中，他们也成为乡村社会少有的知识分子群体，但他们在乡村社会中的时代境遇未让他们感知到备受尊重。不同年代的知识分子尽管所处的社会历史背景具有较大差异，"特岗教师计划"政策实施中面临的最大问题就是城乡之间发展的不平衡所带来的资源分布不

---

① 梁漱溟：《乡村建设理论》，上海人民出版社 2011 年版，第 351 页。

均衡，乡村人，特别是那些需要教师教化的乡村年轻人，早早就迁徙或迁移到了"外面"的世界，他们偶尔会回乡村社会一趟，他们的视野开放性有时甚至强过特岗教师。此时乡村社会中的乡民对特岗教师逐渐失去了尊敬与信任，同时，当特岗教师因为自身各类资本式微并未被领导或同事看成是普通在编教师时，他们自然难以建构起较高的特岗教师职业认同水平，因此无论"特岗教师计划"政策如何通过制度性的契约限制特岗教师流动，收效都必然甚微。乡民们甚至有时对特岗教师表现出深深的同情之感，所谓同情之感一定是对那些处境比自己还差的人才会产生。第一，乡村人的视野已经不需要特岗教师来为他们开拓，因为他们自己本身也具有较强的离开乡村的意愿与想法；第二，我们的教育体系也缺乏对批判精神的培养，不管是乡民还是特岗教师，对社会中的不良"祸害"往往采用一种"事不关己高高挂起"的态度。一方面由于传统乡村社会结构的逐渐瓦解，乡村社会的人口结构出现了不可逆转的城市化迁移特征，伴随人才、人口的大量流失，乡村社会文化逐渐变得虚无、空洞，乡村社会文化在缺乏人作为文化的传承者与承载者的时代境遇下在时间流逝中逐渐被消解。特岗教师与当地乡民在认为乡村社会原有结构属于被时代淘汰的产物上具有高度一致性，很难产生回归乡村社会的能动性意识与主观性行为。另一方面，特岗教师选择特岗的基本动机在于他们将此经历作为他们进城的一个跳板，这种动机背后折射的是他们对乡村社会并没有强烈的情感基础，这个过程中他们并不认为自己是"知识分子"，也不认为他们是乡村社会中的"精英"阶层，同时，他们也缺乏传统乡村社会知识分子那样的公共品质与公共精神。

特岗教师与当地人、当地学生之间的"隔阂"实质也是一种文化差异在特岗教师人际关系上的表现，这种差异产生的条件是他们各自的生活、成长经历少有共同的地方。"一旦各个民族在衣食住等这些基本需求方面出现了明显差异，那么，在信仰和观念上也同样会存在差异，其差异之大，其形式之独特，使人们只能将这些民族的全部生活综合体看作是富有特色的文化。"① 参与本书调研的特岗教师作为新生代乡村教师与

① ［美］克拉克·威斯勒：《人与文化》，钱岗南、傅志强译，商务印书馆2004年版，第7页。

其他代际乡村教师在建构特岗教师身份上的差异、与乡村学校学生及其家长之间的价值观差异，实质都是一种文化差异。对那些在县（市）城市长大的新生代特岗教师来说这一点表现明显，而对那些从小出生成长于其他省市的新生代特岗教师来说则表现得更为明显。"特岗教师计划"政策的初衷是通过"政策诱导"促使作为教育第一资源的教师资源在不同区域之间流动，解决城乡之间的教育不均衡发展问题。这其中忽视了这种来自不同地域的教师资源在流动过程中的身份特质及文化特质的差异，尽管这种流动对乡村教育质量具有直接的促进作用，但也会使特岗教师在自我成长经历中积淀的各种已经内化的文化越来越缺乏根植土壤的滋润，因为"特岗教师计划"政策在实施之初更多地被当成是一种乡村教师队伍建设的补偿性政策。

"特岗教师计划"政策缺乏引导特岗教师们如何基于、挖掘、创新他们服务学校及其场域中的优秀传统文化或乡土文化的支持性制度配置。尽管"特岗教师计划"政策的公共性职能至少体现在如下几方面：提升乡村基础教育质量；缓解城乡教育资源的分配差距；提升乡村社会中弱势群体的社会位置结构。但如果该政策在实施过程中忽视了关键性的末端实施者——特岗教师——如何持续地专业发展，忽视了特岗教师自身既有的文化特质，就难免会产生文化霸权之嫌，文化的霸权在任何时候可能都存在，加上教育过程本身就承担着传递文化的职能，因此"特岗教师计划"政策稍有不慎，就容易被理解成是一种城市社会对乡村社会的文化霸权，尽管可能是一种温和性的文化霸权。这就导致特岗教师自己、特岗教师服务学校的学生及家长、特岗教师服务学校同事等容易基于自身成长（教育）经历所建构的价值观对"特岗教师计划"政策产生文化阻抗。此时的特岗教师难以内化"特岗教师计划"政策的公共品质与公共精神。传统乡村社会文化缺乏有效传承，弥散于乡村教育体系中，其文化内核的凝聚力逐渐消失；特岗教师群体又基于自身多维时间框架下的成长经历难以产生恒定的、持续的价值观以及乡村教师职业认同。文化漂移问题在身处乡村社会场域的特岗教师群体中普遍存在。

重视特岗教师与周围乡民、学生、同事等职业关系之间的文化阻抗现象，需以文化回归来解决特岗教师群体中普遍存在的文化漂移问题。这种文化漂移的直接表征就是特岗教师在 3 年服务期间或期满后会产生必然性的流动意愿，特岗教师很难融入当地的乡村社会，他们也很难接受当地的乡土文化。当特岗教师们受他们服务学校条件艰苦、资源匮乏、交通不便等这些外源性因素规制时，他们难以亲于乡里并普遍倾向于"离开"时，这种文化漂移问题得以凸显。"中国问题之解决，其发动以至于完成，全在其社会中知识分子与乡村居民打并一起，所构成之一力量。"① 特岗教师主观意识中认为他们很难与乡村社会中的乡民或学生打在一片，他们与乡村、乡民之间总是保持着一定距离。同时，由于特岗教师要"离开"的概率较高，他们也很难与其他同事或领导群体融为一体，特岗教师与他们职业关系中的关键他人——学生或同事—随时处于分离状态。伴随城镇化进程的加速，不管是当地的乡民还是特岗教师甚至在乡村社会工作的其他人群都选择在城市里生活作为自己的奋斗目标，不再像传统乡村社会结构那样按空间距离远近来与职业关系中的其他群体之间建立联结。但恰恰特岗教师们与乡民、学生、其他教师之间保持着一定的距离，尽管这其中他们与同事之间的区隔可能是一种被动式的区隔。特岗教师与服务学校周围的乡民之间产生的疏离关系，也是特岗教师作为一种"外乡人"与本乡人之间的一种文化阻抗，这种阻抗在民族地区的乡村学校表现更为明显。同时，这种文化阻抗也伴随特岗教师自有的某些文化特质一起共同形成了特岗教师群体普适性的文化特质。比如，他们都难以很好地适应乡村社会、都难以很好地与乡村社会其他群体之间建立联结，他们对当地的学生、学生家长等群体也很难产生认可或发自内心的尊重。

二　如何引导特岗教师在服务学校找到归属感

特岗教师以"心安"和"无违"调节职业认同矛盾心理的主观能动机制事实上深刻地受到中国传统乡土文化的影响，即他们由内至外重视自己及家人的感受，他们期望自己的职业生涯是稳定的，重视在职业生涯中个人是否能找到归属感。因此，"特岗教师计划"政策的进一步完善方向应让特岗教师在特岗服务期间找到感情归属和心灵安放。社会结构的变迁并没有让特岗教师的家庭关系变得越来越弱，家庭和乡土文化将

---

① 梁漱溟：《乡村建设理论》，上海人民出版社 2011 年版，第 289 页。

成为特岗教师找到归属感的重要栖息地。特岗教师在服务学校所在地难以在文化结构层面或感情归属层面获得社会支持。比如，外地特岗教师容易选择离开的原因主要是他们在服务学校及其所属区域里很难建立作为一个社会人的情感依恋或依赖关系。这种情感依恋或依赖关系的建构情况在很大程度上取决于特岗教师父母家庭或自己成家后的家庭与所服务学校的距离远近。出生或安家在与服务学校所在地之间地理边界越清晰、空间距离越遥远的特岗教师越不容易收获这种归属感，当然在他们的职业认同建构中也越容易与他们职业关系中的关键他者群体（学生）之间产生文化区隔与差距之感，"文化对地理边界却十分恭敬。诚然，某些特质也许可以跨越这些难以克服的障碍，但仅仅是在相当非物质的、高度一般化或黏合力微弱的情况下才能跨越，而且即使如此，它们也是作为孤立的特质而不是综合体四处漫游的。因此我们可以得出结论：文化特质综合体遵循的扩散形式是由直接环境决定的。"①地理环境是最常见的直接环境，特岗教师个人成长经历中总是伴随有地理环境的改变，他们形成的城市化价值观使他们"回"到乡村学校工作时难以跨越这种文化区隔所带来的文化阻抗，也必然导致他们的情感归属困难。

如果让特岗教师能够遵循入职时与当地教育行政部门签订的服务协议，需要某种社会承认为前提。这里的社会承认既包括他自己，也根植于他们所处的社会关系中，特别是他们的家人，特岗教师人际关系差序格局的中央是他们自己或他们的家人。同时，这种社会承认也能促使特岗教师找到自己在乡村社会位置结构中的存在价值。所以特岗教师做出"坚守"与"离开"决定的核心主要由围绕他们人际关系"波纹圈"最近的—家庭所展开，具体表现为源自父母的家庭经济条件是影响他们能否获得社会承认之基础性条件，而他们自己的情感归宿（如顺利组建家庭）则是他们能否获得这种社会承认的决定性条件。为自己的家庭成员（包括他们的子女与父母，特别是子女）获得更好的教育资源与医疗资源成为他们能否获得社会承认的支撑性条件，总之家庭是特岗教师职业认同建构时围绕他们自己的第一要务。当然他们的专业发展如何？他们的

---

① ［美］克拉克·威斯勒：《人与文化》，钱岗南、傅志强译，商务印书馆2004年版，第125页。

工作满意度如何？也可能是影响他们职业认同的重要因素，这可从特岗教师是否在教学工作中收获成就感以及在学校组织中获得情感寄托找到相应的依据。"特岗教师计划"政策、特岗教师服务学校的组织以及特岗教师的同事等均容易假设特岗教师群体具有权力弱势性、资源有限性、能力孱弱性等，容易把他们理解成不太优秀的教师。究其根源，特岗教师们产生这种职业认同认知的原因是"特岗教师计划"政策在实施中忽视了政策公共性与其实施场域的关系，也忽视了教师专业发展与组织场域的关系。"如果不考虑教师工作和学校组织结构的本质，那么对教师质量低下的传统解释是不完整的……要想吸引和留住聪明、在学业上已经准备好的人从事教学，就要为他们提供能利用自身想法、作为受尊敬的教学领导参与学校决策，以及获得专业发展的机会。"①

如需特岗教师在服务期满后愿意主动留在所服务学校，无疑，满足他们的归属感很重要。无论如何，"特岗教师计划"政策使不少乡村地区教师队伍建设实现了顺利的代际新陈代谢，这是乡村学校教师队伍建设的社会继替过程。就像费孝通认为社会继替就是社会成员新陈代谢的过程②一样。但如果该政策仅仅停留在通过制度性契约的方式规制特岗教师和留住特岗教师，忽视了他们的持续性专业发展，不管是从基层学校组织治理层面还是从宏观教育政策层面来说，都是对有关教育资源的极大浪费，既降低了教育政策实施质效，也阻碍了该政策进一步的推进和有效实施。更重要的是，极有可能引发特岗教师群体集体性地产生对"特岗教师计划"政策的内隐性排斥，甚至转向外显性抗拒，导致"特岗教师计划"政策的初衷难以真正实现。

三　注意特岗教师与其他教师之间的时间阻隔

"所谓时间上的阻隔有两方面：一方面是个人的今昔之隔；另一方面是社会的世代之隔。"③社会变迁速度越快，不同代际之间的代际壁垒就

---

① ［美］玛丽莲·科克伦－史密斯：《教师教育研究手册——变革世界中的永恒话题》，范国睿译，华东师范大学出版社 2017 年版，第 403 页。

② 费孝通：《乡土中国》，北京大学出版社 2012 年版，第 107 页。

③ 费孝通：《乡土中国》，北京大学出版社 2012 年版，第 29 页。

越明显。每个个体的职业生涯中都有今昔之隔，教师生命历程中的前后不同发展阶段之间有着密切的关系，具有时间维度上的连续性，即每个人的"当前"状态往往都包含着对他"过去"状态的投射。但如果一名教师一直保持一种持续的专业成长，那么这种"当前"状态与"过去"状态之间的关系不是重复过去的简单叠加，而是一种螺旋式上升关系，此时教师的专业发展才真正得到了实现。特岗教师具有这样的发展状态对实现"特岗教师计划"提高乡村教育质量的政策初衷尤其重要。社会的世代之隔是一种群体的教师专业发展观，不同出生年代教师的专业发展状态会有边界明显的差异，即相似年龄、相似出生年代教师在理念、知识、能力等专业发展维度上会表现出某个特定年代的特殊烙印。当乡村学校组织中存在不同代际的各年龄组教师时，不同代际教师之间的世代之隔与不同个体教师之间的今昔之隔都需通过终身学习、持续发展予以打破。不管是从个人专业发展的视角出发，还是从群体专业化的视角出发，特岗教师的专业成长都需从特岗教师整体的生命历程维度来审视，既需要观照到特岗教师个体职业生涯"前""后"之间的今昔之隔，也需要关注到特岗教师作为新生代教师群体与其他代际教师群体之间的世代之隔，因此，特岗教师的特岗服务这3年是其专业发展的关键性时间。

特岗教师工作于乡村社会结构中的乡村学校，尽管乡村社会中的传统文化习俗或生活方式日渐式微，但特岗教师们的职业认同建构依然受到传统乡土社会中那些"心安""无违"等文化价值观的影响，以至于当特岗教师职业认同建构中出现矛盾时，依然以这种价值观来进行自我调节并达到自我同一性的和谐状态。大部分特岗教师从高中开始逐渐远离乡土社会，逐渐与乡土社会中的乡民之间产生了文化隔阂，这种隔阂导致他们的价值观建构经历着一种传统与现代之间的博弈。特岗教师的职业认同伴随他们自身成长经历的逐渐"离农"和教育经历的"城市"化逐渐被所谓现代化的某些社会学符号所定义。而同时，乡村社会中的乡民（特别是那些年龄较大的留守儿童的监护者）依然深受根植于乡村社会结构的乡土文化影响。特岗教师与当地乡民之间的这种文化隔阂在处理有关留守儿童事务时表现得尤为突出，比如他们无法与留守儿童的爷爷奶奶或者外公外婆等监护人很好沟通，他们的家访收效甚微等。

特岗教师为什么都会选择"离开"所服务的乡村学校呢？这一点与

他们这一代乡村教师主要出生在 20 世纪 80 年代甚至 90 年代相关。自 1992 年市场经济改革以来，追求经济效益等价值观开始影响着年轻人的价值观，使他们的价值观取向日趋务实。特岗教师也往往基于务实性"不得不"选择特岗，他们很少去深入思考自己是否真的适合特岗教师或真的适合教师职业，他们也很少反思自我，但他们依然在客观分析自身资源的基础与前提下做出了特岗教师职业的理性选择。特岗教师在特岗教师职业认同建构中的矛盾与他们的"离农"价值观体系与被动的"返农"政策"诱导"有着密切关系。"离农"价值观体系明显地受到西方文化的影响，更多地强调一种天人对立论，即认为人可胜天、人类通过科技与现代化改造自然和社会才是真正的进步。当特岗教师因为自身各种资源有限性而"抗争"无力、"离开"无望时，他们也能在"心安"与"无违"传统中国文化价值观体系影响下成功实现自我调和。"中国社会构造本身（内部关系上）非常富于妥当性调和性。因其本身妥当调和，所以不易起变动；因其不变动，乃更走向妥当调和里去。愈不变，愈调和；愈调和，愈不变；此相传已久的老文化，盖有其极高度的妥当调和性。"[①] 特岗教师群体在调节矛盾的职业认同时受这种"老文化"价值观影响的"妥当性调和性"表现明显，这一点也决定了特岗教师群体在真正地做出"离开"的决定时具有某种旧式保守性。这种保守性影响并建构了特岗教师的某种特定文化，使他们在离开乡村学校无望时选择安于现状，但也恰是这种安于现状，使不少特岗教师也缺乏现代性社会个体应具有的某种进取、上进等动力和精神。因此，在特岗教师不能顺利"离开"时，他们专业发展的主动性不够、能动性不强的现象就比较普遍。越是"离开"动机强烈的特岗教师，他们身上越是容易表现出更多的现代性优秀教师所具有的品质，而恰是那些因主客观原因对"离开"并未特别在意的特岗教师，越容易沦为每天"怨声载道"的教师，对整个乡村教师队伍建设生态带来不良影响。

与特岗教师职业认同密切相关的另一个重要问题是中国社会结构实质是一个伦理关系型社会，中国人从小生活的世界是一个缺乏集团生活的世界。伦理关系型社会的重要特质就是个体对家庭成员及家庭生活的

---

① 梁漱溟：《乡村建设理论》，上海人民出版社 2011 年版，第 22 页。

重视。家庭成员之间相互合作成为深度融合的合作共同体，此外，家庭成员之间还相互成就，不同代际之间家庭成员相继成为各自生活工作的焦点，比如父母生活工作的焦点是为了给孩子创造更美好的生活，而孩子也可能因为父母而选择或确定自己的职业、配偶等。所以，不少特岗教师根本不喜欢特岗教师职业但会为了父母而选择；不少特岗教师决定要"离开"的根源也在于为了自己的下一代能接受更好的教育。"伦理关系始于家庭。家庭在中国人生活里关系特重，人人皆知。按理说：是人类都有夫妇、父子，即都有家庭；何为而中国人的家庭特重？家庭诚非中国人所独有；而以缺乏集团生活，团体与个人的关系轻松若无物，家庭关系就特别显露出来，像西洋人从前的宗教，后来的国家，在我们都是没有的。"① 因此，对家庭的看重也成为特岗教师"坚守"还是"离开"的重要原因。

第二节　特岗教师职业认同的具体提升路径

特岗教师的职业认同建构与他们是否想"离开"之间并无非常明显的相关关系，但特岗教师对特岗教师经历与其未来职业生涯定向即特岗教师往往会基于"未来我要成为谁？"来定义或限定现在"我是谁？""我在干什么？"和"我应该怎么做？"等职业认同的三个关键性维度，也可以说特岗教师的职业认同愿景受到其未来职业愿景的深刻影响，这过程中，关键在于特岗教师是如何看待 3 年特岗服务与其人生职业生涯发展之间的关系。因此，本书可得出如下结论：特岗教师们最后都想"离开"他们所服务的乡村学校，乡村学校教师队伍建设的稳定性需"特岗教师计划"政策或其他乡村学校教师队伍建设政策在实施中与其相应的社会结构之间保持持续互动性。特岗教师们想要"离开"的根本原因不在于他们不认可教师职业，而在于他们自身资源或条件的有限性、他们服务学校外在环境的艰苦性等。因此，对特岗教师职业认同的提升不应停留在将他们理解为普通教师或一般教师的身份认知上，而应从特岗教师职业认同矛盾建构中面临的"特定性"场域和"特殊性"对象等出发，

---

① 梁漱溟：《乡村建设理论》，上海人民出版社 2011 年版，第 25 页。

从乡土社会场域的空间切面以及乡村社会结构变迁的时间切面等视角出发开展讨论。一方面，既要理解特岗教师要"离开"的合理性，特岗教师并非站在神坛上的"圣人"，他们仅仅是一个普通的社会人，不管是入职特岗还是中途退出以及服务期满后有机会就"离开"是他们基于个人实际情况所做出的正常选择，而他们在建构特岗教师职业认同过程中的矛盾则更加促使他们像理性人那样进行理性抉择。另一方面，"特岗教师计划"政策可能会逐渐成为乡村教师队伍建设的分层机器，拉大教师队伍建设中不同发展水平乡村教师之间的格差序位。"特岗教师计划"政策本身的目的在于改善乡村教师队伍建设的结构，该政策自实施以来确实也为乡村学校注入了新鲜血液。特岗教师们在服务 3 年后均想离开，留在乡村学校的教师无非是无法"离开"。最后留在乡村教师队伍中的主要是"身在曹营心在汉"的那部分不得不留下的特岗教师，虽然表面上看乡村学校的教师队伍年龄结构越来越年轻化，质量结构也越来越优化，但始终未能留下优秀的年轻人，"特岗教师计划"政策的进一步推进与深化中需对此引起充分的重视。

一　设置乡村学校特岗教师的专业发展标准

特岗教师因为从小受到"离农"教育机制的影响，他们在特岗 3 年服务期间对乡村学校、学生、乡民等缺乏情感联系。特岗教师们很难在所服务的学校体验到情感上的归属，当然就难以建构和谐统整的特岗教师职业认同体系，加上政策制度对特岗教师群体的弱势性假设，使他们容易产生被边缘化的自我认知。基于如上前提，特岗教师职业认同的首要提升路径应要引导他们对地处乡土社会以及乡村振兴时代背景下的乡村学校产生认同，即引导特岗教师对其所处场域的认可与接受。如何能做到这一点呢？选拔特岗教师时应逐渐由数量补充取向转向质量提升取向，确定特岗教师群体的特定教师专业标准，从政策层面引导特岗教师将特岗服务的 3 年融入其生命全程，让特岗教师能进一步关注自己的专业发展状态，积极提升各项专业素养。

（一）专业理念中融入乡土情怀

乡土情怀是判断特岗教师能否与乡村社会、乡村社会中的乡民或学生建立良好合作关系的基本前提，在特岗教师的专业成长中应逐步培养他们的乡土情怀。教师专业理念作为教师价值观的直接体现，也是决定教师行为的核心动力，体现的是教师对教师工作的热爱并愿意基于这份热爱做出某种积极的行动调整或改善的内心信念。家庭是每个社会结构的基本单位，而中国社会则是在家庭结构基础上逐渐延伸为家乡情怀并升华提高到国家情怀而建构起来的。乡土情怀深深根植于不同代际乡村教师的家国关系纽带中，与"60后""70后"乡村教师相比，出生在20世纪80年代之后的新生代特岗教师乡土情怀缺失明显。乡土情怀指的是"不同血缘的'同乡共土'的人，因为居住地的联系、日常生活中的朝夕相处，形成了共同的价值观、共同的历史记忆、共同的生活习俗等。"① 有了这种乡土情怀，特岗教师才会对来自乡村社会的中小学生产生亲近感和亲切感，才能对他们的监护人——乡村社会中的广大乡民产生熟悉感和认同感；才会与其在特岗服务期间的重要他者——学生之间建立良好的师生关系，并在这个过程中收获成就感，来自学生的成就感对任何一个发展阶段的教师来说都是重要的、积极的促进因子。对特岗教师来说这种乡土情怀至少表现为能够知道乡村社会的基本生活，能够熟悉乡村社会的生活习惯与生活习俗，并在此基础上客观判断乡村学校学生的各种身心特点。② 特岗教师具有乡土情怀，他们才会产生愿意在乡村社会、乡村学校的坚守意志与品质。乡土情怀是特岗教师愿意持续为乡村振兴做出努力，实现持续专业成长的内在动力，应作为基本的专业理念之一被纳入中国乡村教师专业素养结构体系中得以培养和浸润。

（二）专业知识中融入乡土资源

专业知识储备是教师能够胜任教学工作的基本前提与保障，一般来说包括教育知识、学科知识学科教学知识以及通识性知识等。特岗教师的专业知识储备中除了具备作为一名合格教师的那些基本专业知识之外，还应在特岗入职培训与在职培训中融入乡土资源知识，特别是要重点培养特岗教师具有如何将乡土资源知识融入专业知识体系中的能力。任何时候特岗教师服务的乡村学校都处在乡村社会场域中，其主要的教育教

---

① 方铭：《乡土情怀的文化意义》，《人民政协报》2019年4月22日第11版。

② 蹇世琼、冉隆锋：《以乡情促乡村教师回归乡土》，《中国教育报》2018年7月5日第5版。

学资源应该源于乡村、根植乡村，以有助于特岗教师能基于乡村学校学生的真实生活场域开展教育教学、有效激发乡村学校学生的学习积极性，提升特岗教师在乡村学校的专业发展归属感。乡土资源承载着乡村社会生活、文化、习俗的变迁历史。乡村社会中的乡土资源非常丰富，既有地理性资源，也有历史文化性资源。在特岗教师专业发展中，有意识引导他们去积极开发、合理利用工作场域中的各种乡土资源，不仅有利于乡村社会资源得到有效使用，而且能极大提升特岗教师教学工作开展时的环境适切性。一方面既有利于提升乡村教师在乡村社会中的教育服务质量；另一方面也能促进乡村社会各类资源得到合理有效利用与创新开发，有效助力乡村振兴战略的教育实施。乡村社会丰富、多元、多彩的乡土资源进入乡村学校，既能丰富乡村学校现有的课程教育资源，促进乡村学校校本性组织机构的创建或运行机制的完善，更能促使新生代特岗教师在对乡村社会资源的开发、利用、创新中增进乡村社会的乡土情怀，建立积极的"人与社会"联结，实现他们在乡村学校的内生性专业发展。在特岗教师专业发展的相关培训项目中，可有意识地夯实新生代特岗教师的乡土资源相关知识，比如乡土资源开发、创新、循环利用等知识以及如何有效将这些知识传授给乡村学校学生或当地乡民的知识，引导特岗教师将乡土资源有效地融入自身的教育知识、学科知识、学科教学知识以及通识性知识中。

（三）专业能力中融入本体性反思能力

教师专业发展等于反思加经验。特岗教师特岗服务的 3 年正处于他们职业生涯发展的新任教师发展阶段，新任教师专业发展的关键性特质主要表现为如何处理课堂教学任务完成中的相关事务，如何在教育教学中关注学生等。从参与本书调研的 9 名特岗教师来看，这些新任教师的"常态"性特质在他们的职业认同建构中被提及较少，但在优秀特岗教师的教学设计反思中常有提及，比如 A2 老师。特岗教师专业发展的经验来自他们真实实践场域，这些经验超越了只是开展教学和处理学生学习问题的一般性教师的专业生活边界，相较在县城中小学当教师，特岗教师的教师身份在根植于乡村社会的乡村学校中显得更为多元。从提升特岗教师的实践能力来说，需有针对性地提升特岗教师如何家访的能力、如何与乡民相处的能力、如何及时观照到留守儿童心理变化的能力等。即特岗教师的持续专业发展要基于特岗教师们所处的特定的、特殊的乡村社会场域，要基于特岗教师们的真实生存样态。

反思意识与反思能力对教师专业发展的作用不言而喻，参与本书调研的特岗教师反思能力主要还集中在工具性反思阶段，工具性反思是一种外围性反思，缺乏主动性、主体性，不能很好地为教师行为改善奠定内在性的心理基础。比如大部分特岗教师反思的目的是完成学校每学期对教案的检查，很少有主动反思的理念与行为。乡村学生的特定对象、乡村社会特殊社会场域与新生代特岗教师从小在家庭教育、学校教育甚至社会教育中接受的"离农""离乡""离土"价值观体系之间存在着难以调和的"冲突性认知"矛盾，特岗教师如何能自觉地反思自己、反思自己前置性教育教学理念、知识和能力是化解这个矛盾的根本性或关键性路径。这种反思显然不能通过新生代特岗教师被动地完成"任务性"的反思要求实现。"任务性"的工具性反思只是让特岗教师的反思停留在教育教学任务完成的各个环节上，容易让特岗教师忽视对自己在完成这些教育教学任务时的教育教学理念进行反思，包括他们的学生观和教师观等，更容易忽视他们自身在这个过程中的主观能动性发挥情况分析。工具性层面的"任务性"反思也许能让特岗教师发生短暂性的行动改善，但这是一种被动式的变化，具有明显的短暂性、应付性等特征。特岗教师们缺乏本体性反思意识与能力，容易出现自主性专业发展动力不足，也容易使他们的职业认同建构受到外源性各种条件性资本的影响。本体性反思要求特岗教师在教育教学实践活动中反思自己要成为什么样的人或教师，对自身教育教学经验的不断改进与教育教学行动的持续改善，在这过程中特岗教师主动地树立起高尚的专业发展理念，长远的专业发展目标，自觉地主动学习并将特岗教师服务经历作为重要阶段融入他们整全性的生命历程中。在特岗教师的入职培训与在职培训中，需就他们如何在乡村学校场域中反思自己的教学、乡村学校教育教学特点、乡村学校学生特点进行有针对性的培育。有关特岗教师或乡村教师的在职培训可主要结合乡村社会结构特点进行主题式培训，以促进特岗教师能因地教育、因校教学、因生反思，当然更重要的是因自己开展本体性反思。同时，要逐步引导广大特岗教师在特岗教师岗位与其他在编教师岗位的职业认同之间建立起密切联系，而不是将二者进行二元割裂。

二　重塑特岗教师的乡土文化自信

特岗教师们在职业认同的自我建构中有着强烈的被边缘化之感，他们认为自己在乡村学校工作时，既不能很好地融入学校所在地的乡村社会，又不能在业余时间完全地融入城市社会中。对特岗教师来说，在乡村学校就业并不是引以为豪的事情，他们疏离于乡村社会的乡民和学生，但也被城市社会的生活轨迹所疏离。特岗教师们在乡村社会的社会地位不高，他们作为乡村社会中少有的知识分子优越感也逐渐消弭于快速的城镇化进程中。特岗教师在乡村教育的地位本应相当于传统中国历史上"士"阶层一样，首先他们是识字与有文化的阶层，与乡村地区的普通农民相比，他们的社会位置结构应高于普通乡民。虽然他们与乡村社会的乡民有区别，但他们并未感受到来自乡民或学生的尊重，这背后既受到在乡村社会的"现代主义"发展中对知识不能产生效益的肤浅价值观影响，也受到乡村社会交通、通信等体系的日臻完善影响，乡村社会乡民具有多元、便利等条件与城市社会建立有效联结。特岗教师在乡村社会的社会身份就与费孝通在分析传统乡村社会结构中的知识分子身份不一样，费孝通认为在乡村社会结构中具有特殊地位的知识分子与基层农民是有区别的，"我曾把这种人看成是城乡之间的桥梁……这种人历来被称作士绅的人物，他们一般和基层农民是有区别的，但存在着血缘关系，许多是农民出身或和农民保持着亲属关系，而另一方面又大多走出农村，住入乡镇和城市，成为具有政治权力的统治阶级的一部分或和统治阶级相互沟通，特别是科举时期各级政府的领导大多出于这种人。"[1] 与费孝通所所提的士绅阶层相比，特岗教师的社会地位显然要低不少。在当代乡村社会治理中，随着基层治理组织与结构的现代性完善，传统地方士绅（如当地政府的管理人员）权力逐渐扩张甚至过度集中导致各种基层治理垄断现象在乡村社会层出不穷，也随着城镇化进程中乡村社会结构中特别是那些外出务工农民阶层各种民主意识的逐步崛起，农民阶层与这种士绅阶层之间的关系已经开始逐步紧张。在乡村社会位置结构中低于士绅阶层的乡村教师（特岗教师）成为离农民阶层最近的群体，他们

---

[1]　费孝通：《文化的生与死》，上海人民出版社 2013 年版，第 191 页。

并未享有传统士绅阶层所具有的社会地位，但又承担起了传统士绅阶层的责任，成为最基层政府治理与乡民诉求得以满足之间的沟通桥梁，比如当地政府管理相关工作很多时候都指派给特岗教师或者在乡村地区的其他教师群体开展。乡村社会的乡民很多信息的获取以及他们自身的阶层权利彰显都已不像以前的传统乡土社会，需要通过士绅阶层发挥联结作用。此时，特岗教师群体职业认同建构需要在充分理解和解释他们在新时代背景下所具有的多元身份，以及在深入挖掘他们身上自有的文化特质基础上探寻在乡村社会结构中实现专业发展的具体路径。

（一）深入挖掘特岗教师群体的文化特质

一个不争的事实是乡村社会结构正日益被城市化进程所解构。特岗教师经济待遇再高都无法弥补在乡村社会结构中求生存的知识分子社会地位的日渐式微。如果要在这样的大背景下提升特岗教师的职业认同，就要深入挖掘特岗教师的群体文化，重塑特岗教师在乡村社会结构中的文化自信。但文化在个人生活中的广泛渗透性和不易察觉性等特质都决定了挖掘特岗教师群体文化需要有意识性，同时也存在困难性。在乡村振兴战略实施背景下，特岗教师的制度性身份已经让他们成为乡村社会结构秩序重建时的关键性知识分子。特岗教师作为乡村学校的新生代教师自然地会与他们同代际的特岗教师更为亲近，他们会相互在一起讨论工资待遇、讨论工作要求、讨论服务学校如何给他们发放绩效以及如果他们要"离开"学校时领导可能会有的态度等关键性问题，在这些问题的信息交换中特岗教师自然地形成了自己的小圈子，这个特定圈子文化在乡村学校成为影响新生代特岗教师群体"留任"与"坚守"的非正式组织文化。如果能够让他们的"坚守"形成一种文化自觉，即当这种"坚守"在不同代际之间的特岗教师之间形成继承、发扬之态势时，"特岗教师计划"政策的初衷也许就能真正实现。文化具有超生物性，因此文化不能用生物视角的生老病死进行判断，而更多地需要用挖掘与发现的视角去有意识地整理与发扬。不管是职业文化还是人际关系文化，都具有生物体各要素之间的有机联系性，即职业文化或某个特定群体的文化不是单独产生的，而是与某种职业或特定群体在社会结构中的政治地位、经济待遇等密切相关。特岗教师的政治地位、特岗教师的经济待遇、甚至特岗教师群体中的新生代代际特征等都会与产生什么样的特岗教师文化密切相关。"特岗教师计划"政策进一步推进与实施的重点在于如何引导特岗教师群体实现一种从文化自觉到自新再到自信的这样一种转变，优化的可能路径应是在政策的不断完善中逐渐植入让新生代特岗教师群体养成职业、代际文化自新与自信的自我认知自觉性，这是特岗教师群体文化生态系统逐渐和谐、完善的过程。比如，可在特岗教师入职就开始引导特岗教师意识到特岗服务 3 年期间对他们专业发展的长远影响，这个过程中使特岗教师意识到特岗教师经历对自身的教育性，引导特岗教师在职业认同矛盾或失调的自我建构中实现走向和谐！

（二）培养特岗教师具有中国传统文化的"理性"精神

特岗教师职业认同建构中的自我矛盾实际上是他们对自身各类资源、各项条件客观判断基础上的理性抉择被政策性忽视所致。中国教师教育队伍现代化体系的建构实质是在改革开放之后移植西方经验形成的。随着改革的日益深化，在此体系中成长起来了一代一代的乡村中小学教师，他们职前培养中深刻地受到西方现代主义范式影响，使他们的价值观体系和思维范式也明显地具有"西式"特质。比如，他们本不认可特岗教师工作但又理性选择通过"特岗教师计划"获得一份正式职业，这一点就把西方现代主义范式下的那种务实性体现得较为明显。但同时，中国传统文化绵延数千年对个人的影响岂是短短几十年的"现代化"进程就可消弭的。特岗教师或其他教师容易出现教师职业倦怠、职业认同感低下等问题，这些问题的解决不应停留在源于西方现代主义的"理性"分析范式上，因为西方现代主义"理性"范式下的理是一种科学的理、物理的理、技术的理，这种范式容易将特岗教师假定为工具人，也就容易让特岗教师关注到特岗教师工作场域的外在性资源和条件。这样的前提下，要提升像特岗教师群体这样的新生代乡村教师职业认同水平需要去思考在中国乡村社会结构下影响个人行为的更为本源的东西，这个东西当然非中国传统文化莫属。事实上，在中国传统文化中依然存在"理性"，虽然这种"理性"在西方现代主义范式侵蚀中被暂时遮蔽了起来，但当我们去深描每个中国人的行为时会发现中国传统文化的"理性主义"依然存在，这种理性主义与情感相关、与态度相关。如果没有这种理性主义作为特岗教师专业发展动力，则无法观照到他们在职业认同矛盾性建构的内在心理协调机制中依然深受传统文化影响这一点。那么乡村教师队伍建设就会像参与本书调研的特岗教师那样，一旦学校条件不能满足他们的"城市化"价值观及生活方式，他们就很难建构起统整和谐的职业认同状态，最后就会以传统乡土社会文化中的"心安"和"无违"继续留在服务学校。

特岗教师成长经历中的西式现代理性主义的强势与中式传统理性主义的弱势交互促使他们在"离开"服务学校无望时不断地进行自我调适。由于新生代特岗教师从小成长经历中缺乏中式"理性主义"浸润，他们即使服务期满后转为当地学校的在编教师也缺失乡土情怀，容易产生职业倦怠。此时，特岗教师的自我调适一旦失败他们就会败下阵来，选择内敛、内收的生活，将自我隐藏起来，不谈理想，只谈如何适应与如何知足，并开始一种散漫的、悠闲的生活，这样的后果则是他们不再进取，更不谈专业发展。本来特岗教师在特岗服务期间就难以建立起教师作为专业人员身份的职业认同，在转为当地在编教师后他们的"离开"则更难，因此大量"留任"下来的乡村教师选择了一种保守型的专业发展路径，在乡村学校的工作仅是他们谋生的手段，他们的精神寄托都在每周末的县（市）城生活细节中。对特岗教师来说真正的内在动力应是根植于乡土社会的中国传统文化范式下的理性主义，这种理性主义的培养需在他们的成长经历中进行持续渗透和发生影响才能得以实现。比如不管是在政策层面、制度层面还是社会风尚层面，都需让特岗教师获得相应的尊重，因为中国人会基于别人对自己的尊重做出情感理性的回应，这种回应关涉他们的工作态度和积极性。在乡村学校教育体系中应要逐渐融入这种传统文化理性范式下对乡村教师的尊重，当特岗教师对这些尊重进行情感理性回应时，来自其内在自我的反思很有可能就会自然产生，事实上当特岗教师进行情感回应时就已经开始有对内在自我的本体性反思了。

（三）激发特岗教师时常反思中国之精神

中国教师在中国文化背景下的理性主义除情理反思之外，还需要反思中国之精神，因为教师既是一个国家优秀传统文化的传承者，更是一个国家的国家精神代言人。传统中国教师之不贪利、人生向上等这些重要的中国精神是对抗深受西方现代主义范式深刻影响的新生代年轻人过度趋利和务实等的有力武器，在这个过程中教师需要有意识地进行这样的反思，形成文化自觉。"中国之精神有两点长处：一是伦理，一是人生向上；人生向上即与取决多数冲突！……中国人的精神，现在已经失去很多，大家都非常看重事情，看重生活，很少看重人生向上，所以一开口就说经济重要；古时的中国人不是这样。所谓'食无求饱，居无求安，敏于事而慎于言，就有道而正焉'，他是把人生向上之意放在头里，把事情放在后边。"① 这句话的意思是古人吃食不要求饱足，居住不要求舒适，对工作勤劳敏捷，说话却谨慎，到有道的人那里去匡正自己。如果我们以此来反求诸己会发现，受到西方各种人本主义、人文主义、个性化发展等这些张扬个性、彰显自我的思潮影响，对物质欲望较低，但在精神上追求向上的中国传统文化精神已经逐渐消逝。所以新生代特岗教师们认为对各种条件的逐渐改善或者待遇的逐渐提高是理所当然的，同时也认为他们应该到条件更好的地方去工作，这是他们无论如何都想离开的根本原因。不管是对特岗教师还是对他们的学生来说，在生命历程中，关键是要激发他们要有人生向上的生命力。这种生命力如何激发呢，就可以通过反思实现。在中国传统文化的理性主义反思范式下，特岗教师的反思要反思自己的生命力，这是他们反思的根本性目标，也是反思的核心目标。只有激发了他们具有这种人生向上的生命力，才能让他们对学习、对学生、对他们所处的乡村社会场域产生浓厚的兴趣；才能让他们在一种热爱生命、热爱自己、热爱学生的前提下产生对乡土社会、对乡村学校的深厚感情。从这个角度来看，传统中国文化影响下的理性反思，核心就是一种情理反思，是有内在情感投入基础上的理性反思，这样的反思既是理性的，但更是有内在自我参与的。

三　切实解决特岗教师在乡村学校服务期间的实际难题

（一）尽量解决特岗教师的婚恋难题与子女读书难题等

当特岗教师只是将自己的特岗服务认同为普通社会个体社会化的某个阶段时，他们之所以要离开的重要原因就是婚恋困难问题以及他们的孩子未来上学困难问题。这两个问题尽管看起来只是一个个人问题或者个人的家庭问题，却往往与社会结构变迁、社会文化差异的联系尤为紧

---

① 梁漱溟：《乡村建设理论》，上海人民出版社 2011 年版，第 138 页。

密。城镇化进程中，特岗教师在服务学校所在地的婚恋机会被严重挤压，同时，已婚特岗教师也主要安家在县城以上城市，为了避免自己的子女输在起跑线上，当然更是为了避免出现特岗教师自身阶层的弱势性代际传递，他们倾向于选择让自己的子女在县城以上的城市学校接受教育。从这点来说，事实上特岗教师是希望通过3年在乡村学校的特岗服务能够比较成功地实现他们既有阶层地位的集体性向上流动。此时，特岗教师自己是否能够真正实现城市化或融入城市生活并不重要，但他们至少需要他们的子女从小要城市化、融入城市生活并享受城市学校教育，这既是特岗教师不愿意在服务学校婚恋的重要原因，也是特岗教师不愿意长期坚守在服务学校的根本原因。如果说想要从政策层面提升特岗教师的职业认同水平至少要解决如下问题：让他们能够建构和谐统一的特岗教师职业认同而非县城教师职业认同；让他们发自内心接受特岗教师而非基于某些外源性目的暂时选择特岗教师；让他们愿意留在服务学校真正实现作为专业人员那样的专业发展等。这就需要"特岗教师计划"政策重视特岗教师在服务学校作为一个专业性工作人员的专业发展受限等问题基础上，重视特岗教师群体在服务学校作为一个理性的社会人所面临的实际难题，比如目前存在的婚恋困难问题以及他们普遍担心的子女不能接受良好教育的问题。对特岗教师的婚恋困难应多部门合作，比如基层政府治理部门、基层医疗行政部门以及县域内各种行政部门之间可相互协调，定期开展主要针对年轻未婚教师与其他单位未婚恋年轻人的联谊活动。对特岗教师子女入学困难等问题，当地教育行政部门，特别是县级教育行政部门可开辟相关的绿色通道，尽量满足特岗教师对其子女在县城优质中小学入学的基本需求。

（二）多部门合作逐步改善特岗教师工作条件的艰苦性

教育的问题向来都不是孤立的，教育体系向来都要与其他社会结构体系之间发生着必然的联系。特岗教师职业认同建构非常明显地受到了他们服务学校各种外在条件有限性的影响，比如他们所服务学校物资的匮乏、交通的不便以及事务的烦琐性，特别是特岗教师工作内容的非专业性等。在乡村振兴战略实施的大时代背景之下，应逐步保障对特岗教师的各类物质待遇、经济待遇等，比如特岗教师的公租房政策一定要保证落到实处、特岗教师的五险一金待遇应与普通在编教师没有差异。同时，避免出现对特岗教师群体制度性的弱势假设，保障特岗教师在特岗服务期间的专业发展机遇与普通在编教师一致，给予特岗教师充分的专业信任，并提供同等的专业发展机遇，这些机遇包括外出培训与学习、职称晋升以及评优评先等。从特岗教师入职特岗开始，就应享受与其他普通在编教师的相同待遇，具有同等的发展机遇，特别是在当前大部分欠发达地区乡村学校教师招聘都通过"特岗教师计划"得以实现的前提下更应该如此。

（三）逐步厘清地方政府治理责任与特岗教师工作职能之间的边界性

在特岗教师不得不被动参与乡村社会基层治理的众多烦琐性任务中，特岗教师在现实中的工作职能内容与理想中的教师专业生活之间存在二元对立矛盾。从建制性层面应将特岗教师在乡村学校或者乡村社会结构中承担的角色定位于乡村社会结构中的少有知识分子阶层。他们能引领农村学校学生思想进步、能力提升，但他们不是乡村社会基层治理的排头兵或者先锋人员，不管是留守儿童身心健康还是乡村社会的精准扶贫以及乡村振兴等工作，事实上都超越了特岗教师作为一名教书育人专业人员的工作边界。同时并没有相关的规章制度或者法律体系保障他们在乡村社会结构变迁中承担并完成这些工作任务时的安全问题或者获得额外的基本物资保障。所以，逐步厘清特岗教师群体在地方基层治理的具体责任，对特岗教师在乡村学校的工作任务或者工作范畴具有更为明确的规定。在此基础上，如果乡村社会治理需要特岗教师付出额外的工作时间或者劳动资源，比如家访、精准扶贫，参与其他乡村振兴工作事务等，应该为他们提供相应的各类保障与待遇补偿。

（四）多层面结合完善特岗教师持续性专业发展的支持体系

在特岗教师3年基本服务期间，来自组织层面的专业发展支持体系不够健全，主要体现为特岗教师基本不能参与学校内评优评先，也少有机会代表学校参加各种教师赛课或者外出学习。特岗教师个人层面的专业发展难以获得组织层面的资源支持、机会支持等，而组织层面更是存在普遍忽视特岗教师的专业发展情况。这些制约特岗教师专业发展的内外因素与特岗教师服务学校条件的有限性共同构成了影响特岗教师职业认同矛盾建构的重要因素。在"特岗教师计划"政策的进一步推进与实施中，不仅要在国家层面总盘考虑该政策如何进一步与其他乡村教师支持政策之间的有效衔接，还需进一步打破特岗教师在特岗教师服务 3 年期间与其转入在编教师甚至进入城市学校当教师之间的政策藩篱，将特岗教师群体在特岗计划服务 3 年视为他们教师职业生涯成长的关键期，统一规划他们终生的、持续的专业发展。在特岗教师群体中涌现出的佼佼者不仅具有新课程理念，发自内心的热爱学生，在专业知识、专业能力等维度上均表现出成长为优秀教师的重要潜力。同时，在地方教育行政部门的政策实施路径中要注意探索优秀特岗教师的职业认同建构过程，注意挖掘优秀特岗教师的典型事例，重点支持优秀特岗教师的专业发展，并通过实例宣讲、示范课引领、设置优秀特岗教师奖等方式发挥优秀特岗教师的示范、引领、辐射作用。将优秀特岗教师作为乡村教育振兴的骨干力量、后备力量纳入乡村教师队伍建设的配备力量。在校本层面，重点引导特岗教师结合他们具体的工作场域、工作对象开展教育教学能力的研讨、研修。建立完善的针对特岗教师职业认同结构的心理考评制度，从特岗教师入职开始就建立特岗教师专业成长档案考评系统，并细化他们在 3 年特岗服务期间的专业发展情况考评指标，比如重点考评他们与服务学校学生及其家长的合作情况，重点考评他们对留守儿童学习心理健康的评估、判断能力等。

四　进一步完善与"特岗教师计划"政策相互匹配的体制机制

（一）补齐乡村学校教师队伍建设中的学科结构比例失调短板

不少特岗教师在服务的 3 年间，往往存在哪里差老师就"被填"到哪里的现象。随着"特岗教师计划"政策的纵深推进，乡村学校教师数量已基本稳定，并且基本保持"离开"数量（包括考调进城的年轻教师数和正常退休的年老教师数）与入职数量之间的基本平衡。但乡村学校教师队伍建设中的学科结构配置失调现象还明显存在，不少特岗教师在特岗服务期间依然还存在所学专业与所教专业的不一致、不匹配问题，这一点也成为阻碍特岗教师学科知识能力与教学能力发展的重要因素。"特岗教师计划"政策在进一步实施中，应进一步补齐特岗教师队伍建设中学科结构比例失调的短板。对乡村学校普遍存在的音体美等艺术老师缺乏现象可在县域内统筹招聘艺术学科教师采用"走校教学"方式来解决，即艺术类特岗教师服务学校可灵活不固定，而采用片区负责制或者县域负责制方式开展教学，他们可今天在 A 校上课，明天到 B 校上课，并对其发放额外的交通补助。对其他学科教师则可根据每年基本的缺口数量进行专门招聘，有效解决特岗教师所学与所教专业不一致的问题，促进特岗教师队伍的职前培养、在职发展一体化建设，深化地方教育行政部门对区域内特岗教师队伍建设进行深入的结构调整与统筹管理等改革措施。

（二）采取有限编制制度吸引真正优秀的特岗教师助力乡村教育振兴

"编制制度是我国义务教育阶段教师人事管理的核心内容之一，直接关系到教师配置的数量、质量以及结构。"① "特岗教师计划"政策之所以能够吸引那些并不是很认可特岗教师职业的年轻人到乡村学校，是因为一般情况下在 3 年服务期满后，几乎所有特岗教师都能顺利转为在编教师。同时 3 年服务期满后的"进城考试"事实上又再次给特岗教师提供了可以"离开"的机会。当获得编制成为特岗教师的职业选择底线动机时，他们身上内源性的专业发展动力显然是不足的，根源在于特岗教师职业认同建构中将特岗服务期与县城及以上教师或其他在编教师的职业生涯进行了二元对立，使特岗教师自我同一性出现分裂现象。他们基于教师工作场域所在地建构了差异性的教师职业认同，而未基于自身生命历程的整全性或教师职业生涯的持续性建构起他们对特岗教师的内生性职业认同。特岗教师因为"编制"选择特岗，这既是"特岗教师计划"政策的优势，但也是该政策在某种程度上忽视来自特岗教师内生发展动力的劣势。政策、制度与人性之间如何实现有效统整性将是"特岗教师计划"政策进一步推进与实施时需要考虑的关键目标。作为一项公共性政策在进一步完善中既要充分考虑到特岗教师入职特岗后一门心思要"离开"的背后动因，也要基于"编制"对特岗教师职业生涯流动轨迹发挥有效导向作用。比如采用"有限编制"的政策策略，以特岗教师在特岗服务 3 年期间个人档案袋的综合考评为基本参考依据，每年按照比例分配方式保证大部分特岗教师在服务期满后顺利入编，同时按照综合考评分数县域内排名作为特岗教师"进城考试"的关键性依据。这其中，

① 杨卫安、袁媛：《义务教育教师编制"市域调剂"的障碍与改革思路》，《中国教育学刊》2019 年第 8 期。

综合考评系统的专业化与系统化设计就显得尤为重要，要从特岗教师的专业理念、专业知识、专业能力等维度出发设计具体的考评指标，即要基于特岗教师是专业性教师而非基层社会治理的事务性工作人员假设引导特岗教师在 3 年服务期间实现专业发展。考评指标的判断依据重在记录特岗教师的工作过程，纵向判断特岗教师 3 年服务期间的工作投入，比如 3 年服务期间特岗教师主动关注到了多少学困生、多少留守儿童，对这些学困生和留守儿童投入了哪些专业性的引导与关爱；比如 3 年服务期间特岗教师教学业绩的纵向变化趋势，而非一次性的总成绩判断等。同时，"特岗教师计划"政策的未来方向应该在基本满足乡村学校教师数量需求的基础上，通过进一步提高待遇、改善条件，真正吸引那些优秀的年轻人到乡村学校任教，比如在特岗教师招聘阶段注意筛选那些职业认同水平较高、具有乡土教育情怀等素养的应聘者从教等。

参考文献

专著

[美] 埃·弗洛姆：《为自己的人》，孙依依译，生活·读书·新知三联书店 1988 年版。

[英] 艾弗·F. 古德森：《专业知识与教师职业生涯》，刘丽丽译，北京师范大学出版社 2007 年版。

陈向明：《旅居者和"外国人"：留美中国学生跨文化人际交往研究》，教育科学出版社 2004 年版。

车文博：《弗洛伊德主义原理选辑》，辽宁人民出版社 1988 年版。

[美] 德博拉·斯通：《政策悖论：政治决策中的艺术》，顾建光译，中国人民大学出版社 2006 年版。

[美] E. 博登海默：《法理学：法律哲学与法律方法》，邓正来译，中国政法大学出版社 2004 年版。

费孝通：《文化的生与死》，上海人民出版社 2013 年版。

费孝通：《乡土中国》，北京大学出版社 2012 年版。

顾明远：《教育大词典》，上海教育出版社 1990 年版。

郭湛：《公共性哲学——人的共同体发展》，中国社会科学出版社 2019 年版。

[美] 克拉克·威斯勒：《人与文化》，钱岗南、傅志强译，商务印书馆 2004 年版。

[美] 克利福德·格尔茨：《文化的解释》，韩莉译，译林出版社 2014 年版。

蹇世琼：《教师认同发展轨迹的代际研究》，中国社会科学出版社 2021 年版。

联合国教科文组织国际教育委员会:《学会生存——教育世界的今天和明天》,华东师范大学比较教育研究所译,教育科学出版社 1996 年版。

联合国教科文组织国际教育委员会:《教育——财富蕴藏其中》,联合国教科文组织总部中文科译,教育科学出版社 1996 年版。

梁漱溟:《乡村建设理论》,上海人民出版社 2011 年版。

［加］马克思·范梅南、李树英:《教育的情调》,李树英译,教育科学出版社 2019 年版。

［英］玛丽·道格拉斯:《洁净与危险——对污染和禁忌观念的分析》,黄建波、柳博赟等译,商务印书馆 2018 年版。

［英］玛丽·道格拉斯:《制度如何思考》,张晨曲译,经济管理出版社 2013 年版。

［美］玛丽莲·科克伦 - 史密斯:《教师教育研究手册——变革世界中的永恒话题》,范国睿译,华东师范大学出版社 2017 年版。

［美］N. Ken Shimahara、Ivan Z. Holowinsky、Saundra Tomlinson-Clarke:《全球视野:教育领域中的族群性、种族和民族性》,腾星、马效义译,民族出版社 2010 年版。

［法］皮埃尔·布尔迪厄:《区分:判断力的社会批判》,刘晖译,商务印书馆 2016 年版。

［美］托马斯·R. 戴伊:《理解公共政策》,谢明译,中国人民大学出版社 2011 年版。

［美］詹姆斯·S. 科尔曼:《社会理论的基础》,邓方译,社会科学文献出版社 1999 年版。

郑新蓉、杜亮等:《中国特岗教师蓝皮书》,教育科学出版社 2012 年版。

朱旭东:《教师专业发展理论研究》,北京师范大学出版社 2013 年版。

周淑卿:《课程发展与教师专业》,九州出版社 2006 年版。

［日］橘木俊诏:《格差社会》,丁曼译,新星出版社 2019 年版。

文章

安雪慧、丁维莉:《"特岗教师计划"政策效果分析》,《中国教育学刊》 2014 年第 11 期。

蔡辰梅、刘刚:《"教师是一种良心活"——对教师职业认同方式的分析与反思》，《教师教育研究》2010年第1期。

曹蓉：《教师情绪智力影响教学效果的探析》，《高等理科教育》2001年第5期。

陈向明：《扎根理论在中国教育研究中的运用探索》，《北京大学教育评论》2015年第1期。

陈向明：《质性研究的新发展及其对社会科学研究的意义》，《教育研究与实验》2008年第2期。

丁钢：《教育研究的叙事转向》，《现代大学教育》2008年第1期。

杜亮：《教师分层、社会流动与教育政策的完善：以"特岗教师"为例》，《河北师范大学学报》（教育科学版）2014年第1期。

方卉、唐智松：《特岗教师专业发展的边缘化现象分析》，《教育科学研究》2014年第4期。

方铭：《乡土情怀的文化意义》，《人民政协报》2019年4月22日第11版。

冯喜珍、陈钰琳、李媛：《师生关系对农村初中生学业情绪的影响》，《中小学心理健康教育》2019年第13期。

范晓东：《权威体制下的"特岗计划"府际间合作治理研究》，《教师发展研究》2017年第2期。

蹇世琼：《坚守还是离开？——特岗教师职业认同现状的调查研究》，《中小学教师培训》2017年第9期。

蹇世琼、冉隆锋：《以乡情促乡村教师回归乡土》，《中国教育报》2018年7月5日第5版。

蹇世琼、彭寿清、罗杰等：《"名师工作室"成员遴选：潜在风险与规避路径》，《中国教育学刊》2020年第5期。

蹇世琼、彭寿清、冉隆锋：《由"他者"走向"我者"——新生代乡村教师的乡村社会融入困境与破解路径》，《四川师范大学学报》（社会科学版）2021年第3期。

贾涛：《农村特岗教师计划的实施：问题与对策》，《教育理论与实践》2010年第23期。

葛孝亿、石亚兵：《教育叙事研究十年：方法论的流变与自觉》，《教育学术月刊》2014年第10期。

［日］加藤厚：《大学生自我同一性诸相及其构造》，《教育心理学研究（日文）》1983 年版，转引自张日昇《同一性与青年期同一性地位的研究——同一性地位的构成及其自我测定》，《心理科学》2000 年第4 期。

李敢：《城镇化进程中的"刁民"问题》，《广东社会科学》2015 年第1 期。

李梦琢、刘善槐、房婷婷：《县域教师交流政策的场域脱嵌与优化路径——基于全国 13 省 50 县的政策文本计量分析》，《教师教育研究》2021 年第 3 期。

李瑞甜：《初中教师的个性特征对其专业发展动机的影响与启示》，《中国校外教育》2015 年第 12 期。

李雁冰、程良宏：《生成性教学：教学哲学的分析视角》，《教育发展研究》2008 年第 8 期。

李跃雪、邬志辉：《特岗教师视角下特岗计划实施效果的调查研究——以静乐县和东乡县为例》，《教师教育研究》2014 年第 4 期。

李跃雪、邬志辉：《TFA、TF 与特岗计划：招募条件的比较与反思》，《外国中小学教育》2014 年第 7 期。

李春玲：《社会政治变迁与教育机会不平等——家庭背景及制度因素对教育获得的影响（1940—2001）》，《中国社会科学》2003 年第 3 期。

乐伶俐：《自主性：教师专业发展的旨意所在》，《中国成人教育》2007 年第 7 期。

刘沧山：《对云南教育改革与发展中几个问题的思考》，《大理学院学报》（社会科学）2005 年第 6 期。

刘磊：《"刁民"的兴起：以党群关系的变迁为视角》，《文化纵横》2016 年第 5 期。

凌云志、邬志辉：《城镇化背景下乡村教师的身份挣扎及其融合——对 4 省 9 位乡村教师的访谈研究》，《教育理论与实践》2019 年第 7 期。

刘善槐、李梦琢、朱秀红：《乡村教师综合待遇的劳动定价、差异补偿与微观激励研究》，《东北师大学报》（哲学社会科学版）2018 年第 4 期。

刘琬、王德清：《浅论贫困地区教育人才的"开源"与"节流"——由四部委启动教师"特岗计划"引出的思考》，《当代教育论坛》2006 年第 21 期。

刘要悟、张莹、缪大方：《特岗教师家庭背景和教育背景研究——来自湖南邵阳三县的调查》，《教师教育研究》2017 年第 2 期。

卢俊勇、陶青：《观察与思维：重新理解师范生的有效实习观察》，《中国教育学刊》2018 年第 9 期。

蒙宏洁：《中学英语特岗教师的专业认同及专业发展行为研究》，《教学与管理》2016 年第 18 期。

庞晓丽：《中西部地区"特岗计划"亟待完善》，《人民政协报》2008 年 11 月 10 日第 3 版。

蒲大勇、王丽君、任兴灵：《农村特岗教师"去职"原因及其影响因素的实证研究——以四川省 N 市为例》，《教育测量与评价》（理论版）2016 年第 2 期。

石亚兵：《乡村教师流动的文化动力及其变迁——基于"集体意识"理论的社会学分析》，《全球教育展望》2017 年第 11 期。

石中英：《重申教师家访的教育意义》，《人民教育》2018 年第 12 期。

石华富：《提高认识，加强"特岗计划"的实施》，《中国大学生就业》2006 年第 16 期。

宋婷娜、郑新蓉：《从"补工资"到"补机制"："特岗教师"工资性补助政策的实施效果》，《北京大学教育评论》2017 年第 2 期。

宋立华：《多元主体利益诉求视角下特岗政策实施分析》，《教育评论》2015 年第 8 期。

谭深：《中国农村留守儿童研究述评》，《中国社会科学》2011 年第 1 期。

田静：《基于摩擦性失业与结构性失业二维度的职业稳定性测度》，《统计与决策》2015 年第 2 期。

吴凯欣、毛菊、张斯雷：《学校·乡村·日常生活："城市型"新生代乡村教师身份认同危机与纾解》，《当代教育科学》2021 年第 9 期。

王钰彪、侯春笑、田爱丽：《工作家庭促进如何影响乡村教师的留岗意愿——情感承诺和工作投入的链式中介作用》，《基础教育》2021 年第 6 期。

王艳玲、吕游、杨菁：《西南地区乡村教师流动及流失意愿的影响因素分析——基于对云南省昆明市 3 区县 1047 位教师的调查》，《教师发展研究》2017 年第 4 期。

王枬：《教育叙事探究：教师专业发展的一个支点——对话陈向明教授》，《教师发展研究》2021 年第 4 期。

谢国秀、傅丽萍：《农村特岗教师人际关系与孤独感之相关研究》，《贵州师范大学学报》（自然科学版）2012 年第 1 期。

谢丽丽：《教师“逃离”：农村教育的困境——从 G 县乡村教师考警察说起》，《教师教育研究》2016 年第 4 期。

向玉琼：《论公共政策的“公共性”》，《浙江社会科学》2016 年第 2 期。

杨卫安、袁媛：《义务教育教师编制“市域调剂”的障碍与改革思路》，《中国教育学刊》2019 年第 8 期。

杨廷树、杨颖秀：《西部农村学校特岗教师现状调查与思考——基于贵州省 Z 中学的个案研究》，《教育理论与实践》2010 年第 23 期。

杨震、张杰、刘红艳：《新聘特岗教师自我和谐状况调查研究——以安徽阜阳 2009 年新聘特岗教师为例》，《当代教师教育》2010 年第 3 期。

姚晓玲：《乡村振兴背景下，如何有效开发农村人力资源》，《人力资源》2021 年第 16 期。

郑新蓉：《共和国五代乡村教师代际特征研究》，《贵州师范大学学报》（社会科学版）2016 年第 3 期。

郑新蓉、王成龙、杜屏等：《“特岗计划”与农村教师供给笔谈》，《教育经济评论》2020 年第 3 期。

郑新蓉、林玲：《女性教育与社会发展空间》，《山西师大学报》（社会科学版）2020 年第 5 期。

周伟：《三成“留守孩”直言恨自己的父母》，《新华每日电讯》2005 年 3 月 29 日第 6 版。

查建华、蹇世琼：《到县城去/到恋人身边去：特岗教师流动意愿的初步调研》，《中小学管理》2018 年第 11 期。

中小学教师培训：《今年农村教师特岗计划开始实施》，《中小学教师培训》2007 年第 2 期。

张丹：《中国 10 年招 60 万特岗教师 成为乡村教师换血一代》，2016 年 9 月 8 日，中国教育新闻网（http：//www. jyb. cn/china/gnxw/201609/t20160908_672123. html）。

张旭：《由公共政策视角评析"特岗计划"》，《现代中小学教育》2014 年第 9 期。

张羽琼：《论贵州教育发展面临的困难与问题》，《贵州师范大学学报》（社会科学版）2008 年第 2 期。

张目、顾玲、黄会清：《留不住师资的西部农村》，《瞭望新闻周刊》2005 年第 5 期。

张翔、邓廷云：《乡村小学男性教师婚恋困境探究——基于一位乡村小学男性特岗教师的口述史》，《教师发展研究》2018 年第 2 期。

张李娜：《我国中小学初任教师入职教育的困境及对策》，《现代教育科学》2017 年第 10 期。

张凤琴：《教师职业价值观——教师职业发展的内在动因》，《内蒙古师范大学学报》（教育科学版）2004 年第 3 期。

外文文献

Andy Hargreaves, *Changing Teachers*, *Changing Times—Teachers' Work and Culture in the Postmodern Age*, CASSELL, 1994.

Christopher Day, Pam Sammons&Qing Gu, et al., "Committed for Life? Variations in Teachers' Work, Lives and Effectivenes", in *Teachers' Career Trajectories and Work Lives*.

Fred A. J. Korthagen, "In Search of the Essence of a Good Teacher: Towards a More Holistic Approach in Teacher Education", *Teaching and Teacher Education*, Vol. 20, No. 1, January 2004.

Hamachek, D., Effective Teachers, "What They Do, How They to it, and the Importance of Self – knowledge", In *The Role of Self in Teacher Development*. R. P. Lipka, & T. M. Brinthaupt ED., Albany, N. Y: State University of New York Press, 1999.

Marcia, James E., *Ego—identity*: *The Handbook of Psychosocial Research*, Open University Press, 1993.

学位论文

陈同军：《小学男教师职业认同调查与分析》，硕士学位论文，华东师范大学，2006 年。

姜雨菲：《中学教师职业投入与职业发展期望和教学效能感、工作满意度的关系研究——未来时间洞察力的中介效应分析》，硕士学位论文，河北师范大学，2016 年。

李晓丽：《教学是一种良心活?》，硕士学位论文，浙江师范大学，2014 年。

于慧慧：《中学青年教师职业认同现状研究》，硕士学位论文，湖南师范大学，2006 年。

魏淑华：《教师职业认同研究》，博士学位论文，西南大学，2008 年。

曾丽红：《免费师范生职业认同现状调查与对策建议》，硕士学位论文，西南大学，2010 年。

张慧芳：《职业投入的特点及其与非理性信念、职业信念的关系》，硕士学位论文，首都师范大学，2008 年。